Theresienstadt,
d. 18. X. 44.

Geliebte Mutti!

Bin gesund! – Hoffe Gleiches! Reinhard arbeitet. Schreibe Rudolphi Neuegasse 10. Schrieb der Vilenne, wie geht's ihm?! – Spreche morgen Rolf! Was macht der Bub? – Bleib tapfer! –

Innigst Anita.

«Spreche morgen Rolf»

Ein jüdisches Familienschicksal zwischen Berlin und Basel 1933 bis 1945

Christian Brückner (Hg.)

Christoph Merian Verlag

Inhalt

Geleitwort

Sind 80 Jahre viel oder wenig? So lange ist es beim Erscheinen dieses Buches her, seit das Vernichtungslager Auschwitz-Birkenau befreit wurde und der Horror des Holocaust und der Nazi-Herrschaft endete. Wer heute zwanzig ist, wird vielleicht finden, drei Generationen seien sehr lange her; wer die Nazizeit selber erlebt – oder besser: überlebt – hat, dem ist sie bestimmt in der einen oder anderen Form noch präsent. Gemessen an der Geschichte der Menschheit ist die Nazizeit erst vor Kurzem überwunden worden.

Es ist von grösster Bedeutung, dass überliefert wird, wie es zu dieser menschenverachtenden Herrschaft kommen konnte, welche Auswirkungen sie hatte und wie die Menschen mit ihr umgegangen sind. Bekanntlich gibt es heute immer weniger Menschen, die aus eigener Erfahrung über diese Zeit sprechen können, zum Beispiel in Schulklassen. In den letzten Jahren sind einige Holocaustüberlebende in der Schweiz von uns gegangen, die es sich bis ins höchste Alter zur Lebensaufgabe gemacht hatten, vor allem jungen Menschen persönlich von dem Erlebten und Erlittenen zu berichten. Durch ihre authentischen Erzählungen übertrugen sie ihre Betroffenheit und damit vielfach den Wunsch, solchen Entwicklungen entgegenzuwirken, auf die Zuhörerinnen und Zuhörer.

Diese Wirkung ist es, die auch das vorliegende Buch entfaltet. Im Zentrum steht dabei die Geschichte von Hilde Frank und ihrer Familie. Während sie es 1940 schaffte, in die Schweiz zu emigrieren, gelang es ihren beiden Kindern Anita und Reinhard nicht, Deutschland zu verlassen. Anhand zahlreicher Briefe, die sich im Nachlass von Hilde Frank fanden, zeichnet Christian Brückner, Verwalter des Nachlasses und Herausgeber dieses Buches, das Leben der jüdischen Familie in der Zeit von 1933 bis 1945 nach. So wird exemplarisch deutlich, wie sich die Schlinge um die Juden in Deutschland immer enger zusammenzog.

Willkürliche Verhaftungen nach der Machtergreifung Hitlers nahmen zu, eindrücklich geschildert von Anitas Onkel. Die Nürnberger Rassengesetze von 1935 schränkten das Leben der Juden in Deutschland massiv ein, die vielfach gut integrierten oder gar assimilierten Juden mussten immer mehr unter sich bleiben. Ihnen wurden höhere Schulen verboten, später bestimmte Studiengänge, und sie wurden aus öffentlichen Stellungen entfernt. Laufend kamen weitere Einschränkungen und Schikanen hinzu, schliesslich nach 1941 Zwangsarbeit, Judenstern, Deportationen. Im Buch werden diese dramatischen Entwicklungen und auch der im Gang befindliche Weltkrieg nüchtern, aber deswegen umso eindrücklicher geschildert, die Briefe damit in ihren damaligen Kontext gestellt.

Während ab 1933 viele Juden versuchten, ins rettende Ausland zu gelangen, kümmerte sich Hilde erst nach der Reichspogromnacht im November 1938 ernsthaft um die Ausreise, die ihr schliesslich durch die Heirat mit einem Schweizer gelang. Sie liess sich in Basel nieder. Die harte Flüchtlingspolitik der Schweiz verhinderte zunächst den Nachzug der Kinder. Als sich der Basler Regierungsrat Fritz Brechbühl als Vorsteher des Polizeidepartements auf dringliches Ersuchen Hildes schliesslich im Herbst 1941 erfolgreich beim Bund für eine Einreisebewilligung für die unmittelbar bedrohten Kinder einsetzte, war es um wenige Tage zu spät: Deutschland, das zunächst die Juden auch durch Auswanderung loswerden wollte, hatte in einem vorerst geheimen Beschluss die Grenzen für deren Ausreise geschlossen. Die planmässige Vernichtung der Juden nahm ihren Anfang.

Die zahlreichen liebevollen Briefe Anitas an ihre Mutter sind beeindruckend. Anita findet bei allem Übel immer wieder das Gute in ihrem Leben, freut sich über jeden Sonnenstrahl, über ihre sinnstiftende Arbeit im Jüdischen Krankenhaus Berlin, wo sie von allen gemocht wird. Man glaubt, eine Seele von Mensch vor sich zu haben. Wohl auch um ihre Mutter zu schonen, konfrontiert sie sie nur sehr zurückhaltend mit der immer härter werdenden Realität, etwa den Deportationen aus dem Krankenhaus. Alles Negative wird wegen der Zensur verschlüsselt bis hin zu «Spreche morgen Rolf» in ihrem letzten Brief. Damit nimmt die schleichende Entwicklung in den Horror eine scheinbare Harmlosigkeit, ja fast Selbstverständlichkeit an. Diese hat mich auch als Leser, dem viele Fakten bekannt waren, aufgerüttelt.

Ralph Lewin
Vizepräsident des Schweizerischen Israelitischen Gemeindebunds SIG

Einleitung

Dieses Buch berichtet vom Lebens- und Leidensweg der Witwe Hilde Frank, geb. Feldberg (1894–1945), und ihrer Kinder Anita (1921–1945) und Reinhard (1928–2010) zur Zeit des Nationalsozialismus.

Hilde war in erster Ehe von 1920 bis 1932 mit dem Leipziger Textilunternehmer Hermann Frank verheiratet. Nach seinem Tod zog sie im Frühjahr 1933 mit den beiden Kindern nach Berlin ins Haus des verwitweten jüdischen Biochemikers Prof. Carl Neuberg, den sie seit Längerem kannte und zu dem sie in eine Liebesbeziehung trat. Neuberg war ein international renommierter Forscher. Nach Hitlers Machtergreifung hoffte er, sich mit dem Regime arrangieren und in Deutschland bleiben zu können. Hilde dürfte diese Hoffnung geteilt haben.

Während die meisten erwerbsfähigen Juden, die über Kontakte ins Ausland verfügten, zusammen mit ihren Ehepartnern und Kindern frühzeitig aus dem nationalsozialistischen Deutschland auswanderten, nahmen Hilde und Carl die Emigration erst nach der Pogromnacht vom November 1938 («Reichskristallnacht») energisch in die Hand. Ihr Abwarten mag unter anderem dadurch begründet gewesen sein, dass bis zum September 1941 die *Vertreibung* der Juden aus Deutschland als Ziel der nationalsozialistischen Politik öffentlich erkennbar gewesen war; ihre *Vernichtung* wurde in Deutschland erst ab Oktober 1941 systematisch vorangetrieben. Die politische Kehrtwende vom Oktober 1941 wurde vom Staat geheim gehalten, war für deutsche Juden in Umrissen aber schon in den folgenden Wochen wahrnehmbar, für die meisten übrigen Deutschen erst später oder überhaupt nicht.

Nach der Pogromnacht trennten sich Hildes und Carls Wege. Neuberg verliess Deutschland im August 1939 und gelangte 1941 auf Umwegen nach New York. Das Stellenangebot einer dortigen Universität hatte ihm die Einwanderung in die USA ermöglicht.

Hilde, die keinen Beruf erlernt hatte und daher auf keine Stellenangebote aus dem Ausland hoffen konnte, sah keine Möglichkeit zu einer gemeinsamen Flucht ihrer Familie und plante, ihre Kinder vorübergehend nach England zu versenden. Sie

Hilde Frank mit Anita und Reinhard, 1929

Hermann Frank, um 1920

selbst wollte sich durch die arrangierte Heirat mit einem Schweizer in die Schweiz retten, das Schweizer Bürgerrecht erwerben und die Kinder später nachkommen lassen. Doch die Versendung der Kinder aus Deutschland scheiterte, denn der für den 3. September 1939 vorgesehene Kindertransport wurde wegen des zwei Tage zuvor ausgebrochenen Krieges abgesagt. Hilde blieb noch ein Jahr lang in Berlin in der Nähe der Kinder. Am 15. September 1940 zog sie zu ihrem neuen Ehemann nach Basel. Aufgrund der schweizerischen Abwehrhaltung gegenüber jüdischen Immigranten musste sie die Kinder bei Pflegeeltern in Berlin zurücklassen.

Anita machte nach ihrer Schulzeit ab Mai 1940 eine Ausbildung zur Krankenschwester im Jüdischen Krankenhaus Berlin. Reinhard musste den Schulbesuch Ende Juni 1942 vorzeitig abbrechen, weil damals alle jüdischen Schulen in Deutschland geschlossen und Juden an anderen Schulen nicht mehr zugelassen wurden. Nach dem Schulabbruch arbeitete er als Schlosserlehr-

Hilde Frank als junge Witwe im Familienkreis ihrer Mutter Clara Feldberg, Spätherbst 1932. Von links nach rechts: Reinhard; Hilde; Hildes Schwester Alice Lasch geb. Feldberg; Brigitte, Tochter von Carl Feldberg; stehend Herbert Lasch; sitzend Carl Feldberg, Hildes Bruder; Michael Lasch, Peter Lasch, die Söhne von Herbert und Alice Lasch; Dorothea geb. Kunow, Carls Ehefrau; Clara Feldberg; ganz rechts: Anita

ling und als Angestellter im Hausdienst ebenfalls im Jüdischen Krankenhaus.

Als die schweizerischen Behörden am 24. Oktober 1941 endlich die Einreisebewilligungen für die Geschwister erteilten, hatte Deutschland am Tag zuvor die Grenzen für Juden geschlossen. Es war eine die anlaufende «Endlösung», das heisst die «Ausrottung der jüdischen Rasse», flankierende Massnahme. Anita und Reinhard wurden aus dem Jüdischen Krankenhaus, wo sie beide ab März 1943 auch wohnten, im Juni 1943 nach Theresienstadt und von dort Ende 1944 nach Auschwitz deportiert. Reinhard wurde ins Aussenlager Gleiwitz III gebracht, Anita ins Konzentrationslager Bergen-Belsen, wo sie kurz vor Kriegsende in der dort wütenden Typhusepidemie umkam. Reinhard konnte beim Einmarsch der Russen im Januar 1945 fliehen.

Nach der deutschen Grenzschliessung im Oktober 1941 musste Hilde von der Schweiz aus zusehen, wie ihre Kinder in Berlin in wachsende Todesgefahr gerieten und schliesslich deportiert wurden. Auch wenn Hildes Handeln von guten Absichten bestimmt gewesen war, dürfte sie später von dem Selbstvorwurf gepeinigt worden sein, die Emigration der Familie zu lange hinausgezögert, am Ende die Kinder im Stich gelassen und nur sich selber gerettet zu haben. Der seelische Schmerz und ein körperliches Leiden erdrückten sie im Sommer 1945, während der 17-jährige Reinhard, soeben den Lagern entronnen und noch in Unkenntnis ihres Todes, in seinem letzten Brief an die Mutter von seiner Hoffnung auf ein baldiges Wiedersehen schrieb.

Da die Schweiz auch nach dem Krieg keine Juden aufnehmen wollte, erhielt Reinhard das Einreisevisum erst mit Verzögerung und mit der Auflage, die Schweiz nach drei Monaten wieder zu verlassen. Am 25. März 1946 kam er in Basel an, wo er das Erbe der Mutter antrat. Wenig später zog er weiter nach London ins Haus des Universitätsprofessors Wilhelm Feldberg, eines Cousins der Mutter. Nach einer Ausbildung zum Elektroingenieur wurde Reinhard in den USA sesshaft, wo er 2010 starb. Testamentarisch setzte er den Herausgeber dieses Buches zu seinem Willensvollstrecker ein und vertraute ihm die Briefe an, die Hilde während der Zeit der Verfolgung aus Deutschland erhalten hatte. Der Herausgeber hatte seit 1978 als Anwalt Reinhards rechtliche Angelegenheiten in der Schweiz betreut. Reinhard wünschte, dass die Korrespondenz seiner Mutter gesichtet und öffentlich zugänglich werde. Das vorliegende Buch ist der Versuch, diesen Wunsch zu erfüllen. Der Beitrag des Herausgebers besteht in der Auswahl und Kommentierung der zitierten Dokumente, der Entschlüsselung ihrer zensurbedingt chiffrierten Inhalte sowie in der Einblendung der wichtigsten politischen Ereignisse, unter deren Eindruck die Briefe entstanden sind. Die Kurzbiografien der wichtigsten im Buch erwähnten Personen finden sich im Anhang, S. 202 ff., die Stammbäume der Familien Feldberg und Frank auf S. 224/225.

Es geht in den Briefen nicht um Gaskammern, Bespitzelung und Verrat, sondern auch und vor allem um Beistand, Liebe und Tapferkeit im Alltag deutscher Juden, die seit 1933 unter dem Druck unsäglicher judenfeindlicher Staatsakte und sozialer Ächtung, ab Oktober 1941 zudem unter der Drohung der jederzeit möglichen Deportation ihre Würde zu bewahren wussten.

Anitas tagesaktuelle Berichte aus dem Jüdischen Krankenhaus von Mai 1940 bis Juni 1943 geben einen Eindruck von Freud und Leid im Arbeitsalltag aus der Sicht der Pflege. Vor den Augen der Leserschaft entfaltet sich ein zeitweilig herzerwärmendes Bild des damaligen Klinikgeschehens, das in den nach dem Krieg verfassten Publikationen wegen deren Fokussierung auf die Schrecknisse der Verfolgungszeit vorwiegend in düsteren Farben dargestellt wird. Da die Angst vor Haussuchungen und Verhaftung die meisten Juden im Krankenhaus damals von tagesaktuellen Aufzeichnungen abgehalten hat, dürften Anitas Berichte einzigartig sein.

Aus Anitas Briefen spricht eine junge Frau, die nach unbeschwerter Kindheit aus dem behüteten Umfeld einer sich selbst genügenden Jeunesse dorée in die Tragödie des Holocaust hineingeraten ist. Sie ist, soweit unser Blick sie begleiten kann, in nicht erlahmender Hilfs- und Opferbereitschaft offenen Auges und ohne Klage ihren Weg bis zum Ende gegangen. Inmitten von Terror und Angst reifte sie zu einer Persönlichkeit von schier übermenschlicher Kraft und Standfestigkeit heran. «So wird man gehärtet und geschmiedet wie ein Klotz von Eisen, auf den es immer wieder mit immer wuchtigeren Schlägen einschlägt bis er die rechte Form hat!», schrieb sie am 15. Dezember 1942 nach einer Massendeportation aus dem Krankenhaus an die Mutter in Basel. Zu ihrer grössten Freude wurde es, «so vielen Verzweifelten wirklich helfen zu können! (– Denn die Freude, die wir geben kehrt ins eigne Herz zurück! –)» (5. März 1943). Frei von der Selbstinszenierung und -rechtfertigung, die die im Nachhinein verfasste Erinnerungsliteratur zuweilen prägt, teilt Anita der Mutter in schlichten Worten das Alltägliche und das Schreckliche mit, dessen Augenzeuge sie war. Das Schreckliche musste sie verschlüsseln, um die Zensur nicht zu provozieren, und sie vermied jede Dramatisierung, um die Mutter nicht unnötig zu ängstigen. Ihr Abschiedsgruss «Spreche morgen Rolf», den sie aus Theresienstadt am Vortag ihrer Weiterdeportation nach Auschwitz an die Mutter in Basel richtete und der als Titel des vorliegenden Buchs gewählt wurde, war die Chiffre, mit der sie ihren letzten Gang ankündigte, zu ihrem Geliebten, der zwei Jahre zuvor deportiert worden und ihrer Meinung nach nicht mehr am Leben war. Der Gruss an die Mutter schloss mit den Worten «Bleib tapfer! – Innigst Anita».

Basel, im September 2024
Christian Brückner

Hilde Frank als junge Witwe

Von Leipzig nach Berlin

Als Hildes Ehemann Hermann Frank im September 1932 starb, war Hilde 38 Jahre alt. Vier Monate danach, am 30. Januar 1933, erfolgte Hitlers Machtergreifung. Antisemitismus bestimmte fortan die staatliche Politik. Die schlechten Nachrichten überschlugen sich. Am 27. Februar 1933 wurde das Reichstagsgebäude angezündet. Die noch in der gleichen Nacht beginnenden Massenverhaftungen liessen auf staatliche Brandstiftung schliessen. Es folgten der «Judenboykott» vom 1. April 1933 und am 7. April 1933 das «Gesetz zur Wiederherstellung des Berufsbeamtentums», das zur Entlassung aller «nichtarischen» Beamten führte.

Carl Neubergs Villa an der Hittorfstrasse 18, 1933, Aussenansicht

Hittorfstrasse 18, Hildes Wohnung im Obergeschoss

Unter diesen für Juden beängstigenden Umständen zog Hilde mit den Kindern im Frühjahr 1933 ins Haus des berühmten Forschers und Universitätsdozenten Carl Neuberg in der Hittorfstrasse 18 in Berlin-Dahlem. Von ihm erhoffte sie sich wohl mehr Schutz und Stütze, als sie von der Familie ihres verstorbenen

Mannes in Leipzig und von ihren eigenen Angehörigen in Hamburg erwarten konnte. Hildes Anwesenheit in Berlin-Dahlem ist erstmals belegt durch Anitas Impfschein vom 9. Mai 1933.

Verhaftung des Schwagers Alfred Frank, 7. bis 11. Juli 1933

Juden wurden zunehmend Opfer des Terrors. Dazu gehörten willkürliche Verhaftungen mit kürzeren und längeren Gefängnisaufenthalten (Einschüchterungsverhaftungen). Es galt, bestimmte Strassen und Plätze zu meiden, um Beschimpfungen und tätlichen Angriffen aus dem Weg zu gehen. Der «Kampfbund für den gewerblichen Mittelstand» und die «Nationalsozialistische Betriebszellenorganisation» (NSBO) begannen, den Boykott von jüdischen Geschäften zu organisieren. Eine erste Fluchtwelle von Juden in die an Deutschland angrenzenden Staaten setzte ein.

Hildes Schwager Alfred Frank wurde vom 7. bis 11. Juli 1933 zusammen mit etwa 60 weiteren jüdischen Ärzten in Berlin das Opfer einer (Einschüchterungs-)Verhaftung (vgl. zu diesem Ereignis Hartung-von Doetinchem/Winau, S. 149 f.). Äusserer Anlass war seine Mitwirkung in einer Beratungsstelle, die arbeitslos gewordenen jüdischen Kollegen mit behördlicher Genehmigung neue Arbeitsmöglichkeiten im In- und Ausland vermittelte. In seinen Lebenserinnerungen, die er 1939 in England verfasste, schilderte er die Begebenheit.

Alfred Frank, ca. 1935

Aus den Lebenserinnerungen von Alfred Frank

... Am 7. Juli 1933 in den frühen Morgenstunden wurden etwa 60 Ärzte in ihren Wohnungen von der Geheimen Staatspolizei (Gestapo) verhaftet und abgeführt. ... Meine eigenen Erlebnisse, die ich nach 6 Jahren aus dem Gedächtnis niederschreibe, sind die folgenden:

Gegen ½ 7 Uhr Morgens weckte uns unsere alte treue Hausangestellte und sagte, es seien 3 Herren von der Gestapo da,

um Haussuchung durchzuführen. Da damals noch viele derartige Handlungen illegal vorgenommen wurden, benachrichtigten wir erst die grüne Ortspolizei, die die Berechtigung der Einlass Fordernden feststellte. Man nahm eine ziemlich oberflächliche Besichtigung der Schreibtische, Bücherschränke usw. vor und erklärte mir dann, ich sei verhaftet. Beschlagnahmt wurden bei mir: mein Pass, eine Anwesenheitsliste der Beratungsstelle, eine Nummer der Centralvereinszeitung «deutscher Staatsbürger jüdischen Glaubens», eine Mitgliederliste des Charlottenburger Ärztevereins, dessen 2. Vorsitzender ich war, mein Revolver mit Munition, den ich sowohl im Balkankrieg 1912/13 wie im Weltkrieg 1914/18 getragen habe, und für dessen Führung ich eine polizeiliche Erlaubnis besass. Ich habe ihn nach meiner Entlassung aus dem Gefängnis und auch später nicht zurückerhalten, während man mir die anderen «belastenden» Dokumente wieder zustellte. Die verhaftenden Organe waren ein Herr von der Gestapo, ein mir unbekannter Arzt (!), der sich auch nicht als solcher vorstellte (!) und ein unterer Polizeibeamter, der uns erklärte, er sei viel lieber früher bei der kriminellen, als jetzt bei der politischen Abteilung gewesen.
Der Polizeibeamte zeigte seinen Kollegen bei der Haussuchung unsere 42bändige Jubiläumsausgabe von Goethe mit dem verwunderten Hinweis: «Lauter Joethes».
Man liess mir etwa 1 Stunde Zeit, mich anzuziehen und die notwendigsten Dinge in einer Handtasche einzupacken; im Übrigen wurden meine Frau und ich im Unklaren gelassen, weshalb die Verhaftung erfolge und wohin ich verbracht werden würde. Wir landeten im Ausstellungspark (Ulap) am Lehrter Bahnhof, wo damals eine Schutzstaffel (S. A.) stationiert und unter den Bögen der Stadtbahn Unterkunft für Häftlinge bereitgestellt war. Die Abteilungsnummer der S. A. sowie der Name ihres «Kommandeurs» sind meinem Gedächtnis entschwunden; Aufzeichnungen habe ich in Deutschland aus begreiflichen Gründen nicht gemacht.
Ich wurde in einen kleinen Raum gebracht, meine Personalien aufgenommen, in barschem Ton mir erklärt, dass ich rauchen dürfe, sprechen aber verboten sei.
Dann ging es in den Unterkunftsraum unter dem Stadtbahnbogen. Auf dem Wege dorthin sah ich, wie ein junger Mann

(Kantorowicz) – kein Arzt –, von S. A. Männern mit Gummiknüppeln «bewacht», wie ein Pferd an der Longue, im Kreis herumgetrieben wurde, bis er endlich zusammenbrach und in den Unterkunftsraum gebracht wurde. In ihm traf ich eine grosse Anzahl mir bekannter, z. T. sehr angesehener Ärzte. Die Stimmung war anfangs nicht sehr bedrückt, da es sich bei der grossen Zahl der Verhafteten nicht um eine Aktion gegen Einzelne handeln konnte, und weil in Sachen «Beratungsstelle» wohl jeder von uns ein absolut reines Gewissen hatte. Später – infolge der Behandlung und bei der Ungewissheit über unser weiteres Schicksal – sank das Stimmungsthermometer erheblich.
Ich wurde beim Eintritt von einem Arzt Dr. Villain ... auf Waffen untersucht und mir das Sprechverbot eindringlichst eingeschärft. ...
In den ersten Stunden ereignete sich nicht viel. Die S. A. Männer riefen ab und zu bei regeren Gesprächen: «Maul halten!», aber sonst herrschte keine wesentliche Beunruhigung. Ein robuster, vierschrötiger Kantinenwirt sorgte gegen reichliches Entgelt für Mittagessen und Cigarren; Telefongespräche durch S. A. Leute an die Angehörigen konnten geführt werden.
Dieses «Idyll» änderte sich plötzlich, als in den Nachmittagsstunden das Kommando kam: «Die Männer in 3 Gliedern antreten, die Jacken ausziehen!». Ein brutaler, fetter Sturmführer erschien auf der Bildfläche, forderte zunächst die 3 zusehenden verhafteten Frauen auf, die Cigaretten aus der «Schnauze» zu nehmen, erklärte, dass wir eigentlich alle erschossen werden müssten. Dann wurde «exerziert»! «Links marschiert auf! Rechts marschiert auf! Hinlegen! Auf! Marsch, Marsch! Wieder Hinlegen!» usw. Der grösste Teil der Inhaftierten waren ja alte Soldaten mit Kriegsauszeichnungen; ihnen fielen die Kasernenhofübungen weniger schwer; aber es waren auch Leute über 70 Jahre und Kranke unter den Verhafteten und solche, die nicht militärisch geschult waren. Wenn die Übungen nicht exakt oder schnell genug «klappten», wurden sie wiederholt, und S. A. Männer halfen mit geschwungenen Gummiknüppeln nach. Es konnten manche von uns wochenlang danach nicht eine öffentliche Badeanstalt benutzen, weil sie sonst wegen «Verbreitung von Greuelmärchen» bestraft worden wären!! Ein Arzt aus Neukölln – Dr. Kaufmann –, der von hinten geschlagen worden war, drehte

sich um und machte eine Abwehrbewegung: er erhielt darauf einen Gummiknüppelhieb ins Gesicht, so dass er blutete. Ausserdem wurde ihm bedeutet, *er* habe die S. A. Leute angreifen wollen. Dieses «militärische Exerzieren» dauerte etwa eine Stunde, etappenweise wurden zunächst die über 60, dann die über 50 Jahre Alten entlassen, zuletzt die wenigen jungen Leute – mit der sarkastischen Bemerkung, «nun könnt Ihr weiter in der Beratungsstelle tätig sein».

Erschöpft, gedemütigt kehrten wir in die Unterkunftsräume zurück.

Gegen 7 Uhr abends erschien Dr. Villain, liess Matratzen und Strohsäcke durch uns hereinbringen und fragte, ob sich jemand zu beklagen habe. Dr. Kaufmann trat vor und sagte, er sei misshandelt worden. «Hier wird niemand misshandelt», schrie Dr. Villain. Kaufmann wurde zur Vernehmung abgeführt – und hat sich nicht wieder beschwert!

Gegen Abend bezog eine S. A. Wache Quartier im Unterkunftsraum; ein pockennarbiger Wachthabender hielt strenges Regiment und prahlte dauernd mit seiner Treffsicherheit auf so und so viel 100 m! Die «Vernehmungen» begannen abends und dauerten bis gegen 2 Uhr nachts. Einzelne von uns wurden herausgerufen – sie kamen blass, erschöpft und vollkommen gebrochen zurück, warfen sich auf die Strohsäcke – und sprachen kein Wort (Löwy-Hattendorf, Glaser u. A.). Jeder von uns wartete darauf, geholt zu werden, nahm sich vor, nichts Erzwungenes zu gestehen oder zu unterschreiben und war sich nur darüber im Unklaren, wie lange er bei den bekannten Untersuchungsmethoden *physisch* imstande sein würde, bei der Wahrheit zu bleiben. Von Schlafen war bei den meisten von uns keine Rede, umsomehr, als dauernd lautes Schreien, ab und zu auch das Geräusch eines Schusses von ausserhalb in unseren Unterkunftsraum drang. In besonderer Erinnerung ist mir der Fall eines S. A. Mannes geblieben, der anscheinend wegen einer Veruntreuung eingeliefert, von seinen Kameraden mit der «siebenschwänzigen Katze» und dem Gummiknüppel traktiert wurde. Er schrie herzzerreissend und wurde dann mit einem schwer verletzten Auge in unseren Unterkunftsraum gebracht, wo ihm ein jüdischer Augenarzt den 1. Notverband anlegte. Einen uns an die Rockschösse gehängten Dr. Haustein (?) aus

Schöneberg – angeblich Kommunist und Homosexueller – sahen wir erst am nächsten Tage im Gefängnis in Spandau wieder, wohin er in einem besonderen Auto gebracht wurde. Er konnte nicht auf den Füssen stehen und kam in Einzelhaft. Bei einer späteren Verhaftung soll er sich mit Cyankali vergiftet haben. Die Nacht verging, für die meisten ohne Schlaf. Ich wurde nicht vernommen.

Am nächsten Morgen durften wir im Rondell des Ausstellungsparks einzeln spazieren gehen. Es war überhaupt auffällig, wie zu- und umgänglich die unteren S. A. Leute waren, sobald keiner ihrer Vorgesetzten in Sicht kam. Sie erzählten uns, dass wir wegen «Hochverrats» abgeurteilt und vermutlich in ein Konzentrationslager gebracht werden würden! Dass sich unsere Lage durch andere Dinge verbessert hatte, und unsere baldige Entlassung aus den Händen der S. A. den unermüdlichen Bemühungen unserer Angehörigen und der jüdischen Gemeinde (Heinrich Stahl) zuzuschreiben war, wussten die einfachen S. A. Männer nicht.

Unsere Verhaftung hatte in Berlin grosses Aufsehen erregt, umsomehr, als bald durchsickerte, dass die Organe der Gestapo und der Staatsanwalt keinerlei Akten über unsere «Vergehen» besassen, vielmehr die ganze Angelegenheit tatsächlich als eine liebevolle Sonderaktion des Bundes nationalsozialistischer Ärzte anzusehen war. Wie ich später hörte, war man auch im christlich-ärztlichen Lager über dieses Vorgehen sehr empört. Viele Kollegen stellten sich uns als Leumundszeugen zur Verfügung, während freilich andere, mit denen wir Jahre lang zusammen gearbeitet hatten, einen grossen Mangel an Civilcourage aufwiesen. …

Am Morgen des 2. Tages wurde unseren Angehörigen gestattet, uns Koffer mit notwendiger Wäsche usw. zu bringen. Meiner Frau, die sehr früh erschien, trug ein junger S. A. Mann den Koffer, und sie durfte mich in seiner Gegenwart sprechen. Später – als Vorgesetzte auf dem Plan erschienen – wurde der Inhalt der Koffer überprüft, auseinandergerissen, ihre Träger beschimpft (Frau Geh.R. Prof. Strauss). «Trag Deinen Palästinakoffer selbst» wurde der arischen Frau eines Halbariers zugerufen.

Exerziert wurde nicht wieder. Es erschienen 2 grosse Lastautos der Schutzpolizei, und es war klar, dass wir abtransportiert

werden würden. Wohin, das war die grosse Frage. ...
Nach einer Fahrt durch die belebten Strassen des westlichen Berlin öffneten sich uns die schweren Gefängnistore von Spandau. Um es gleich im Voraus zu sagen, die Behandlung seitens der Direktion und der alten preussischen Beamten war durchaus korrekt, und ich glaube nicht, dass sich irgend einer von uns über etwas zu beklagen hatte. Gewiss, «schwedische Gardinen» und «Türen ohne Klinken» sind kein Vergnügen, gewiss schwebte das Ungewisse unserer Zukunft, die Möglichkeit weiterer nächtlicher «Vernehmungen» durch die Gestapo wie ein Damoklesschwert über unserem Haupte – aber, alles in Allem: wir wurden in Spandau menschenwürdig behandelt. Auf dem Gefängnishof begrüsste zunächst der Direktor einen der Unsrigen, der in Spandau Gefängnisarzt gewesen, ein anderer erkannte in ihm einen Kriegskameraden – dann wurden wir zu je 6 Mann eingeteilt, mussten Wäsche und den berühmten Blechnapf «fassen» und wurden auf die einzelnen Trakte gebracht. In jedem von ihnen befanden sich schon etwa 25 lediglich politische Häftlinge, darunter frühere Polizeioffiziere, ehemalige Reichstagsabgeordnete, auch viel kommunistische Jugend, die aus den Bunkern des Polizeipräsidiums entlassen, ihrer Aburteilung entgegensah. Von letzterer waren einige psychisch und physisch stark zugerichtet. Zur Arbeit wurden wir nicht herangezogen; einmal täglich wurden wir auf dem Gefängnishof «bewegt». Die hygienischen Verhältnisse waren, bis auf die Toiletten, gute. Wir hatten mit 2 anderen Trakten zusammen einen Wasch- und Duschraum. Die Ernährung war mässig, wir konnten sie durch eigene Lebensmittel teilweise etwas ergänzen.
Die erste Nacht in Spandau schliefen wir einen tiefen, tiefen Schlaf; durch die offenen, vergitterten Fenster drang in der Sommernachtsstille nur der gleichmässige Tritt der Wachmannschaft und ab und zu das Anschlagen der sie begleitenden Hunde.
Am 3. Tage nach unserer Verhaftung wurden wir uns erst richtig unserer Lage bewusst; und, wenn uns auch Briefe der Angehörigen erreichten, die uns davon in Kenntnis setzten, dass alles Mögliche zu unserer Entlassung getan würde, so waren wir doch recht deprimiert. Bei manchen setzte auch schon frühzeitig eine regelrechte Haftpsychose ein. Wir zerstreuten uns

zwar nach Möglichkeit durch Lesen, Spielen, Gespräche mit den anderen Häftlingen, bei denen wir freilich wegen der Spitzelgefahr eine begreifliche Zurückhaltung in Erörterung politischer Fragen bewahrten.
Am 5. Tage in den Nachmittagsstunden kam plötzlich der Befehl, uns «fertig» zu machen. Die Möglichkeit einer weiteren Verschickung war zwar gegeben, doch erfüllte sich bald unsere Hoffnung auf Freilassung. ... Wir wurden (gnädigerweise) nicht unter Polizeiaufsicht gestellt, sondern mit der Mahnung künftigen Wohlverhaltens nach Hause geschickt.
Gross war unsere und unserer Angehörigen Freude. Aber lange Zeit wurde in uns die Erinnerung an die schwere Zeit grundloser, unsinniger Beschuldigung und brutaler Behandlung wachgehalten. Wie ein böser Alpdruck lastete sie auf uns und in manchem reifte der kluge Entschluss, einem Lande den Rücken zu kehren, in dem Menschenwürde mit Füssen getreten wurde ...
Jäh war unser Erwachen 1933.
Entrechtet, gedemütigt, unserer Tätigkeit grösstenteils beraubt zogen wir uns aus der Öffentlichkeit in unser Heim zurück, hielten es unter unserer Würde, Restaurants und Cafés, aber auch Theater und Konzerte zu besuchen. Ein Abwehr- und Igelgefühl hatte sich unserer bemächtigt.

Leben unter den «Nürnberger Rassegesetzen»

Nach dem Schock, den die Verhaftung Alfred Franks auch für Hilde und ihre Kinder bedeutete, bemühte sich Hilde gemeinsam mit ihrem älteren Bruder Carl Feldberg um die Emigration nach Palästina. Doch ihre Anstrengungen blieben letztlich erfolglos. Das von Hilde gekaufte Grundstück in der Nähe von Tel Aviv wurde gepfändet, und Hilde liess den Plan zu emigrieren fallen. Carl Feldberg, der zur Vorbereitung seiner und Hildes Übersiedlung mehrfach nach Palästina reiste, wurde beim Arabischen Aufstand im Mai 1936 in Palästina umgebracht.

Mit der Verschärfung des «Gesetzes über das Berufsbeamtentum» verlor Carl Neuberg 1934 seine staatlichen Universitäts-Professuren. Am halbprivaten Kaiser-Wilhelm-Institut blieb er bis zur Findung seines Nachfolgers am 30. September 1936 angestellt. Trotz dieser Demütigungen und dem Verlust seiner akademischen Wirkungsmöglichkeiten blieb er in Berlin, vermutlich wegen seiner Bindung an Hilde und weil er sich aufgrund hochrangiger Beziehungen weiterhin in Sicherheit wähnte.

Carl Neuberg, ca. 1934

Auf dem Nürnberger Parteitag der NSDAP am 15. September 1935 wurden drei Gesetze beschlossen und sogleich veröffentlicht, die als «Nürnberger Rassengesetze» oder kurz «Nürnberger Gesetze» in die Geschichte eingegangen sind. Dazu gehörten das «Reichsbürgergesetz», das den Juden das «Reichsbürgerrecht», das heisst die politischen Rechte auf Reichsebene, entzog, ihnen die deutsche Staatsangehörigkeit aber beliess, ferner das «Gesetz zum Schutz des Deutschen Blutes und der Deutschen Ehre», welches die Begriffe «Jude» und «Mischling» sowie einige Unterkategorien definierte und Heiraten zwischen Juden und «Ariern» verbot.

Carl Feldberg, ca. 1930

Das «Gesetz zum Schutz des Deutschen Blutes und der Deutschen Ehre» definierte den Begriff des Juden primär anhand der biologischen Abstammung, nicht anhand der Religionszugehörigkeit. Menschen mit vier oder drei jüdischen Grosseltern galten als «Juden» oder «Volljuden». Menschen mit zwei jüdischen Grosseltern galten als «Mischlinge ersten Grades» oder «Halbjuden», Menschen mit einem jüdischen Grosselternteil als «Mischlinge zweiten Grades» oder «Vierteljuden».

Das staatliche Vernichtungsprogramm ab Oktober 1941 erfasste die «Volljuden», in den eroberten Ostgebieten auch die «Halbjuden».

«Volljuden» durften keine «arischen» Partner heiraten. Solche Heiraten und der aussereheliche Geschlechtsverkehr zwischen Juden und «Ariern» waren als «Rassenschande» oder «Rassenverrat» strafbar. Strafbar machte sich in solchen Beziehungen jeweils der Mann, ob als Jude oder als «Arier», da die Frau nach Hitlers Überzeugung in sexuellen Belangen keinen eigenen Willen hatte. «Halb-» und «Vierteljuden» durften «arische» oder «vierteljüdische» Partner heiraten, sofern sie dafür eine amtliche Bewilligung hatten. Ab 1942 wurden keine solchen Bewilligungen mehr erteilt.

«Halb-» und «Vierteljuden» durften ab 1935 noch mittlere und höhere Schulen besuchen. Sie konnten die Reifeprüfung ablegen, doch berechtigte diese nicht unbeschränkt zur Aufnahme eines Studiums. Ab 1937 war ihnen ein Pharmazie- und Medizinstudium verwehrt. Sie mussten die nach der Pogromnacht vom 9. November 1938 verhängte Judenvermögensabgabe nicht bezahlen und den im September 1941 angeordneten Judenstern nicht tragen.

Die Nürnberger Gesetzgebung von 1935 berücksichtigte auch die Religionszugehörigkeit: «Halbjuden», die einer jüdischen Religionsgemeinschaft angehörten oder mit einem jüdischen Partner verheiratet waren, galten als Juden und wurden als «Geltungsjuden» bezeichnet. Rechtlich wurden sie wie «Volljuden» behandelt.

Trotz dieser beklemmenden Ereignisse versuchten die in Deutschland verbliebenen Juden, ein möglichst normales Leben weiterzuführen, allerdings eingeschränkt auf den Umgang mit anderen Juden. Anita berichtete davon in einem Brief an die Mutter aus dem Jahr 1937.

Anita an Hilde
Berlin-Dahlem, 14. Februar 1937

Meine liebe Mutti!
Nun ist der Ball also glücklich überstanden und alles hat sehr schön geklappt. Ich will Dir jetzt so ungefähr alles genau schildern. … Ich war wirklich überhaupt nicht aufgeregt. Vor allen Tanzstunden war ich es mehr wie vor dem Ball. Kurz nach ½ 9 h, nachdem ich zur zuständigen Kontrollstelle: Frl. Ina gegangen war, fuhr ich mit der U-Bahn zum Wittenbergplatz. In der Bahn war es voller Leute in Abendkleidern, Masken und anderem Klim-Bim. Ich kam mir vielleicht darunter vor!! Im Brüder-Ver-

einshaus waren schon furchtbar viele Menschen. Draussen standen sie Schlange um die letzten Karten! Ich machte mich also fertig und stolzierte mit meiner Karte an den Tisch: «Tanzstunde Samstag 8 h». Dort wurde ich mit hallo empfangen und war sofort nett drin. Unser Tisch war direct bei der Kapelle Fabian im grossen Saal. Übrigens musste ich sehr an Euch denken wie ich die vielen Treppenstufen mit dem langen Kleid hinaufstolzierte. Zuerst hatte ich immer aus Versehen gleich zwei Stufen übersprungen, dann bedachte ich mich aber und ging in gemessenen Schritten die Treppe langsam. Aber nun weiter, kaum bei uns angelangt, so schwang ich auch schon das Tanzbein. Man tanzte aber garnicht, sondern versuchte nur einigermassen im Takt den vielen Füssen, Püffen u. Stössen auszuweichen. Bald ging es merklich besser. Als der Ober an unseren Tisch kam, musste ich etwas bestellen. Ich bestellte also, da es fast nur Weine gab eine «Schorle-Marle» ohne zu wissen was es ist. Es schmeckte aber nachher ganz gut. Gegen 10 h waren wir ungefähr vollzählig. Ich sah eine ganze Menge aus dem Club Savin Eva u. Paul Grantz. Die letzteren waren jedoch im roten Saal, wir sahen uns also wenig. Die Damen und Mädels waren bombig angezogen (vielmehr, sie hatten kaum was an u. leider zum grossen Teil sehr angepinselt). Nun wurde ein Tanz nach dem anderen getanzt. Bald hier, bald dort, bald mit einem Tanzstundenherrn, manchmal auch mit jemand Unbekanntem. Ich tanzte fast nur mit Hans Boschwitz, Herrn Besser, Werner Glass u. Walter Jialodjinski. Manchmal auch mit anderen. Wir waren nett im Schwung. Wurde mal mit Tanzen ausgesetzt, was manchmal sehr nötig war, so sass man an seinem Tisch oder ging überall etwas herum. Als unser Dicker sich einmal zu schlecht benahm, konnte ich es mir nicht verkneifen und habe ihn zurechtgewiesen. Seitdem benimmt er sich komischerweise merklich bescheidener. Vielleicht hat es geholfen! Herr Lewin war auch dort; ich habe ihn aber nur paarmal sehen können. Unser neuer Herr ist, soweit ich ihn kenne, so mang mang, nichts Besonderes. Da Brötchen unverschämt teuer waren kaufte ich mir gegen 2 h eine Banane. Um diese Zeit war es mir ganz komisch. Ich glaube ich hatte einen kleinen Schwips. Ich hatte immer so ein Gefühl, wie man kurz vor einer Ohnmacht hat, das ging aber bald vorüber. Das Tanzen ging unaufhörlich, kaum

hatte man sich hingesetzt, so kam schon wieder einer «Darf ich bitten?» Na, und was soll man dann schon gross tun?, man steht eben auf, nickt freundlich und tanzt die, ich weiss nicht wievielte Runde. Aber zum Ausruhen waren dann ja zu Hause die Betten da, also rein ins Vergniejen! Als um ¼ 4 h die Kapelle keine Tanzart mehr wusste, konnte u. wollte wurde der Schlusstanz verabreicht. Schade! Wenn man unten wieder der glückliche Besitzer seines eigenen Mantels geworden war, traf man sich u. entfernte sich der Bumsmusik und allem Schönen. Ich ging mit Herrn Besser, Werner Glass u. Klaus Fränkel zur 176, der einzige der noch fuhr, wo wir bald nach Bhf. Halensee abdampften. Dort musste ich mir mit Fränkel eine Taxi nehmen und wir fuhren bis Roseneck zusammen u. ich fuhr dann nach Hause. ¼ 5 h war ich glücklich angelangt. Ich legte mich ins Bett und schlief bald ein. Heute bin ich wieder ganz fideel u. vollkommen tanzsicher auf den Beinen. (Es hat wahnsinnig eingeübt.) Vielleicht kommt Hans Boschwitz am 20. II. nochmal mit, dann ab nach Bordeaux!! In Franz. habe ich eine 2 geschrieben!! (1 Fehler nur).
Einen dicken Kuss u. viele liebe Grüsse von deiner Balltochter
Anita

Das «Brüder-Vereinshaus» an der Kurfürstenstrasse 115/116 in Berlin-Schöneberg, in dem der Ball stattfand, war ein zwischen 1908 und 1910 erbautes Gebäude, das zunächst den jüdischen «Brüderverein zur gegenseitigen Unterstützung» beherbergte. 1939 wurde dort die «Zentralstelle für jüdische Auswanderung Berlin» untergebracht, die die Zwangsemigration der Juden Berlins administrativ kontrollierte. Ab Januar 1940 befand sich in der Kurfürstenstrasse 116 das sogenannte «Judenreferat IV B 4» des Reichssicherheitshauptamtes unter der Leitung von Adolf Eichmann.

Anitas Schilderung erweckt den Anschein ungetrübter Festfreude. Daraus darf man nicht schliessen, dass Juden in Deutschland im Jahr 1937 noch in zivilgesellschaftlicher Normalität gelebt hätten. Unerwähnt bleibt in Anitas Bericht die psychische Belastung der Ballteilnehmer als Mitglieder der ausgegrenzten jüdischen Minderheit inmitten einer überwiegend judenfeindlich gesinnten

Bevölkerungsmehrheit, von der man sich bei derartigen Vergnügungen hermetisch absondern und zu der man in der Öffentlichkeit wo immer möglich auf Distanz bleiben musste. Juden und Nicht-Juden hatten sich in den Jahren seit 1933 an die Ausgrenzung gewöhnt und ihr Verhalten gegenüber den jeweils anderen angepasst, sodass die nationalsozialistische Judenpolitik kaum mehr Emotionen weckte. In Hildes Nachlass finden sich keine Briefe, die Empörung oder Abscheu über diese Politik andeuten. Angst war das einzige Gefühl, das immer und immer wieder zum Ausdruck kam.

Anita Frank, ca. 1936

1938 verkaufte Carl Neuberg seine Villa an Nicht-Juden. Vertragsgemäss musste er sie bis Ende September räumen. Damit trennten sich die Wege. Hilde zog mit ihren Kindern in eine Mietwohnung in der Auguste-Viktoria-Strasse 33 in Berlin-Grunewald. Über Neubergs Aufenthalt in der Zeit vom Oktober 1938 bis zu seiner Ausreise nach Holland Ende August 1939 ist nichts bekannt.

Zwangsverkauf der Firma «Gebr. Feldberg» in Hamburg

In Hamburg musste die Familie Feldberg 1938 ihr Damenkonfektionsgeschäft samt dem Grundbesitz an Nicht-Juden verkaufen. Das von Hildes Vater Sally Feldberg und dessen Bruder Daniel Feldberg im Jahr 1888 gegründete Geschäft wurde seit dem Tod der Gründer als Kommanditgesellschaft geführt. Hildes Mutter Clara Feldberg-Löwenstein und Hilde waren als Kommanditärinnen daran beteiligt.

Hildes Cousin Alexander Feldberg, der letzte Geschäftsführer der «Gebrüder Feldberg Damenkonfektion», liquidierte die Firma nach dem Zwangsverkauf ihrer Geschäftsaktiven und liess die Firma am 15. August 1938 im Handelsregister löschen.

Alexander Feldberg, ca. 1938

Geschäftshaus Feldberg (Hanse) an der Mönckebergstrasse 15, 17 und 19 in Hamburg, vor 1938

Er wanderte mit seiner Familie im Oktober 1938 nach Montevideo (Uruguay) aus, erlebte die Pogromnacht also nicht mehr in Deutschland. Das der Familie gehörende Geschäftshaus an der Mönckebergstrasse 15, 17 und 19, in dem sich das Modegeschäft befunden hatte, wurde in der ersten Jahreshälfte 1939 mit einem separaten Vertrag an die «Eichmeyer & Co.» zwangsverkauft.

Hildes Rettungspläne für sich, Anita und Reinhard

Kurz nachdem Hilde und Neuberg sich getrennt hatten, in der Nacht vom 9. auf den 10. November 1938, gab es die heftigsten Terrorakte gegen Juden seit Hitlers Machtergreifung. Sie waren von der NSDAP angezettelt worden und wüteten im ganzen Reich bis zum 11. November 1938, ab dem 10. November 1938 auch im annektierten Österreich. Anlass dafür war, dass ein 17-jähriger polnischer Jude nach der Deportation seiner Eltern einen Mitarbeiter der deutschen Botschaft in Paris erschossen hatte. Für diese Tat machte die nationalsozialistische Führung «die Juden» insgesamt verantwortlich und wiegelte die nichtjüdische deutsche Bevölkerung zu Racheaktionen auf.

Wegen der vielen eingeworfenen Fensterscheiben und Scherben wurde das Ereignis höhnisch als «Reichskristallnacht» tituliert. Nach Angaben des Jüdischen Museums Berlin von 2021 wurden ungefähr 400 Menschen ermordet oder in den Suizid getrieben. Über 1400 Synagogen und Betstuben sowie etwa 7500 jüdische Geschäfte und Wohnungen wurden zerstört, jüdische Friedhöfe und andere Einrichtungen der Gemeinden verwüstet. In den Tagen danach verhaftete die Gestapo etwa 30 000 jüdische Männer und verschleppte sie in Konzentrationslager. Hunderte wurden dort ermordet oder kamen zu Tode. Überlebende Häftlinge wurden grösstenteils nach einigen Wochen und Monaten wieder freigelassen.

Ab Mitte November 1938 wurden in rascher Folge neue judenfeindliche Gesetze und Verordnungen erlassen. So mussten Juden mit einem Privatvermögen von mehr als 5000 RM eine «Judenvermögensabgabe» («Sühneleistung») in Höhe von 20 Prozent leisten, jüdische Unternehmen mussten an «Arier» verkauft oder aufgelöst werden; und auch jüdischer Grundbesitz musste an «Arier» veräussert werden. Jüdische Studierende wurden aus allen staatlichen Schulen und Universitäten ausgeschlossen, Juden durften keine Kinos, Theater, Opern und Konzerte mehr besuchen; ausgenommen von dem Verbot blieben lediglich die Veranstaltungen des Jüdischen Kulturbundes. In Berlin wurde Juden verboten, bestimmte Stadtteile zu betreten.

Weitere Schikanen folgten im Jahr 1939. Ab Januar galt die Pflicht, zusätzlich zu den bisherigen Vornamen die Namen «Israel» und «Sara» zu führen; ab April war für Juden der Mieterschutz aufgehoben, und viele von ihnen waren gezwungen, in kleinere Wohnungen umzuziehen oder andere Juden in ihre bisherigen Wohnungen aufzunehmen; ab Juli wurde es für Juden Pflicht, Mitglied in der vom Staat geschaffenen «Reichsvereinigung der Juden» zu werden, und es war ihnen verboten, nach 20 Uhr auf die Strasse zu gehen (im Sommer nach 21 Uhr); ab Oktober wurde ein grosses «J» («Judenstempel») in die Reisepässe eingetragen und die Judenvermögensabgabe vom November 1938 von den bisherigen 20 Prozent auf 25 Prozent erhöht, was Ende 1939 eine Nachzahlung in Höhe von 5 Prozent des Vermögens bedeutete.

Hildes Weihnachtskarte von 1938 zu einem Buchgeschenk an Anita, geschrieben unter dem Eindruck der Pogromnacht vom 9. November

Meiner lieben Anita,

zur Erinnerung an Zeiten – umgeben von Schönheit!
Schöpfen wir jetzt Kraft und Freude aus den Quellen, die uns bleiben und die uns niemand nehmen kann:
Aus den Gaben der grossen Geister und aus der Natur.
Die Sonne scheint für alle Lebewesen und gibt Freude, Kraft und Mut.

Deine Mutti.

Dezember 1938.

Die Novemberpogrome von 1938 und die im Anschluss daran verfügten Gesetze und Massnahmen waren für die Juden in Deutschland der ultimative Anlass zur Auswanderung – sofern sie ein Gastland fanden, das sie aufnahm.

Auch Hilde begann die Flucht ihrer Familie nun ernsthaft zu planen, nämlich durch die Versendung der Kinder mit einem englischen Kindertransport nach England und durch ihre eigene Übersiedlung in die Schweiz. Sie hoffte, das dazu nötige Schweizer Bürgerrecht durch die Heirat mit einem Schweizer Bürger zu erlangen und dann von der Schweiz aus die Familie wieder zusammenführen zu können.

Im Frühjahr 1939 trat Hilde mit dem 62-jährigen nichtjüdischen Schweizer Ernst Kindler in Kontakt, der mit einem Zeitungsinserat in Deutschland nach einer heiratswilligen und wohlsituierten Jüdin gesucht hatte. Nach Überwindung hoher administrativer Hürden – Heiraten zwischen Jüdinnen und «Ariern» waren aufgrund der Nürnberger Gesetze strafbar – heiratete Hilde ihren zweiten Ehemann am 20. Juli 1939 vor dem deutschen Standesbeamten von Berlin-Schmargendorf. Sie nahm den Familiennamen Kindler an. Am selben Tag stellte sie ihren neuen Ehemann den Kindern Anita und Reinhard als neuen Vater vor. Die Kinder nannten ihn «daddy».

Nachdem die für den 3. September 1939 vorgesehene Überfahrt von Hildes Kindern nach England wegen des Kriegsausbruchs abgesagt worden war, brachte Hilde Reinhard ab Oktober 1939 bei der Pflegefamilie Edith und Max Koppel in der Badenschen Str. 6 in Berlin-Schöneberg unter. Reinhards neuer Schulweg zur Privaten höheren Schule der Jüdischen Gemeinde zu Berlin in der Wilsnackerstrasse 3 wurde dadurch verkürzt. Anita wohnte weiterhin bei der Mutter in der Auguste-Viktoria-Strasse. Mit ihrem Arbeitsbeginn im Jüdischen Krankenhaus zog auch Anita im Mai 1940 zu einer Pflegefamilie.

Zwangsverkauf der Firma «Gebr. Frank» in Leipzig

In Leipzig wurde Berthold Levy, Hildes Partner in der Kommanditgesellschaft «Gebrüder Frank Strick- und Wirkwarenfabrik», während der Novemberpogrome vom 9./10. November 1938 vor dem Fabriktor in der Berliner Strasse 65 in Leipzig verhaftet. In der Polizeihaft wurde er misshandelt. Am 23. April 1939 starb er als 40-Jähriger.

Der anschliessende Zwangsverkauf des Geschäftsvermögens der Firma «Gebrüder Frank» in Leipzig zeigt die Niedertracht, mit welcher der nationalsozialistische Staat die von Juden über Jahrzehnte aufgebauten Unternehmen faktisch enteignete und zu Spottpreisen an «Arier» gehen liess.

Der Zwangsverkauf der Firma «Gebrüder Frank» wurde dadurch eingeleitet, dass den drei Inhabern – Hilde Frank, Richard Frank und Berthold Levy – im Januar 1939 amtliche Schreiben zugestellt wurden, die ihnen wegen eines angeblichen Verdachts auf Kapitalflucht die Verfügungsbefugnis über die Firma und deren Bankkonten entzogen und die Eigentümerrechte einem Treuhänder übertrugen, dem Leipziger Rechtsanwalt und Notar Oscar Zimmermann. Dieser verkaufte das Geschäftsvermögen der Firma samt den Betriebsgrundstücken zum Preis von ca. 400 000 RM an eine «arische» Käufergruppe, die von leitenden Angestellten der Firma angeführt wurde. Die bisherigen Inhaber konnten auf die Verkaufsverhandlungen und die Preisgestaltung keinen Einfluss nehmen. Der Treuhänder Zimmermann vereinnahmte den Verkaufserlös und verwaltete ihn in eigener Kompetenz. Wegen des angeblichen Verdachts auf Kapitalflucht wurde das Geld Hilde und den beiden anderen Berechtigten bzw. deren Erben lange Zeit nicht ausgehändigt.

Nachdem Hilde im Juli 1939 geheiratet hatte, war ihre Alleinerbenstellung im Nachlass des ersten Ehemanns Hermann Frank gemäss einem wechselseitigen Testament von 1930 hinfällig. Anita und Reinhard waren zu je drei Achteln Erben ihres Vaters geworden. Damit stand fest, dass zwischen Hilde und den Kindern eine Erbauseinandersetzung über das Vatererbe in Leipzig durchzuführen war. Das zuständige Vormundschaftsgericht bestellte als Vormund für Anita den pensionierten Landgerichtsdirektor a. D. Dr. Albert Heucke in Stettin, für Reinhard den Pfleger Dr. Max Israel Metz in Berlin-Charlottenburg.

Während Dr. Metz sich kaum in die Angelegenheit einmischte, tat Heucke alles Erdenkliche, um Hilde und Anita das Leben schwer zu machen. Rasch hatte er erkannt, dass Hilde als Schweizer Bürgerin berechtigt war, ihren Erbteil in die Schweiz zu transferieren, wogegen die Kinder als deutsche Staatsangehörige dieses Recht auch dann nicht hatten, wenn sie der Mutter in die Schweiz folgten. Im Interesse des deutschen Staates,

Fabrikanlage der Firma «Gebrüder Frank Strick- und Wirkwaren-Fabrik» in Leipzig, 1933, Grafik auf einem Lieferschein

nicht der Kinder, versuchte Heucke deshalb durchzusetzen, dass die Judenvermögensabgabe von 20 Prozent (25 Prozent ab Ende 1939) vollumfänglich aus dem Erbteil der Mutter entrichtet wurde. Hilde konnte dies abwenden, indem ihr Rechtsvertreter Dr. Hans Gumpert in Hildes Namen geltend machte, dass sie sich am 1. Oktober 1938 mit Ernst Kindler verlobt habe, womit Anita und Reinhard gemäss dem Testament von Hermann Frank aus dem Jahr 1930 Inhaber des Vatererbes geworden seien und die am 12. November 1938 verfügte Judenvermögensabgabe aus ihren Erbteilen selber bezahlen müssten. (Das Testament hatte als Zeitpunkt des Erbanfalls an die Kinder die erneute *Verlobung*, nicht die erneute *Heirat* des überlebenden Elternteils bestimmt).

Heucke war auch nicht damit einverstanden, den vollen Ertrag der Kindesvermögen für den Lebensunterhalt der Kinder in Berlin einzusetzen. Er verlangte von Hilde aufgrund ihrer elterlichen Sorgepflicht einen grösseren Beitrag dazu. Das monatliche Taschengeld wollte er der 19-jährigen Anita nicht direkt ausbezahlen, weil sie noch minderjährig war, sondern an Anitas Pflegevater überweisen, wozu er eine Vollmacht mit der Unterschrift von Ernst Kindler einforderte.

Als der Treuhänder Zimmermann für seine Dienste ein exorbitantes Honorar verlangte und Hildes Rechtsvertreter Gumpert ihn darum bat, die Höhe des Honorars zu begründen und das Honorar wenn möglich zu reduzieren, liess Zimmermann wissen, dass er darauf nicht antworten werde. Wenn die Klientin unzufrieden sei, solle sie sich an das Gericht wenden. Sinngemäss hiess dies, dass Zimmermann sich nicht dazu herabliess, mit Juden über seine Honorare zu diskutieren.

Schliesslich bat Gumpert Heucke darum, die Erbteile Hildes und der Kinder anteilig mit dem Honorar des Treuhänders Zimmermann zu belasten. Heucke liess sich vom Amtsgericht Charlottenburg bestätigen, dass Hilde allein kostenpflichtig sei. Das Gericht schrieb am 23. Juli 1940: «Diese Kosten treffen aber nicht die Kinder, sondern diejenigen, die durch ihr verdächtiges Verhalten Anlass zu der Sicherungsanordnung gegeben haben.» So folgte ein demütigendes Ereignis dem andern.

Trennung der Familie

Hildes Übersiedlung in die Schweiz

Nachdem die Versendung der Kinder nach England gescheitert war, blieb Hilde noch ein Jahr lang in Berlin. Am 15. September 1940, mehr als ein Jahr nach der Heirat mit Ernst Kindler, verabschiedete sie sich von Anita und Reinhard und verlegte ihren Wohnsitz in die Schweiz. Beide Kinder und ihre Pflegemütter begleiteten Hilde zum Bahnhof. Es sollte kein Wiedersehen geben.

Der Kontakt wurde durch einen regen Briefwechsel zwischen Hilde, ihren Kindern und deren Pflegeeltern aufrechterhalten. Hilde bewahrte die aus Berlin erhaltenen Berichte sorgfältig auf. Sie bilden den wesentlichen Inhalt dieses Buchs. Hildes eigene Briefe sind nicht erhalten geblieben.

Als Hilde im September 1940 in die Schweiz einreiste, kam sie in ein Land, in dem existenzielle Angst vor einem deutschen Einmarsch, die damit verbundene allgemeine Abneigung gegenüber den Deutschen und ein verbreiteter Antisemitismus die öffentliche Meinung beherrschten. Während Hilde ihren deutschen Akzent nicht ablegen konnte, versuchte sie, ihr Judentum zu verbergen. Das Judentum der Kinder begründete sie wenn möglich mit demjenigen des Vaters. Ihr eigenes Judentum liess sie unerwähnt.

Verschlüsselung der Briefe aufgrund der Zensur

Das Post- und Briefgeheimnis war durch die «Reichstagsbrandverordnung» (Verordnung des Reichspräsidenten zum Schutz von Volk und Staat vom 28. Februar 1933) aufgehoben worden. Die systematische Kontrolle des gesamten – nicht nur des jüdischen – Briefverkehrs mit dem Ausland wurde aber erst bei Kriegsbeginn im September 1939 eingeführt. Zu den Vorsichtsmassnahmen der Briefschreiberinnen gehörte es fortan, keine vollen Personennamen, sondern Abkürzungen, blosse Vornamen oder Umschreibungen zu verwenden und eine Umschreibung im selben Brief nicht mehrfach zu gebrauchen, sondern beispielsweise Hilde zuerst als «Alices Schwester», dann als «Claras Tochter» zu bezeichnen. Anita tarnte sich zuweilen, indem sie von «Herrmanns Tochter» in der dritten Person schrieb. Sie

Reinhard und Anita, September 1940

chiffrierte den Bruder Reinhard mit Wörtern wie «der Kleine», «Stöpke», «Reini» oder «Reiny».

Über Deportationen, Schikanen, Hoffnungen und Ängste konnte nicht offen berichtet werden. Die Korrespondentinnen mussten Umschreibungen suchen, die von den Empfängerinnen aufgrund gemeinsamer Lebenserfahrung entschlüsselt werden konnten, ohne dass die Zensur das Vorliegen einer versteckten Botschaft ahnte. Der Herausgeber hat sich bemüht, die in den Briefen enthaltenen Codierungen zu entschlüsseln, wobei in manchen Fällen vielleicht auch andere Deutungen möglich sind.

Anitas Arbeitsbeginn im Jüdischen Krankenhaus, 1940

Im Mai 1940 begann Anita ihre Ausbildung zur Krankenschwester im Jüdischen Krankenhaus an der Iranischen Strasse in Berlin. Um ihren Weg zur Arbeit zu verkürzen, zog sie von

Das Jüdische Krankenhaus an der Iranischen Strasse in Berlin, Hauptgebäude, vor 1943. Postkarte, die Anita zusammen mit persönlichen Papieren bei der Deportation nach Theresienstadt am 16. Juni 1943 in Berlin zurückgelassen hat (siehe dazu S. 173)

Berlin-Dahlem zu der Pflegefamilie Regina und Fritz Weiss in der Zingster Strasse 9 im Norden von Berlin.

Zu dieser Zeit feierte Hitler seine grössten militärischen Erfolge, die den Deutschen durch die staatliche Propaganda täglich eingebläut wurden. Für die Juden stellten sie eine wachsende Bedrohung dar. Im Frühjahr besetzte die Wehrmacht Norwegen, von Mai bis Juni Belgien, Holland und Frankreich. Der Waffenstillstand mit Frankreich wurde am 22. Juni 1940 unterzeichnet. Er kam einer Kapitulation Frankreichs gleich. Der südöstliche Teil Frankreichs, insbesondere das Alpengebiet, wurde erst in den folgenden beiden Jahren schrittweise deutsch besetzt und blieb bis dahin «Freie Zone» («zone libre»). Hitler beendete den Frankreich-Feldzug mit grossem propagandistischem Lärm. Am 25. Juni 1940 erliess er einen Aufruf an das deutsche Volk: «Deine Soldaten haben in knappen sechs Wochen nach einem heldenmütigen Kampf den Krieg im Westen gegen einen tapferen Gegner beendet. Ihre Taten werden in die Geschichte eingehen als der glorreichste Sieg aller Zeiten. In Demut danken wir dem Herrgott für seinen Segen. Ich befehle die Beflaggung des Reiches für zehn, das Läuten der Glocken für sieben Tage.»

Hitlers Popularität war auf dem Höhepunkt. Das deutsche Volk folgte seinem mystifizierten Führer hingebungsvoll und teilte mehrheitlich seine ideologischen Wahnvorstellungen, zu denen auch der Hass auf die Juden gehörte, den der «Führer» seinem Volk beispielhaft vorlebte.

Für die Juden in Deutschland gab es zusätzlich zu den bisherigen noch neue Schikanen: Ab Februar erhielten sie keine Kleiderkarten mehr. Ab Juli 1940 durften sie Lebensmittel nur noch von 17 bis 18 Uhr einkaufen, das heisst zu einer Tageszeit, zu der die Regale meist leer waren. Alle privaten Telefonapparate wurden konfisziert. Briefe ins Ausland mussten persönlich bei einem Postamt abgeliefert werden; die Absender hatten sich dort mit einem Ausweispapier zu identifizieren (ab Oktober 1941 war die Ablieferung durch ausweispflichtige Stellvertreter zulässig).

Anita an Hilde
Berlin, 12. Oktober 1940

Meine liebe Mutti!
lieber daddy!
... Ich habe es in der letzten Zeit masslos schwer gehabt, als fast einzigste Schülerin bei einem Tyrannen von Vorgesetzter! Fast stets Schlussdienst und unentwegt bissige Reden ihrerseits. Na, ich werde auch da durchkommen. Leider sind jetzt auch die Kurse noch auf den späten Abend gesetzt, sodass man auch da kaum eher heim kommt. Aber die Hauptsache ist ja schliesslich man ist gesund, man hat seine Wohnung und lernt was man eben aufschnappen kann. – Von H. kam bis heute noch kein Geld, ich war inzwischen bei K.'s, die mir erst einmal das Nötigste gaben, das übrige soll auf der D.stelle liegen, Herr K. wird sich drum bemühen. Ich werde wahrscheinlich eine Mahnung vom Heim an Dr. H. einsenden, das nützt vielleicht. ... Mit Frau Pro. telefoniere ich öfters, zu gestern schrieb sie mir eine entzückende Karte! Zu Stöpke bin ich jetzt manchmal noch abends nach dem Dienst gefahren, werde es wohl jetzt

aber nicht mehr machen können denn ich komme dann oft erst so furchtbar spät nachhause, und das wird auf die Dauer zu anstrengend für mich. …
Einen innigen Kuss und viele liebe Grüsse von Deiner Anita

Mit «H.» oder «Dr. H.» ist der Landgerichtsdirektor a. D. Dr. Albert Heucke in Stettin gemeint, Anitas Vormund.
«K.'s» ist die Abkürzung für Reinhards Pflegeeltern Edith und Max Koppel.
«D.stelle» bedeutet Devisenstelle.
Die mit «Frau Pro.» angesprochene Gertrud Prochownik (1884–1982) war Sekretärin der Jüdischen Gemeinde in Berlin und in dieser Eigenschaft eine wichtige Bezugsperson und Helferin für Anita und andere Berliner Juden. Da die Konfiszierung der Telefonapparate vom Juli 1940 nur die privaten Anschlüsse der Juden betraf, konnten Anita und Gertrud Prochownik über die Dienstapparate des Jüdischen Krankenhauses und der Jüdischen Gemeinde weiterhin miteinander telefonieren.

Edith Koppel an Hilde
Berlin-Schöneberg, 13. Oktober 1940

Meine liebe Frau Kindler!
Recht vielen Dank für Ihren langen lieben Brief. … Anita besucht uns oft, sie ist so lieb & zutraulich zu mir; ich freue mich, dass sie sich «zu Hause» bei uns fühlt. Sie ist ein ganzer Mensch, Anita weiss genau, was sie tut oder will. …
Wir wollen in den Ferien Frau Pro[chownik] & Dr. G. besuchen. Beide haben uns sehr nett eingeladen. Tante Emmy war heute hier, Reinhard besucht sie am Sonntag, denn sie & ihr Mann fahren nach Shanghai. …
Viele liebe Grüsse, Sie recht gesund hoffend, auch an Ihren lb. Mann, Ihre Frau Edith Koppel.

Die im Brief erwähnte «Tante» war Emmy Rubensohn, geb. Frank, eine Schwester von Hermann Frank. Sie und ihr Mann Ernst Rubensohn verliessen Berlin am 28. Oktober 1940, um nach Shanghai zu emigrieren.
Mit «Dr. G.» ist Dr. Hans Gumpert gemeint.

Anita an Hilde
Berlin, 1. November 1940

Meine gute Mutti!
Heute ist wieder Freitag, d. h. ich habe meinen freien Tag. …
Nur kurz sitze ich abends noch bei meinen so entzückenden Viceeltern nebst Kind in der mollig geheizten Wohnstube und erleichtere mein übervolles Herz, indem ich erst einmal rasch alles Schöne, weniger Schöne und Interessante vom Tag erzähle. Du müsstest einmal bei diesen kurzen Abendstunden dabei sein, es ist zu nett, wir vier verstehen uns blendend. Und wenn etwas ist, Mutti W. weiss immer Rat! Andere Tage, wenn ich pünktlich um 7 h schliessen kann setze ich mich in Kluft schleunigst in den 3er Bus, obenauf, fahre bis zu Rolf, hole ihn rasch ab und dann laufen oder fahren wir noch schnell die 2 Haltestellen runter zum Stöpke. Wenn alles zusammen auch oft nur 2–3 Stunden dauert, so können wir uns doch auf diese Weise öfters sehen. Punkt 9 h fahre ich dann spätestens dort wieder fort und bin dann ¾ 10 spätestens wieder zuhause. … Emmy und Ernst brachte ich am Montag mit Anna um ½ 10 h abds. in den Zug über Königsberg etc. . . . Der Abschied ging ganz ruhig von statten, soweit möglich. – Nun weiter, heute fahre ich gleich wieder zu Frl. Grü, die mir 2 Hüte gemacht hat und mich wieder eingeladen hat! Nett, was? Dann hole ich Rolf zum letzten Mal von der Fabrik ab, denn ab 16. Nov. fängt er woanders an! Also nun auch er! Ich hoffe bloss, dass er dadurch irgendwie weiter kommt und nicht irgendwo im Freien bei der Kälte arbeiten muss! Seine Mutter arbeitet jetzt auch wieder, sie ist so lieb zu mir! Anschliessend fahren wir zu Stöpke. Am Sonntag ist dort grosse Verlobung bei Uta!! In zwei Monaten Hochzeit! Ich kann mir das noch garnicht richtig vorstellen bei dem Mädel! Aber sie haben Angst, bei irgend etwas (so wie Wolfratshausen) auseinander zu kommen und wollen dann wohl vorbeugen! Na, das ist ihre Sache. …
Ich sah wieder 4 neue Operationen, und habe es auch sonst jetzt viel besser auf Station! …
Dir und daddy viele viele liebe Grüsse. Einen Kuss von Deiner Anita.

Mit «Mutti W.» ist Anitas Pflegemutter Regine Weiss gemeint.
«Rolf» Schulmeister war Anitas Freund. Die Beziehung dauerte von 1940 bis zu Rolfs Deportation im Juli 1942. In den gemeinsamen Stunden, insbesondere bei Ausflügen an Wochenenden, erlebten die beiden ein inniges, keusches Liebesglück. Aus dem vorliegenden Brief ergibt sich, dass Rolf bereits ab 16. November 1940 Zwangsarbeit leisten und daher seinen bisherigen Arbeitsplatz unfreiwillig aufgeben musste. (Die allgemeine Zwangsarbeitspflicht für Juden bis zu 60 Jahren wurde erst im März 1941 eingeführt.)
«Frl. Grü», das heisst Emmy Grünbaum, war eine Schneiderin, die für Anita Kleider zurechtmachte.
«Uta» Koppel, die Tochter Edith Koppels aus zweiter Ehe, war eine Arbeitskollegin von Anita im Jüdischen Krankenhaus. Sie heiratete Hans Black trotz ihres jugendlichen Alters in der damals von vielen jungen Juden gehegten Hoffnung, als verheiratetes Paar bei eventuellen Zwangsmassnahmen zusammenbleiben zu können.
Anitas Codewort für die überfallartige Aufhebung einer jüdischen Institution durch die Gestapo, das heisst für einen Vorgang, der dem Jüdischen Krankenhaus jederzeit beschieden sein konnte, war «Wolfratshausen». In dieser oberbayrischen Ortschaft hatten die mehrheitlich antisemitisch eingestellte Bevölkerung und der Bürgermeister, ein Parteimitglied, bewirkt, dass eine seit 1917 bestehende jüdische Frauenfachschule im November 1938, wenige Tage nach der Pogromnacht, von der Gestapo geschlossen wurde. Sämtliche Bewohnerinnen mussten das Haus binnen zwei Stunden verlassen. Sie wurden unter Polizeibegleitung mit der Bahn nach München gebracht, dort von Gestapobeamten in Zivil empfangen und später wieder auf freien Fuss gesetzt. Das Ereignis muss sich Anita und ihrer Mutter tief eingeprägt haben, wohingegen nichtjüdische Zensurbeamte im Jahr 1940 nicht wahrgenommen haben dürften, was Anita mit «Wolfratshausen» meinte.

«Tante Emmy», Emmy Rubensohn, geb. Frank, mit ihrem Mann Ernst Rubensohn, ca. 1907

Anita an Hilde
Berlin, 9. November 1940

Meine liebe Gute!
… Gestern hatten wir bei der Oberin «Anstandskurs», ich habe mich totgelacht! «Das Pfeifen und Singen in Badewannen ist verboten, Herrenbesuche nur unter dem Protektorat der Oberin in den dazu von ihr gestellten Räumen etc. . . . » Na, geht mich ja nichts an. Auf Station habe ich es jetzt viel leichter, ich komme mehr an alles ran, war schon wieder bei Operationen, habe eine Narkose mitgemacht, gespritzt u.s.w. Im nächsten Kurs muss ich einen Vortrag über Geschlechtskrankheiten halten, habe also auch heute noch viel zu lernen. …
Also, machs gut Mutti, tausend Grüsse und Küsse von Deiner Anita.

Edith Koppel an Hilde
Berlin-Schöneberg, 10. November 1940

Liebe Frau Kindler!
… Leider hat Reinhard schon seit 8 Tagen keine Schule, da Ersatzteile für die Heizung besorgt werden. Gut nur, dass er Privatstunden hat & so vorwärts kommt. … Dass meine Tochter sich verlobt hat, schrieb Ihnen Reinhard schon. Hans, mein zukünftiger Schwiegersohn, hat so einen besonders anständigen Charakter, dass ich meine Zustimmung gegeben habe. Natürlich sind Aufregungen genug jetzt da. Sie wollen aus einem bestimmten Grunde, um zusammen zu bleiben, bald heiraten. Frau Oberin sagt mit Recht, «meine» Lehrschwestern heiraten nicht, erst Vollschwester werden. Jetzt gehen sie mit Prof. B.s Fürsprache direkt zu Dr. Lustig. Na, halt abwarten. Ruth muss ihre Ausbildung beenden, damit sie einen Beruf hat, der ihr weiterhilft! Das verlange ich. Bis zum 21.7. braucht sie ja meine Unterschrift beim Standesamt – – –. Rolf & Anita sind sehr vernünftig, besonders Anitas Ansicht & Denken ist wohl überlegt, da können Sie ganz beruhigt sein. … Viele herzliche Grüsse, auch an Ihren Mann, von Ihrer Frau Edith Koppel

Mit «Prof. B.» war wohl Professor Abraham Buschke gemeint, der von 1934 bis zu seiner Deportation im November 1942 an der Poliklinik des Jüdischen Krankenhauses arbeitete und 1943 in Theresienstadt umkam.
«Dr. [Walter] Lustig» war leitender Mitarbeiter und ab Oktober 1942 Direktor des Jüdischen Krankenhauses (vgl. zu beiden Genannten Hartung-von Doetinchem/Winau, S. 152 und S. 221 ff.; Elkin, S. 102 und 106; Silver, S. 87 und S. 98 ff.).
Die Beruhigung bezüglich Rolf und Anita betraf wohl Hildes Sorge, die beiden könnten vorschnell intimen Umgang aufnehmen.

Anita an Hilde
Berlin, 22. November 1940

Meine liebe gute Mutti!
... Was Du über Uta schreibst ist, soweit ich es beurteilen kann, nicht ganz berechtigt. ... Meinetwegen brauchst Du Dir diesbezüglich wirklich auch kein Atömchen Sorgen zu machen! Vollkommen überflüssig! Ich will Dir gestehen, dass ich anlässlich Utas Verlobung selbst auch gefragt worden bin, ob ...! Aber ich glaube und hoffe Du kennst Deine Tochter und weisst, dass ich nicht voreilig und unüberlegt handle. Mein fester Plan ist, erst unbedingt etwas zu werden, erst einmal selbst ausgebacken und mit mir selbst ganz im Klaren zu sein, ehe ich derartig endgültige Entschlüsse fasse. Wenn nur irgend möglich will ich auf jeden Fall hier mein Examen machen, um wenigstens erst einmal etwas in der Hand zu haben von dem ich sagen kann, «Hier kannst Du wirklich etwas, und hier kannst Du auch etwas verdienen.» Denn wieder und wieder neu anfangen ist auch nicht schön, man muss ja erst einmal irgend einen Beruf haben, das weisst Du ja jetzt auch. Ich habe nur eine Angst, dass es uns hier wie in der Frauenschule geht, hoffentlich nicht. Und, – um noch einmal auf das Vorherige zurück zu kommen, es wäre ja vorläufig vollkommen ausgeschlossen einen Hausstand, bzw. auch nur eine 2 Zimmerwohnung zu gründen. Na, und überhaupt, ich bin vorläufig trotz aller Liebe und Freundschaft noch in abwartender Stellung, wir müssen uns beide noch weiter und vollkommener entwickeln um überblicken zu

können, ob es wirklich alles so möglich ist. Nur ein Grund ist da, aus dem ich lieber heute als morgen heiraten möchte, – die Kinder!! Ich möchte einmal selbst noch eine junge Frau sein, wenn meine Kinder 13 u. 14 Jahre alt sind. Ich weiss ganz genau, was Du jetzt schimpfst, – ich tue es ja auch nicht, – ich meine ja man bloss! Aber wie schon gesagt, im Vordergrund steht die Ausbildung und das Examen! …
Übrigens vergass ich Dir noch zu schreiben, dass Rolf in einer Fabrik am Halleschen Tor untergebracht worden ist, wo er es scheinbar sehr gut hat. Er verdient zwar leider weniger, lernt aber dafür auch wieder Neues, was doch recht wichtig für ihn ist. Wenn es Dir möglich ist, so lege doch event. zum 8. Dezember ein paar Glückwunschschreiben für Mutti Schulm[eister] ein, sie hat Geburtstag! Sie ist immer so rührend zu mir, dass sie sich bestimmt sehr darüber freuen würde. Apropos freuen: gestern schenkte mir eine Patientin ein paar wundervolle Seidenstrümpfe, ist das wohl nett? Feine Maschen, feste Qualität (Rogo) und bedeckte Farbe, ich habe mich wahnsinnig gefreut! Die Dame ist eine alte, feine, leider blinde ungar. Schauspielerin. … Ich muss Dir noch stolz erzählen, dass ich gestern zum 1. Mal als alleinige Schwester beim Verbandswechsel dabei war, und meinen ersten Verband an einem amputierten Beinstumpf gemacht habe. Gestern abend sah ich aus einer Kopfwunde Blut in Strömchen fliessen, es hat mir auch nicht so viel mehr ausgemacht! Alles Deine Erziehung! …
Machs gut! Grüsse daddy viele viele Mal von mir! Dir selbst einen lieben Kuss von Deiner Anita
…

Anita glaubte noch Ende 1940, es drohe ihr in Deutschland keine ernsthafte Gefahr. Der Abschluss ihrer Ausbildung, nicht die Flucht ins Ausland war daher ihr nächstes Ziel. Sie befürchtete lediglich, das Jüdische Krankenhaus könnte von einem Tag auf den andern geschlossen und ihre Ausbildung dadurch abgebrochen werden. Sie verschlüsselte dies mit der Erwähnung der «Frauenschule» – gemeint war: «Wolfratshausen».
Da Juden seit Februar 1940 keine Kleider mehr kaufen konnten, waren «ein paar wundervolle Seidenstrümpfe» Kostbarkeiten.

Anita an Hilde
Berlin, 28. November 1940

Meine liebe Musch!
... Rolf ist sehr zufrieden in der neuen Fabrik, er verdient sogar etwas mehr und hat Aufstiegsmöglichkeiten, – man weiss nie, wozu was gut ist! Ich war mit ihm am Sonntag noch beim Stöpke, es ist zu nett, wie die beiden Jungen an dem «grossen Jungen» hängen, er muss ihnen am Bett vorlesen, gute Nacht sagen und wenn der Bruder von Mutti K[oppel] uns die Türe öffnet und ankündigt: «Anita und Rolf sind da!», dann erklingt jedesmal ein wahres Triumphgeheul aus dem Jungenszimmer. – Hier ist nach wie vor enorm zu tun! Heute vormittag allein wieder 3 Operationen für unseren Saal nebst diversen Beinfrakturen! Ich habe jetzt hier unter anderen eine sehr sehr nette 73jährige Französin liegen (sie lebt allerdings schon viele Jahre hier), die lange in der Schweiz gelebt hat und ihre Tochter auch in Lausanne hat. Ich spreche viel und gerne mit ihr französisch und war freudig erstaunt, dass es doch noch ganz gut geht, sie lobte sogar sehr meine Aussprache. Für mich ist es eine gute Übung, es macht mir viel Freude. Sonst komme ich ja leider gar nicht mehr zu so etwas, Dienst, lernen, schlafen, schreiben, besuchen u. erledigen, das ist alles was ich kann, zu mehr reicht die Zeit nicht. ...
Also, Dir und daddy tausend Grüsse und alles Gute!!!
Deine Anita

Ich muss Dir noch rasch erzählen, dass ich gestern abend bei 2 grossen Operationen dabei war und auch etwas zugreifen durfte, bin sehr stolz, es war hochinteressant. Wir hatten gestern im ganzen nur 5 Operationen!

Mit den «beiden Jungen» meinte Anita ihren Bruder Reinhard und Edith Koppels anderen Pflegesohn, Hans Jacobsohn.

Anita an Hilde
Berlin, 14. Dezember 1940

Meine liebe gute Mutti!
... Uta heiratet am 28. XII. endgültig! ... Morgen bin ich bei meiner Stationsschwester zum Abendessen eingeladen, d. h. besser nach dem Essen, aber ich habe mich wirklich furchtbar über diese Ehre gefreut, denn sonst sind nur ältere Schwestern mit und ohne Gatten da. Ich habe es jetzt überhaupt blendend! Ich darf alles spritzen und komme an alles heran! Heute wurde ich sogar zu Geh.rat Strauss gerufen, der mir mein Zeugnis für die innere Station schrieb, meine Oberschwester sagte mir ich könne sehr stolz auf das Zeugnis sein, ich freue mich auch. Die Arbeit macht wirklich Freude, auch wenn ich bis zum Umfallen müde bin. Am Sonntag gehe ich zu K[oppel]s zum Geburtstag, ich schenke einen sehr eleganten Taschenkamm, Blumen und noch etwas von Rosenhain, evtl. Taschenlampe od. so etwas. Reinhard weiss ich noch nicht genau. Das Konzert letzten Sonntag war wunderbar. Dir und daddy wünsche ich, dass ihr recht bald etwas finden werdet!! Dir einen extra Kuss von Deiner Anita.

Der Brief dokumentiert neben Anitas Freude über die Anerkennung am Arbeitsplatz einen beinahe normalen privaten Alltag mit einer Geburtstagsfeier und einem Konzertbesuch.

Clara an Hilde
Hamburg, 18. Dezember 1940

Meine l. Gute
Seit Deiner Karte vom 5. hörte ich nichts von Dir, also zu beantworten ist kaum was. Hoffentlich ist kein besonderer Grund zum Schweigen Deinerseits und Ihr seid wohl. ... Ich hätte ja gern noch ein Schreiben von Dir vor diesem Brief abgewartet, befürchte aber, dass Ihr sonst diese Zeilen nicht mehr zum Fest bekommt. An den Posten ists Stehen u. noch schlimmer das Verlangen des Anwartscheins. Ich gehe oder fahre von Stephansplatz – Jungfernstieg – Mönckebergstr um doch

Anita Frank Berlin NW 40 Lüneburgerstr. 9 II b. Weiss } Deutschland.

Ich sogar zu Geh. rat Strauss gerufen, der mir mein Zeugnis für die innere Station schrieb meine Oberschwester sagte mir ich könne sehr stolz auf das Zeugnis sein, ich freue mich auch. Die Arbeit macht wirklich Freude, auch wenn ich bis zum Umfallen müde bin. Am Sonntag gehe ich zu K.'s zum Geburtstag, ich schenke ihnen sehr eleganten Taschenkamm Blumen und noch etwas von Rosenhain, ev. Taschenlampe od. so etwas. Kleinigkeit weiss ich noch nicht genau. Das Konzert letzten Sonntag war wunderbar. Dir und daddy wünsche ich, dass ihr recht bald etwas finden werdet!! Dir einen extra Kuss von Deiner Anita.

Postkarte mit (Antwort)karte
Carte postale avec réponse

15 15
Deutsches Reich

BERLIN C
14.12.40.17-18
27

1887
1516

Frau
Hilde Kindler-Frank
Basel 572
Kleinhüningerstr. 140
Schweiz.

501– 2419

Anitas Postkarte an Hilde vom 14. Dezember 1940 (siehe S. 45)
Die Zensur dokumentierte ihre Tätigkeit mit drei gestempelten Zahlen in rechteckigen Kästchen, womit sich wohl die Personen identifizierten, die das Dokument aussortierten, weiterleiteten und an die Post zurückgaben. Mit den bleistiftgeschriebenen Zahlen 501- und 2419 am Fuss des Adressfelds identifizierten sich vermutlich die Leserin des Inhalts (rechte Zahl) und deren Vorgesetzter (linke Zahl; diese Zahl endet hier und andernorts stets mit einem Bindestrich). Die Vorgesetzten waren Wehrmachtsangehörige. Als Leserinnen arbeiteten zwangsverpflichtete lesekundige Zivilpersonen, vorwiegend Frauen (die Männer waren im Krieg), die ihre Arbeit unter Aufsicht verrichten mussten. Briefe mit verdächtigen Inhalten waren dem Vorgesetzten zu melden (vgl. von Maltzan, S. 128). Angesichts der Fülle der meist handschriftlichen Texte hätten Militär, Polizei und Partei deren Lektüre kaum mit eigenen Kräften meistern können. Dies erklärt die scheinbare Unprofessionalität der Zensorinnen oder, positiv ausgedrückt, ihre wohlwollende Nachsicht, wie sie bei manchen Briefen im vorliegenden Buch festzustellen ist.

Berlin, d. 14. XII. 40.

Meine liebe gute Mutti!

Auch diese Woche sollst Du nur diese Karte bekommen, denn ich habe erstens wirklich nichts besonderes erlebt und zweitens furchtbar viel vor, zu erledigen und zu arbeiten. Zuerst einmal vielen Dank für Deine lb. Karte vom 5. 12., war das nötig mit der ollen Bla.? Ziehe Dich bitte ganz warm an! Hier schneit es jetzt auch. Gestern bekam ich von Oma zu Weihnachten Mk. 20.- und einen grosse Paket mit wundervollen Sachen sogar auch von Erna für Reinhard und mich, ist das wohl rührend! Ich schicke ihr auch ein schönes Buch, Likör und Blumen. Ma heiratet am 28. XII. endgültig! Was wir da schenken weiss ich noch nicht, event. nette Nachttischlampen. Morgen bin ich bei meiner Stationsschwester zum Abend essen eingeladen, d. h. besser nach dem Essen, aber ich habe mich wirklich furchtbar über diese Ehre gefreut, denn sonst sind nur ältere Schwestern mit und ohne Gatten da. Ich habe es jetzt überhaupt blendend! Ich darf alles spritzen und komme an alles heran! Heute wurde

Ich habe mir jetzt selbst einen bildhübschen [illegible] Teppich für mein Zimmer gekauft!

noch immer einen zu erreichen. …
Nun mögen Dir die Festtage einigermassen gemütlich sein, nur nicht denken, ich bin froh, wenn sie vorbei sind. …
Nun Schluss, nur Besserung für Euch auf allen Gebieten, sei innig geküsst von Deiner Alten.

Clara Feldberg, Hildes Mutter in Hamburg, klagte über das Schlangestehen an den Postschaltern. Juden durften ihre Briefe ins Ausland seit September 1940 nicht mehr in Briefkästen einwerfen, sondern mussten sie bei Postämtern persönlich aufgeben.

Anita an Hilde
Berlin, 19. Dezember 1940

Meine liebe gute Mutti!
Nun ist es das erste Weihnachten, an dem ich Dir nichts schenken kann als ein Tannenzweiglein voll Heimatduft, vollbeladen mit tausend unsichtbaren Wünschen für Dich, für daddy, für uns alle! Ich habe es auf den verschiedensten Stellen versucht, etwas für Dich schicken zu dürfen, aber vergebens. So müssen wir eben bei diesem Weihnachtsabend, den wir seit langem wieder einmal getrennt verleben unsere Gefühle ganz besonders in den Vordergrund stellen, und die Wünsche und Gedanken die wir in uns tragen, in unseren Briefen mitsenden und übermitteln. Mögest Du am Weihnachtsabend ein wenig Ruhe finden und wenn ihr dort Lichter anzündet so denkt an uns hier, wir werden das Gleiche tun! …
Am Sonnabend war ich zusammen mit der Oberschwester vom Operationssaal und deren sehr nettem Mann (er kennt übrigens den Prof. [Neuberg] gut, ist selbst Chemiker, jetzt Pfleger hier) bei meiner Oberschwester ganz besonders gemütlich abends eingeladen. Die Unterhaltungen waren wirklich interessant und wir waren so bis nach 12 h zusammen! Ich war wirklich stolz auf diese Einladung. Wenn es erlaubt wird, so werde ich wahrscheinlich ab Montag in den Ops. versetzt, das wäre unausdenkbar! Aber ich glaube, zuerst muss der Oberkurs dran. Auf jeden Fall habe ich es jetzt wirklich gut auf Station, komme an alles heran und alle sind entzückend zu mir. Ich habe jetzt einen

Leipziger Patienten namens Schloss, der Lotte, Martha, Berthold etc. gut kannte, eigenartig nicht? Am Mittwoch ist auf unserer Station eine nette Weihnachtsfeier für die Schwestern, wenn ich kann, komme ich auch. Am 4. Jan. führen Personal, Schwestern etc. ein kl. Kabaret vor. – Für den Kurs haben wir jetzt auf allen Gebieten enorm zu pauken! Aber ich habe schon wieder zwei Arbeiten mit «gut» geschrieben. Heute Mittag gehe ich seit Jahren zum ersten Mal wieder auf eine Hochzeit. Eine hebr. Schwester heiratet einen unserer Köche! Es ist jetzt hier eine richtige Epidemie mit dem Heiraten, verloben und gebären, aber keine Bange, um mich brauchst Du keine Sorge haben, dass ich auch Dummheiten mache, dazu sind wir zwei viel zu vernünftig. Sogar die Mittwoche und Sonnabende haben wir in Anbetracht der grossen Anstrengungen und Arbeiten beiderseits gestrichen, also, vernünftig – nicht?! …
Euch Beiden einen recht friedlichen und zufriedenen Weihnachtsabend und Dir selbst einen innigen Gruss und Kuss von Deiner, immer an Dich denkenden Anita.

Hildes bitteres Los in der Schweiz

Hilde empfand ihr Leben in der Schweiz von Anfang an als qualvoll und erniedrigend. Die Erwartungen, die sie und ihr neuer Ehemann in die Ehe gesetzt hatten, machten bald einer herben beidseitigen Enttäuschung Platz. Sie musste feststellen, dass Kindler sie über seine Lebensumstände getäuscht hatte: Er war nicht der Inhaber eines verpachteten Hotels, als der er sich ausgegeben hatte, sondern ein arbeits- und mittelloser Mann, der ein ehemals von ihm betriebenes Hotel mitsamt seinem Wirtepatent durch Konkurs verloren hatte und sich seither durch seine ehemalige Geschäftspartnerin, die Witwe Frieda Jehle-von Au, aushalten liess. Kindler erwies sich als jähzornig und, wenn er in Wut geriet, gewaltbereit.

Auch Kindlers Erwartungen wurden enttäuscht, denn wegen der Transferschwierigkeiten war es unmöglich, wie geplant mit Hildes deutschem Vermögen ein bequemes Leben in der Schweiz zu finanzieren.

Beide Ehegatten müssen zu Beginn ihres Zusammenlebens einen Kulturschock erlitten haben, den sie ganz oder teilweise dem jeweils anderen Ehegatten zur Last legten: Hilde kam in ein teilweise antisemitisch eingestelltes Umfeld von einfachen schweizerischen Handwerkern und Kleinbauern, in das sie sich nicht integrieren konnte und wo sie als Deutsche, die keine schweizerische Mundart sprach, und als Jüdin auf doppelte Ablehnung stiess. Ihre Ansprüche an Lebensstil und Umgangsformen dürften von Ernst Kindler und dessen Umfeld als grossbürgerliche Arroganz empfunden worden sein. Hilde integrierte sich auch nicht in die Basler jüdische Gemeinde, sondern pflegte ihre bisherigen Beziehungen in intensiven Korrespondenzen weiter. In den Scheidungsakten findet sich Kindlers Vorwurf, Hilde habe immer nur Briefe geschrieben und für ihn keine Zeit gehabt.

Während Hilde ihren zweiten Ehemann im Brief an Irm Behrendt vom 19. Dezember 1940 als Monster darstellte, gibt es Hinweise darauf, dass Kindler freundliche und gehaltvolle Briefe an Anita schrieb und solche auch von ihr erhielt und dass auch er sich um den Nachzug von Hildes Kindern in die Schweiz bemühte. Anitas Hoffnung, von Kindler adoptiert zu werden, um aus Deutschland fliehen zu können, deutet auf Kindlers Bereitschaft dazu hin, ebenso seine Reise nach Berlin zu einer Besprechung mit Dr. Hans Gumpert, die Anita in ihrem Brief vom 18. April 1942 andeutet («Dr. Gu. hatte Besuch von Ernst K.»).

Aus den Scheidungsakten ergibt sich, dass Hilde beim Einzug in Kindlers Wohnung an der Kleinhüningerstrasse 140 in Basel mit Schrecken feststellen musste, dass Kindler dort mit Frieda Jehle-von Au zusammenlebte, die er Hilde gegenüber als seine Haushälterin ausgab. Andeutungen im späteren Scheidungsurteil lassen darauf schliessen, dass Kindler mit Frieda Jehle auch intim verkehrte.

Hilde musste diese Ménage-à-trois akzeptieren. Aus Furcht vor der Nichtigerklärung ihrer Ehe als Scheinehe konnte sie es nicht zu einem Bruch mit Kindler kommen lassen, sondern musste ein auf Liebe gegründetes Eheleben vorspielen. Die Schweizerische Fremdenpolizei war aktiv bemüht, Scheinehen eingewanderter deutscher Jüdinnen aufzuspüren, nichtig erklären zu lassen und die Frauen an die deutsche Grenze zurückzubringen. Erst 1943 wagte Hilde, ihre Ehe mit Kindler scheiden zu lassen.

Da Kindler mittellos war und der Transfer von Hildes Vermögen in die Schweiz stockte, lebten die Eheleute zunächst vom Erlös aus dem Verkauf von Hildes mitgebrachtem Schmuck in Basel und von den Zinsen ihres deutschen Vermögens. Zinsen waren das Einzige, was Hildes Vermögensverwalter in Berlin, Max Sünder, in einem komplizierten Devisentransferverfahren nach Basel überwies, und zwar einen Betrag von etwa 100 RM pro Monat. Dies dürfte einem heutigen Wert von ca. 400 Euro entsprochen haben.

Hilde hatte zunächst vor, durch die Arbeit als Putzkraft zusätzliches Geld zu verdienen. Doch Kindler verlangte, dass sie stattdessen ein Wirtepatent erwarb, um einen Betrieb führen zu können, dessen Chef er selbst geworden wäre.

Kindler war, wie Hilde in einem Brief vom 26. Juli 1939 an Irm Behrendt in London schrieb, «ein riesengrosser, schwerer Mensch, der mich wie ein Paketchen hochheben kann». Aus den Scheidungsakten ergibt sich, dass er seine Rechte als Ehemann rücksichtslos einforderte. Geriet er in Wut, so prügelte er die kleingewachsene Hilde und beschimpfte sie als «Sau-Preuss» und «Dreckjüdin», auch im Beisein von Angestellten.

Hilde an Irm und Max Behrendt in London [masch.]
Basel, 19. Dezember 1940

Meine liebe gute Irm und Max!!!
Wie lange schon wollte ich versuchen, mit Euch in Verbindung zu kommen. … Hier bin ich sehr viel zusammen mit der Schwester von Alice, die ihr ja auch sehr gut kennt und von der will ich Euch allerhand erzählen, weil ich weiss, wie es Euch interessiert. Ich weiss nicht, ob Ihr wisst, dass sie sich Sommer 39 nach schwerem innerem Entschluss wieder verheiratete. Mit einem Hiesigen, etwas jünger als ihr verstorbener Mann war. Sie hoffte in dieser Ehe Ruhe und Frieden und Wärme zu finden, und stiess sich nicht an dem Unterschied an Bildung und Lebenshaltung, weil er intelligent war und gutmütig und heutzutage die äusseren Dinge nicht so wesentlich sind, gemessen an dem schweren Leben das sonst so viele leben müssen. Er ist Hotelier, Arier. Zuerst ging alles gut, doch im Augenblick, als seine Frau,

die durch einen Unfall mit äusserst schwerem Krankenlager erst fast ein Jahr später herkam, änderte sich das Bild grauenhaft. Nicht nur, dass die Frau die traurige Erfahrung machen musste, dass seine derzeit und auch hier gemachten Angaben betr. Vermögen, Einkommen etc. einfach unwahr waren, Zweckaussagen, denn er besitzt z. Z. keinen Pfg. mehr, (Vorher war genaue Prüfung nicht erreichbar) was noch schlimmer war, menschlich fiel die ganze Zwecktünche ab, es blieb ein primitiver Mensch, ohne die primärsten Sauberkeitsbegriffe, der sich brüstet mit unmanierlichem Wesen, ausser Zeitschriftromanen und Zeitung nichts liest, und obgleich er sich von seiner Frau und einer alten Mitarbeiterin ernähren lässt, den ganzen Tag kommandiert, chikaniert, brutal ist, übererregbar, mit täglichen Wutausbrüchen die furchtbar sind, die nicht abbiegbar sind, weil sie ohne Grund über nichts losbrechen. Wird er gehätschelt, ist er zufrieden und gutmütig, sonst ist es unerträglich. Nachdem er zuerst gepflegt aussah, läuft er hier in einem Zustand herum der einfach unbeschreiblich ist an Unsauberkeit körperlich und in Kleidung! Und jeder leiseste Besserungsversuch bringt reine Tobsuchtsanfälle. Feiner Zustand! Zille [Hilde] ist hypervornehm dagegen. Und mit diesem Mann lebt sie in einem Zimmer mit Küche, aber was für ein Zustand! Brockenhaussachen. Kein Bad, To draussen, eisekalt alles. Die Frau hat erst mal Schmuck verkauft, für das Dringendste. Jetzt sind sie auf Drängen des Mannes auf Suche nach einem Betrieb zu pachten. Sie ist vorsichtig und wird, wenn sie erst ihr Kapital hat, was auch noch nicht klar ist, ob sie es überhaupt bekommt oder in der früheren Stelle lassen muss, nichts investieren, kommt nur z. Z. für den Lebensunterhalt auf, weil sie ja essen und schlafen müssen. Sie selbst könnte sich ernähren, müsste aber hier fort dazu, und das ist im Moment nicht gut. Trennung ist nicht möglich im Interesse der Kinder und weil sonst alles Bisherige umsonst gewesen sein würde. Sonst würde sie nicht dieses Leben durchhalten. Was die Frau in der kurzen Zeit hier durchgemacht hat ist unbeschreiblich. Vor Kurzem sperrte er sie in einem seiner Wutausbrüche ein, sodass sie, die herausmusste, (schwerer Blasenkatarrh) schliesslich nach Anmeldung dieses Schrittes die Scheibe einschlug, um herauszukommen. Ihr kennt diese Frau, wie beherrscht und sanft sie früher war. Diese Nervenprobe ist kaum zu ertragen. Und doch muss durchgehalten werden. … Die Frau erträgt dieses Martyrium nur im Gedanken an ihre Kinder. Diese wissen nichts Näheres, die Mutter [Clara Feldberg] auch nicht. Nun will ich von meinen Kindern und Sonstiges berichten. Mein Mädel ist noch in Bln, ist Krankenschwester am grossen Krankenhaus und selig und glücklich im Beruf, für den sie besonders geeignet ist, wie ich vorausgesehen. Der Junge ist bei Viceeltern, die rührend zu ihm sind, sodass ich soweit überhaupt heute möglich, beruhigt sein könnte. A[nita] ist 19, ein Prachtkerl, charakterlich, sieht blühend aus, der Junge, ganz wie der Vater in dunkel, ein süsser, wilder Bengel, 12 Jahre alt. Beide mit viel Interessen, beide Frohnaturen und immer dankbar. Eine Freude und Trost in diesen Zeiten. Mein Kummer nun, dass ich sie noch nicht hier habe. Da sie nicht Schweizer sind, wie ich, bekamen sie durch den Krieg keine Einreise. Erst wenn ich Vermögen, Einkommen etc. nachweise, und als Wichtigstes, die Möglichkeit für die Kinder später weiter zu gehen, würde ich die Aufenthaltserlaubnis für sie bekommen. A. hoffe ich an einem der Krankenhäuser als Lehrschwester ohne Gehalt unterzubringen, den Jungen würde ich vorerst durch ein Internat anfordern lassen. Die Erziehungsgelder sind zur Übersendung genehmigt. Aber um das zu können, müsste eben vor Allem der Nachweis gebracht werden, dass eine spätere Weiterwanderungsmöglichkeit besteht, weil die Schweiz wegen Übervölkerung, Arbeitsmangel, Überfremdung prinzipiell keine Aufenthaltsgenehmigung an Nichtschweizer gibt. Ich wage nicht nach 2 Abweisungen einen neuen Antrag zu stellen, wenn ich nicht die absolut verlangten Unterlagen beibringen kann. Das Schwerste ist die Weiterwanderungsmöglichkeit. … Mit der Mutter von Marianne Prochownik bin ich in dauernder Verbindung, sie ist eine wunderbare Frau und leidet so sehr, ihr Mädel so weit zu wissen, sie bekommt keine Nachricht. Sagt das Berger. Adr. Marianne: London NW3, 51 Buckland Cr. Und bitte, bitte, versucht, mir die Bestätigung zu verschaffen. Es hängt zuviel für unser ganzes Leben davon ab. Innige Grüsse Euch Allen. Eure Hilde.

Nach Hildes Kenntnisstand war eine Einreisebewilligung für Anita und Reinhard nur auf begrenzte Zeit und nur unter der doppelten Voraussetzung erhältlich, dass die Mutter den Unterhalt der Kinder während ihres Aufenthalts in der Schweiz finanzieren konnte und dass die Kinder Einreisevisa für ein anderes Land besassen, die ihnen nach Ablauf der schweizerischen Aufenthaltsbewilligung die Ausreise ermöglichten. Diese zweite Voraussetzung war, wie Hilde schreibt, besonders schwer zu erfüllen. Mit ihren letzten beiden Sätzen flehte sie Irm und Max Behrendt in London an, englische Einreisevisa für Anita und Reinhard zu beschaffen.

Clara an Hilde
Hamburg, 21. Dezember 1940

Meine l. Gute
Da unsere Briefe sich kreuzten will ich Dir schon wieder schreiben, um ein wenig auf Deinen l. Brief einzugehen. Auch habe ich immer das Gefühl, wenn ich wie jetzt, nach dem Abendbrot, in solch unheimlicher Ruhe wie hier im Haus, an Dich schreibe, Dir meine Gute ein wenig näher zu sein. Du fragtest, ob ich wohl glaube, ob Dir Deine Kinder je das zu danken wissen, was Du für sie tust. Von Anita bin ich fest überzeugt, sie erlebte ja Alles so intensiv mit, wohlmöglich hast Du mal sehr viel an ihr, sie ist ein solch gemütvoller, feinfühlender Mensch und will nur Freude machen, dann ist sie glücklich .... Ich hatte einen entzückenden Brief von Anita, in dem sie unter Anderem schreibt, es herrsche bei ihren Colleginnen die reine Verlobungs-Heiratsepidemie, was sie zu blöde fände, denn man müsse doch erst ein Wissen und Können haben, um eventuell die eintreffenden Kinder ernähren zu können! ... Ich muss Dir nochmals raten die Fristverlängerung bis April nicht aus zu nutzen, es sind hier schlechte Erfahrungen gemacht. ... Hast Du dem Prf. schon mal berichtet, dass Du jetzt dort bist, alles ganz offen? ... Nacht war unruhig aber harmlos, bei Deinen Kindern war Besuch.
Nun küsse ich Dich innig mit 1000 besten Wünschen Deine Alte.

Die Fristverlängerung bis April betraf die deutsche Ausreisegenehmigung. Hilde sollte nach Claras Meinung die Kinder schon vor Fristablauf in die Schweiz nachkommen lassen.
Die Frage, ob der «Prf.» schon Bericht erhalten habe, zeigt Claras Hoffnung, Carl Neuberg könne vom Ausland aus helfen.

Anita an Hilde
Berlin, 28. Dezember 1940

Meine liebe gute Mutti!
... Am 24. hatten wir zuerst noch eine ganz besonders nette Feier von der chir. Station aus, die im Narkosezimmer vor dem Ops. abgehalten wurde. Es war alles entzückend gedeckt, selbstgebackene Kuchen und Kekse mit Punsch wurden gereicht und ein Arzt spendierte sogar Likör. Die Oberschwester nebst Mann, der entzückend auf alle Anwesenden gedichtet und vorgetragen hatte, die Ärzte und wir Schwestern waren dabei. Alle erhielten ein nettes kleines Geschenk. Ich bekam ein Buch über Michelangelo und – als grösste Überraschung – von meiner Oberschwester ein handgeschriebenes und geklebt und gemaltes Buch über verschiedene Sachen, die man als Schwester wissen muss, z. B. was man zu einer Bauchoperation oder einem Gipsverband oder . . . , richten muss, wie es gemacht wird, was man alles braucht, kurz, all das, was kaum in Lehrbüchern zu finden ist, aber doch immer wieder verlangt wird. Es ist ganz fabelhaft gemacht! Schade dass Du es nicht sehen kannst!! Verschiedene wollen es sich schon abschreiben. Es soll sogar event. abgedruckt werden. Vorn stand eine sehr nette Widmung drin und ich bekam es mit einem netten kleinen Gedicht überreicht. Die Freude und den Stolz kannst Du Dir wohl vorstellen!! Sie hat jetzt in ihrem Urlaub Abend für Abend daran gearbeitet, und ihr Mann war schon ganz eifersüchtig auf mich, erzählte sie! Ist das wohl nett? Auch von den Patienten bekam ich viel geschenkt, Seife, Eau de Cologne, Süssigkeiten, sogar eine grosse Fresstüte mit Süssem und Obst, sowie eine Bonbontüte für Stöpke, nett, nicht? Nach der Stationsfeier zog ich dann mit Sack und Pack zu Rolf, wo unter einem schönen Tannenbaum wirklich entzückend beschert wurde. ... Ausserdem hatte ich noch sehr liebe Post von Oma u. Frau von Knyp, deren Schwiegersohn jetzt den Fliegertod erlitten hat. Sie schreibt mir rührend und lässt Dich grüssen. ...
Nimm noch einmal viele liebe Neujahrswünsche für Euch entgegen und sei gegrüsst und geküsst von Deiner Anita.

Dorothea (Thea) Freiherrin von Knyphausen (1891–1981), hier «Frau von Knyp» genannt, war eine Jugendfreundin Hildes. Als Nicht-Jüdin hatte sie während der Zeit der Judenverfolgung volle Bewegungsfreiheit in Deutschland. Sie unterstützte Hildes Familie nach Kräften.

Neue Schikanen, 1941

Die neuen judenfeindlichen Massnahmen aus dem Jahr 1941 umfassten ab März die Verpflichtung aller erwachsenen Juden bis 60 Jahre zur Zwangsarbeit in Fabriken, ab 19. September die Pflicht, in der Öffentlichkeit einen handtellergrossen gelben «Judenstern» auf der Oberbekleidung aufgenäht zu tragen, die geheime Schliessung der Grenzen am 23. Oktober als eine die anlaufende «Endlösung» flankierende Massnahme, ab November das Verbot, öffentliche Telefonzellen zu benutzen, sowie die Ausbürgerung aller Juden im Ausland und die Konfiszierung ihrer deutschen Vermögen. Auch Juden, die in Konzentrationslager ausserhalb Deutschlands deportiert worden waren, wurden ausgebürgert. (Dies betraf später auch Anita und Reinhard, die infolge ihrer Deportation nach Theresienstadt staaten- und vermögenslos wurden.) Ab November waren alle elektrischen und optischen Geräte, Fahrräder, Schreibmaschinen und Schallplatten abzuliefern. Von allen Verordnungen und Gesetzen gegen die Juden wurde das Sterntragen als die schwerste seelische Belastung erlebt (vgl. Zeugenaussage bei Hartung-von Doetinchem/Winau, S. 178).

Dass Anita von der Zwangsarbeit verschont blieb, schrieb sie ihrer Unentbehrlichkeit im Jüdischen Krankenhaus zu. Die Krankenhausleitung entschied, welche Mitarbeitenden sie dafür freistellte. Im Brief vom 21. Juni 1941 schrieb Anita, «dass meine Oberschwester gesagt hat, dass sie sich wehren wird wenn man mich ablösen würde». Reinhard wurde wegen seines kindlichen Alters nicht zur Zwangsarbeit abkommandiert.

Auch die allgemeine politische Lage verdüsterte sich. Am 22. Juni 1941 begann der deutsche Russlandfeldzug. Am 7. Dezember eröffnete Japan mit dem Überfall auf die amerikanische Flotte in Pearl Harbor den Krieg gegen die USA, was am 8. Dezember die Kriegserklärung der USA an Japan und am 11. Dezember Hitlers Kriegserklärung an die USA zur Folge hatte.

Für die Schweiz, wohin Hilde sich gerettet hatte und wohin Anita und Reinhard nachzuziehen hofften, rückten diese Ereignisse die Gefahr einer deutschen Besetzung vorerst in unbestimmte Ferne. Zwar war zu vermuten, dass Hitler nach einem Sieg über die Sowjetunion die Schweiz auf seiner Europakarte nicht weiterhin als weissen Fleck dulden würde. Aber der Ausgang von Hitlers Russlandfeldzug war ungewiss.

Anita berichtete ihrer Mutter jedoch auch von schönen Erlebnissen im Jüdischen Krankenhaus.

Anita an Hilde
Berlin, 25. Januar 1941

Meine liebe Mutti!
Diese Woche gibt es G. s. D. [Gott sei Dank] nicht viel Besonderes zu berichten. Ich fühle mich auf der neuen Station wie im Schlaraffenland! Ich bin nach meiner Krankheit auf die Leichtkranken-Station gekommen, alles junge und etwas ältere Männer denen es Freude macht, den Schwestern so viel Arbeit wie möglich abzunehmen. Vom Tisch decken bis zum Kanülen säubern besorgen sie alles selbst und erleichtern uns dadurch das Leben ganz enorm. ... Heute passierte etwas Niedliches: ein junger 19jähriger Patient der am Blinddarm operiert wurde wachte aus der Narkose auf und rief: Annemarie, Annemarie, ich liebe Dich, nur Du und ich etc.! Er war nicht eher zu beruhigen bis ich an sein Bett kam und ihn beruhigte. Es war zu niedlich. Tja, so eine Narkose kann eben oft zum Verhängnis werden! Durch Frl. Berliner hörte ich, dass der alte Hausfreund in N. Y. gelandet ist. ... Uta und Mann geht es blendend. Die Hochzeit war wundervoll gemacht. Reinhard war süss! Für heute viele tausend Grüsse von Deiner Anita.

Anita wurde im Jüdischen Krankenhaus als «Schwester Annemarie» angesprochen, da bei ihrem Eintritt bereits eine andere Schwester mit dem Namen Anita im Krankenhaus arbeitete.
Mit dem «alten Hausfreund» ist Carl Neuberg gemeint.

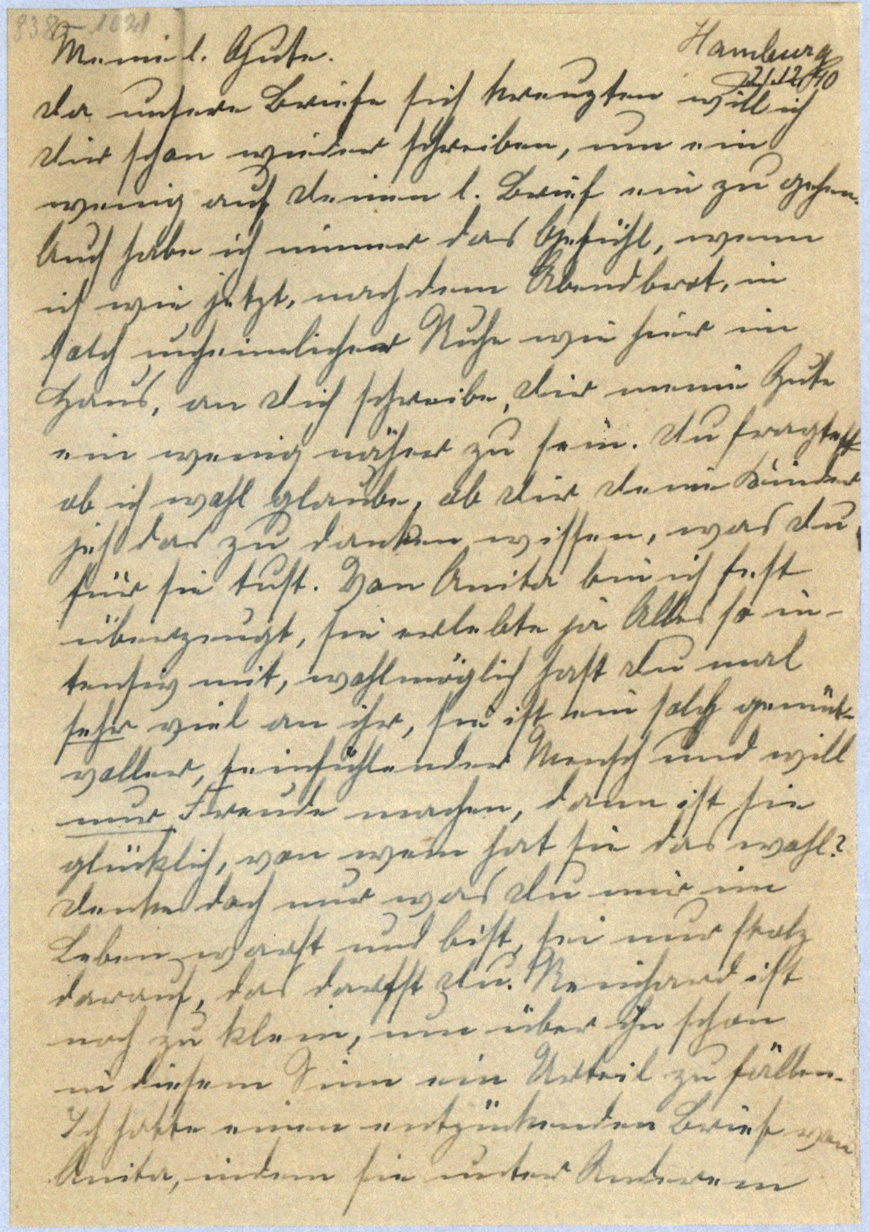

Clara Feldbergs Brief an Hilde vom 21. Dezember 1940, Seiten 1 und 2 (siehe S. 54)

schreibt, es herrsche bei ihren Lilliputanern die reine [illegible]-Stimmung [illegible], was sie zu klären suche, dann aber müsse doch erst ein Wissen [illegible] haben, um eventuell die eintreffenden Kinder ernähren zu können! Du siehst es ist wirklich schwer! Hält die Not nur weniger [illegible] an, braucht es wohl auch Entwöhnung, aber das ist ja gleich gegen gleich. Schüttest das wohl doch schon früher? Da nun [illegible] noch Else-Albert verstehe ich nicht, ich hätte doch mir auch nicht eingebildet [illegible] ihnen. Agnes-Siegfr. erwarteten mich unbedingt zum 1. Weihnachtstag zum Essen auch, ich nahm es an u. mache es durch Mitbringsel schon gut. Sie haben noch durch Kuchen. Fr. [illegible] ist sehr [illegible] u. übernervös über die Affäre „Willy" man sorgt vorläufig wohl sein nicht, aber ihre Tochter ist ja bereit Telegramm ihrer Verwandten etc. [illegible] Fr. [illegible] hat seine gute [illegible] u. bereitet alles vor, aber wann? Du weißt sie später früher sprechen wie mich. Ich muss Dir nochmals

Von der neutralen Schweiz aus übernahm Hilde die Übermittlung von Nachrichten, die zwischen Personen in gegnerischen kriegführenden Ländern nicht direkt ausgetauscht werden konnten. Zu Hildes Klienten gehörten die Ehegatten Berthold und Regina Marcuse in Berlin, die ihren Sohn Peter nach den Novemberpogromen in ein französisches Lager für jüdische Flüchtlingskinder der «Organisation de secours aux enfants» (OSE) gebracht hatten. Die Organisation bemühte sich darum, die aufgenommenen Kinder in die USA oder zu anderen Destinationen ausserhalb des nationalsozialistischen Gefahrenbereichs weiterzubringen. Peter Marcuse war zunächst in Varennes-en-Argonne in Nordfrankreich in der Nähe von Verdun untergebracht. Nach der deutschen Besetzung Nordfrankreichs wurden die Kinder an verschiedene Orte in der Freien Zone verlegt. Peter Marcuse wohnte ab Januar 1941 in dem Kinderheim Château de Chabannes im Département Creuse im Massif Central. – Regina Marcuse wurde im Januar 1941 Opfer einer Einschüchterungsverhaftung.

Berthold Marcuse an Hilde
Steglitz, 27. Januar 1941

Liebe Frau Kindler!
… Denken Sie sich Frau Kindler, ich habe so furchtbares Unglück mit meiner armen Frau, sie ist seit 10.1. verh. u. jetzt im Moabit, wegen einer ar. Freundin in Schlesien, ich bin ganz krank vor Kummer, es ist furchtbar.
Ich bin Ihnen für Ihre grosse Freundlichkeit sehr dankbar und werde bei Ihrem lieben Jungen alles gut machen.
Viele Grüsse auch an Ihren lieben Gatten
Ihr Berthold Marcuse.

Schreiben Sie bitte nicht unserem Jungen von meiner Frau D. O.

Regina Marcuse war, wie sich aus dem Brief ergibt, am 10. Januar 1941 verhaftet worden und befand sich im Gefängnis Berlin-Moabit. Berthold Marcuse deutet an, dass die Verhaftung von einer arischen Freundin ausgelöst worden war. Es ist erstaunlich, dass diese Inhalte unbehelligt von der Zensur in die Schweiz übermittelt werden konnten.

Hans Gumpert an Hilde [masch.]
Berlin-Charlottenburg, 1. Februar 1941

Sehr verehrte Frau Kindler!
... Wenn wir die Passagebeträge zusammen hätten, würden wir wohl das Visum nun bekommen. Leider sind die Quäker, die für meine Frau und das Kind zuständig sind, nicht in der Lage, die fehlenden ca. 200 Dollar zu geben. Wir sind ganz verzweifelt; denn wir sehen keinen Ausweg aus diesem Dilemma. Nachdem so oft immer etwas neues dazwischen gekommen war, könnte es nun gehen, wenn nicht diese Schwierigkeit wäre. Es wird wohl nichts mehr werden. ...
Alles Gute also und recht herzliche Grüsse auch von meiner Frau! Ihr ergebener Hans Israel Gumpert

Hans Gumpert, Datierung unbekannt

Dr. Hans Gumpert, Hildes Anwalt in Berlin, bemühte sich für sich und seine Familie um die Auswanderung in die USA. Sie scheiterte daran, dass die amerikanischen Gewährsleute den fehlenden Betrag von 200 Dollar für ein Vorzeigegeld oder eine Garantie nicht aufbringen konnten oder wollten. Aufgrund der Transferrestriktionen konnte Gumpert dieses Geld nicht von Deutschland aus in die USA schicken. Auch von der Schweiz aus konnte nicht geholfen werden.

Anita an Hilde
Berlin, 5. Februar 1941

Meine liebe liebe Mutti!
... Ich sitze im nun leider ganz ausgeräumten Schlafzimmer der Familie W., die es verkauft haben, der grosse Ofen hält das Zimmer leidlich warm, im Gegensatz zu meinem, in dem das Blumenwasser ein Eisklumpen ist – und draussen schneit es! Wie Du erraten haben wirst, ist heute wieder mein freier Tag, den ich diese Woche auch bitter nötig habe. Durch zwei ganz besonders tragische

Unfälle, die auf unserer Station lagen, waren wir seelisch wie auch körperlich besonders mitgenommen, ich bin in den letzten Tagen oft nicht vor 10 h abds. zuhause gewesen, manchmal mit nur einer ¾ Std. Ruhepause von 7 h ab. Die übrigen Abende verbrachte ich nach dem Dienst noch beim Zahnarzt was auch eine ziemliche Hetzerei war und nicht gerade erholsam. Mit dem Zahnarzt bin ich ganz besonders zufrieden, er arbeitet schnell, gewissenhaft und vorsichtig, hat eine sehr nette feine Art und nimmt mich vor allem auch ausser der Sprechzeit dran, so neulich 9 h abds. An dem einen oberen Backenzahn musste leider der Nerv getötet werden, da kommt nun eine Krone drüber, die ich selbst bezahle, die anderen 4 Zähne macht er auf Kassenrechnung, aber ebenso gewissenhaft. Ich hatte eben zu lange gesäumt. Ich werde nächste Woche auch mit Reinhard zur Kontrolle dort hingehen. Gestern bekam ich für «besonderen Fleiss» von meiner jetzigen Oberschwester einen freien Nachmittag zusätzlich geschenkt, ich habe mich wahnsinnig gefreut. … Du fragst, was ich für ein Examen mache!? Gutes, schon das Vollschwesternexamen, dann fange ich endlich an zu verdienen und bin eine fertig ausgebildete Krankenschwester, während ich bis dahin doch nur als Hilfs- oder Lehrschwester gelte. Tja, die Zeit vergeht, ich bin schon bald ein Jahr im Krankenhaus! Wenn nur nichts dazwischen kommt, ich habe solche Angst! Ich glaube, vor dem Examen als solches brauche ich keine Angst zu haben, denn ohne Überheblichkeit kann ich sagen, dass ich recht gut angeschrieben bin. Wir haben wieder sehr interessante Kurse, ab März sogar täglich, da wir dann Oberkurs sind. Im Saal habe ich jetzt besonders nette jüngere Patienten. Der eine, ein 30jger besonders feiner und anständiger Kerl, ist ein gelernter Kunstmaler, der Lore E. aus Hbg. nebst Kreis kennt und auch öfters dort war, der in Paris, Brüssel weiss ich wo noch war und studiert hat und auf dem Kunstgebiet in jeder Beziehung, d. h. auch in der Literatur und Musik sehr viel weiss und Freude hat. Mir macht es grosse Freude, mich mal wieder mit solch einem Menschen aussprechen zu können. Er malte mir neulich ein entzückendes Bildchen, das ich mir aufhängen werde. Aber ich kann mich natürlich nicht allzu viel mit ihm unterhalten, denn erstens gibt es sonst nur wieder blödes Gerede und ausserdem habe ich auch kaum Zeit dafür. Ein anderer junger Patient, der Tischler ist wird mir jetzt für mein Zimmer einen netten Nacht-

tisch arbeiten nach meinen Angaben, fein was? …
Grüsse daddy vielmals von mir. Dir alles alles Gute!!
Einen Kuss von Deiner Anita
…

Regine und Fritz Weiss, die hier nur «Familie W.» genannt werden, waren von Oktober 1940 bis Februar 1943 Anitas Pflegeeltern. Reinhard wohnte vom 21. August 1942 bis Februar 1943 ebenfalls bei der Familie Weiss. Wohl in Vorahnung der jederzeit möglichen Verhaftung und der anschliessenden Plünderung der Wohnung durch Leute der Gestapo hatten Regine und Fritz Weiss den Hauptteil ihrer Wohnungseinrichtung verkauft, sodass Anita sich in einer leeren Wohnung befand.
Mit «Lore E.» meinte Anita Leonore Eber-Feldberg, eine nach London emigrierte Cousine von Hilde.

Ende Februar besuchte Anita ihre Grossmutter Clara Feldberg in Hamburg. Dort stellte sie sich bei dem Familienanwalt Dr. Walter Rudolphi und bei Claras Hausarzt Dr. Hermann Bohm vor.

Clara an Hilde
Hamburg, 3. März 1941

Meine l. Gute
Zunächst über unsere geliebte Anita. Ich kann nur sagen, es waren für mich u. glaube auch für sie im wahren Sinne des Wortes «Sonnentage». Sie ist derartig strahlend und hat eine Güte wie Du. Wir waren 1 Stunde zu Wein u. Gebäck bei Dr. R. u. ich schreibe Dir dessen Schreiben an mich ab, denn Du sollst auch Deine Freude an dessen Urteil haben, was ich übrigens in allen Tonarten des Lobes bei Lieger-Agnes, Hanna, vor Allem meinem Arzt, der ihr das Krankenhaus zeigte, hörte. Also Abschrift:
Darf ich Sie wiederholt meines Dankes versichern dafür, dass Sie mir die Bekanntschaft Ihrer Enkelin vermittelt haben, dieses liebenswürdige, tatkräftige u. über seine Jahre ernste Menschenkind wird seinen Weg machen, macht [gemeint: man] braucht um sie keine Sorge zu haben. Es tut in diesen Zeiten wohl, unter

all den alten, gebrochenen Mitmenschen, die man zu betreuen hat, endlich einmal so viel frische Jugend vor sich zu haben, sie ist ein zuverlässiger Bürge für eine bessere Zukunft!
Ich hätte ihr das Blaue vom Himmel holen mögen u. gab ihr, was Du Dir nicht denken kannst, habe nur gefragt wo fehlts? Ihre mir mal gemachte gelbe Decke für runden Tisch soll sich in Sommerkleid verwandeln .... Es ist schon Wochen ruhig. ... Nun weiss ich Dir nichts mehr zu schreiben. Hoffe Dich gesund u. küsse Dich innig
Deine Alte
...

Walter Rudolphi, 1930er-Jahre

Dr. Walter Rudolphi (1880–1944), «Dr. R.», war Clara Feldbergs und Hildes Rechtsanwalt in Hamburg und später einer der beiden Testamentsvollstrecker von Clara Feldberg. Am 15. Juli 1942 wurde er nach Theresienstadt und am 23. Oktober 1944 von dort nach Auschwitz deportiert, wo er am 30. Oktober 1944 durch Gas ermordet wurde.
Claras Hausarzt Dr. Hermann Bohm, der hier nur «mein Arzt» genannt wird, wurde am 19. Juli 1942 mit seiner Ehefrau nach Theresienstadt deportiert. Er überlebte und emigrierte in die USA.
Da Juden ab Februar 1940 keine Kleiderkarten mehr erhielten, sollte sich ein Tischtuch «in [ein] Sommerkleid verwandeln», also zu einem Sommerkleid verarbeitet werden.

Anita an Hilde
Berlin, 15. März 1941

Meine liebe Gute!
... Die erste Arbeitswoche verlief wieder ganz besonders schwer, da ich auf der schwerkranken Station von Chir Männer wieder arbeite, wo es jetzt unheimlich viel tragische Unfälle und Operationen gibt. Manchen Tag kommt man selbst nicht zum Mittagessen, neulich musste ich sogar den Kurs versäumen, da es einfach zeitlich nicht zu schaffen war. Wie ich Dir wohl schon schrieb, habe ich G. s. D. eine besonders tüchtige und langjährig erfahrene Saalschwester, die mir ungemein viel Neues und

Wichtiges sowie Schnelligkeitstricks und sonstige Kniffe zeigt, sodass man sich wieder ganz klein und anfängermässig vorkommt. Ich habe wirklich in dieser Beziehung bisher immer Glück gehabt! … Heute Abend gehe ich auch ins Heim, da machen drei Ärzte einen Kammermusikabend, Geige, Cello, Klavier, Schubert, Beethoven, Haydn! Schön, nicht? Ich freue mich schon sehr darauf. Nächsten Freitag bin ich sehr nett zu Hedwig E. eingeladen, die ich neulich besuchte und die Dich grüssen lässt. … Nun machs weiter gut, ich halte Dir alle Daumen! Grüsse daddy vielmals wieder.
Dir einen lieben Extrakuss und Gruss von Deiner Anita.

Kinderkrankenstation im Jüdischen Krankenhaus in Berlin, Iranische Strasse 2, um 1935

Das Schwesternheim des Jüdischen Krankenhauses in der Iranischen Strasse 2–4 wurde von Anita kurz als «Heim» bezeichnet.
Mit «Hedwig E.» ist Hedwig Ems, geb. Frank (1869–1958), gemeint, eine Cousine von Anitas Vater Hermann Frank. Sie wurde von Anita «Tante Hedwig» genannt und war für sie eine wichtige Bezugsperson.

Anita an Hilde
Berlin, 27. März 1941

Liebe gute Mutti!
... Am Sonnabend war nun die grosse Examensfeier, es war alles wirklich nett gemacht, nur als es nachher zu ausgelassen wurde schlug die Stimmung bei mir wieder ins Gegenteil um, ich kann das einfach nicht so, wie ich überhaupt ziemlich ruhig war. Ich tanzte einige Male wirklich gut mit unserm Dr. A. von der Entbindungsstation, sonst habe ich mich ruhig unterhalten. ... Heute hatte auch mein kleiner süsser 3jähriger Patient Geburtstag, ich war fast 2 Stunden in dem Kinderzimmer, in dem noch ein 3jähriges Kind liegt, es war zu niedlich! Gestern abend nach Dienstschluss war ich auch über 1 Stunde dort. Hoffentlich kann ich noch einmal das Kinderexamen machen! ... Jetzt sitze ich gemütlich bei Schulm[eister]'s da eine andere Verabredung ins Wasser gefallen ist. Rolf kommt erst gegen 8 h, da er jetzt auf Angebot seines Chefs hin fast 2 Stunden tägl. mehr arbeiten kann. Wir sind natürlich sehr froh darüber. Auch sonst hat er es in der neuen Firma blendend und kann wohl zufrieden sein. ... Karfreitag gehen wir, wenn ich frei bekomme, in die Matthäuspassion, ich freue mich mächtig darauf. ... Auf Station ist es gleichmässig schön und anstrengend. Machs weiter gut, hetze Dich nicht all zu sehr ab, sonst liegst Du wieder auf der Nase!!!!! —
Dir und daddy viele liebe Grüsse, Dir einen extra Kuss von Deiner Anita.

Wer «Dr. A.» ist, geht aus den Unterlagen nicht hervor.
Durch zusätzliche Arbeit konnte Rolf mehr Geld verdienen. Die Zwangsarbeit war in seinem Fall bezahlte Arbeit.
Bei der «Matthäuspassion», die Anita am Karfreitag besuchen wollte, muss es sich um eine Konzertaufführung des Jüdischen Kulturbunds gehandelt haben; der Besuch anderer Konzerte war Juden seit November 1938 verboten. Anitas «mächtige» Vorfreude zeigt ihre Begeisterung für die Musik von J. S. Bach – eine Begeisterung, die sie mit Rolf Schulmeister teilte (siehe dessen Brief an Hilde vom 6. Oktober 1941, S. 90).

Anita an Hilde
Berlin, 5. April 1941

Meine liebe gute Mutti!
... Gestern abend um ½ 10 h hat Deine Tochter ihre erste Entbindung mitgemacht! Zur gef. Kenntnis, ich bin seit 1. April auf der Entbindungsstation, meine Seeligkeit wirst Du Dir ja wohl so ungefähr ausmalen können! Als die Oberin mir die Versetzung mitteilte, bin ich ihr beinah um den Hals gefallen. Also, ich bin hier mit noch einer besonders netten 20jährigen jung verheirateten Schwester für 11 Patientinnen da, die wir beide völlig allein zu betreuen haben, alles Operierte, ausserdem sind wir bei den Wöchnerinnen (sie werden auch noch von anderen Schwestern versorgt!), die zum Teil im Saal sonst in Zimmern liegen. Es ist zu nett, wenn sie alle zur Stillzeit jede mit ihrem kleinen Bündelchen Mensch daliegen! – Ein Gekrähe, Geschmatze und Gequak, einfach süss. Wir haben auch gestern ein Zwillingspärchen bekommen, Junge und Mädel; dann, das Kinderzimmer, wo all diese winzig kleinen Erdenbürger mit ihrer Erkennungsmarke um den Hals in den niedlichen weissen Bettchen liegen, eines sogar im Brutkasten! Tja, und dann gestern abend die Entbindung, leider eine Totgeburt, aber für mich war es doch gleich interessant und aufregend. Die Sache war sogar besonders schwierig. Ich durfte die ganze Zeit stützen, dann spritzen, Tücher, Schalen etc. zureichen, bei der Narkose zum Schluss mithelfen, da noch genäht wurde etc. . . . ! Ich war stolz wie ein Kaiser. Ich war von 7 h – ¼ 11 h dabei! Ich habe alles erklärt bekommen, ich kann Dir das garnicht so alles schreiben, aber praktisch ist das Kinderkriegen doch verflucht schwerer als das Theoretische! Aber, Bange machen gilt nicht, unter Zwillingen fange ich garnicht erst an, was? Und heute morgen sah ich hier eine Operation, sehr interessant. Ärzte und Schwestern sind fast alle sehr nett und tüchtig. Tja, hier bekommt man eine Menge zu sehen und zu hören!! Vorher hatte ich es auch noch besonders gut auf Chir. Männer, meine vorgesetzte Saalschwester war krank, und so durfte ich in Vertretung den Saal übernehmen, es hat alles wirklich gut geklappt und war natürlich herrlich. ... Wir hatten inzwischen schon wieder Kurse bei unsern besten Ärzten, wir sind ja nun Oberkurs! Wenn es doch schon Sept. wäre, ich

habe immer Angst es kommt etwas dazwischen. Sonst gibt es nichts Neues, als dass ich wie immer totmüde bin, und fast überhaupt nicht mehr zu den nötigsten Kleinarbeiten zuhause komme. Mit Dr. H[eucke] klappt weiter alles gut. Ich schreibe jetzt in einem nicht besetzten 2. Klasse Zimmer, wo es herrlich ruhig und hell und freundlich ist, überhaupt ist diese Station besonders sauber und ruhig, G. s. D. – Dir weiter alles, alles Gute! Grüsse daddy von mir. Einen lieben Kuss von Deiner Anita.

Anitas «Angst es kommt etwas dazwischen» gibt ihrer Befürchtung Ausdruck, dass das Oberkursexamen wegen einer möglichen Schliessung des Jüdischen Krankenhauses nicht stattfinden könnte.

Gertrud Prochownik an Hilde [masch.]
Berlin-Charlottenburg, 7. April 1941

Meine liebe Frau Hilde.
Es sind Ewigkeiten her, dass wir voneinander hörten. … Sonst werden Sie ja durch Anita in grossen Umrissen von unseren Sorgen unterrichtet sein, an ihrem letzten Ferien Nachmittag war sie noch bei mir und jetzt ist sie wieder in die Versenkung der Arbeitsfülle getaucht, da bei dem grossen Abbau überall jeder weit mehr zu übernehmen hat. …
Anna, die sich lange ausgeschwiegen hatte teilte mir auf Anfrage mit, dass Ellen sie anfordere, und dass sie sich ernstlich mit der Übersiedlung beschäftige. Hoffentlich glückt es. …
Ich denke Ihrer mit viel Liebe
Ihre Gertrud Prochownik

[Handschriftliche Nachschrift:]
Übrigens von C. N. hat keiner hier Nachricht.

Der «grosse Abbau», aufgrund dessen «überall jeder weit mehr zu übernehmen hat» bezieht sich auf den Abzug von Juden zur Zwangsarbeit, nicht auf Deportationen. Diese begannen erst im Oktober 1941.
«Anna» Salomon war die Schwester von Carl Neuberg und die Mutter von «Ellen», die im Ausland weilte und sich erfolglos um den Nachzug ihrer Mutter bemühte. Gemäss Gedenkbuch des Bundesarchivs (vgl.

Gedenkbuch 2006) wurde Anna Salomon am 31. März 1942 ins Warschauer Ghetto deportiert. Bei der Räumung des Ghettos dürfte sie im Juli 1942 ins Vernichtungslager Treblinka weiterdeportiert und dort ermordet worden sein, denn seit jener Zeit gab es keine Nachrichten mehr von ihr. Ihre Tochter Ellen Salomon lebte nach dem Krieg in Montevideo/Uruguay (vgl. Conrads/Lohff, S. 136).

Anita an Hilde
Berlin, 24. April 1941

Meine liebe Mutti!
... Die letzte Woche hatten wir sehr viel Arbeit, da infolge Infektionskrankheiten die gesamte Station desinfiziert werden musste, es war eine Hundearbeit. Vorgestern abend sah ich auf Chir. Männer eine Beinamputation, es war ergreifend, wie nach wieder aufgelöster Abschnürung der restliche Beinstumpf wieder zu leben und zu pulsieren begann. ... Sonst ist alles beim Alten. Vorgestern besuchten mich Wolfratshausener Mädels. Grüsse daddy. Dir viele liebe Grüsse u. Küsse Deine Anita

Anita an Hilde
Berlin, 2. Mai 1941

Meine liebe gute Mutti!
... Wir haben wieder sehr anstrengenden Dienst, d. h. mit einem Mal schubweise Entbindungen und Operationen, alles von den letzteren, besonders schwere und oft recht traurige Fälle. Unser Wöchnerinnensaal ist voll belegt, es macht viel Freude dort zu arbeiten, alles vernünftige saubere Patientinnen, zwischen 18 und 32 Jahren z. Zt. Die meisten zwischen 19 und 21 Jahren, es ist zu nett, diese jungen Muttis und Pappis in ihrem Glück zu sehen, aber auch die Älteren unter ihnen sind mir liebe und frohe Menschen, sodass die Arbeit trotz ihrer Anstrengung viel Freude macht. Ich bin fast immer allein im Saal, manchmal zu zweien. Es erfordert dort einen ganzen Menschen, meine ganze Kraft, und Privatwünsche haben vollkommen zu verschwinden. Und dann weiter täglich Kurse,

manchmal hört jetzt auch die Oberin zu, puhh –, aber ich glaube, wenn ich noch weiter lerne, so brauche ich keine Angst zu haben. – Rolf sehe ich jetzt leider nur selten, und wenn, so gähnen wir uns beide vor Müdigkeit an, denn es ist dann meistens abends spät, da er erst um ½ 9 h vom Dienst kommt, – und ich ja auch! Aber – das tut der Liebe keinen Abbruch, für mich ist es der gleiche liebe Freund wie vorher, und wir besprechen trotz aller Müdigkeit noch alles miteinander wie in früheren Zeiten im Esszimmer in Grunewald, nur dass die Themen ernster und schwerer geworden sind, und wir älter geworden sind. Ich bin so dankbar, dass ich ihn hier habe, denn sonst käme ich mir doch trotz aller lieben anderen Menschen recht einsam vor, Rolf ersetzt mir so alles, Vater, Mutter, Freundin und Freund, und das ist gut so. Leider bekomme ich hier nie einen Sonntag frei, und Wochentags arbeitet er und ich habe Kurse, so klappt es nie mit dem Herausfahren, aber das wird sich auch einmal machen lassen. …
8. Mai. Liebe Mutti! Ich muss Dir noch rasch erzählen, dass ich gestern nacht beim ersten Kaiserschnitt mit zusehen durfte, es wurde abends um 10 h operiert, war recht aufregend und ergreifend für mich. Der Chefarzt liess mir sogar eine hohe Leiter hinstellen, damit ich von oben alles genau sehen konnte und erklärte mir alles ganz genau, es war fabelhaft. … Nochmals viel Liebes! Deine Anita.

Anita an Hilde
Berlin, 23. Mai 1941

Meine liebe, liebe Mutti!
Jetzt darfst Du mich einmal richtig beneiden, denn ich sitze zum ersten Mal in diesem Jahr im Schwesterngarten im Liegestuhl in der ersten warmen, ja fast heissen Sonne und freue mich über alles, was da ist, – über die herrlichen grünen und blühenden Bäume, über das frische grüne Gras, über den ersten Schmetterling, der soeben vorbeiflattert, über die Gänseblümchen und über den klarblauen Himmel – und dass ich nun schon ein ganzes Jahr hier bin und gesund bin, lernen darf und es mir so gut geht!!! Ach Mutti, ist das hier schön. Man vergisst alles

Schwere, man vergisst den kalten hässlichen Winter – und noch vieles mehr, man weiss nur, dass jetzt Ruhezeit ist – und – Sonne!! Und weisst Du, worauf ich mich noch so freue? – Ich habe diese Woche zum ersten Mal am Sonntag frei, und wenn schönes Wetter ist werden wir darum auch das erste Mal herausfahren! Draussen soll jetzt alles herrlich blühen, die Annemonen, Wiesenschaumkraut, Sumpfdotterblumen und was noch mehr! Weisst Du noch, wie wir drei voriges Jahr in Finkenkrug waren, erinnerst Du noch den sonnigen Birkenweg, war das nicht herrlich?! Unser Junge wird jetzt sicher bald schwimmen gehen können. – … Mit Bine telefonierte ich jetzt einige Male. Ihr geht es weiter gleichmässig gut. Ihr Vater ist jetzt schon in Lissab. auf dem Wege nach A. … – Neben mir liegt jetzt ein grosser Stapel Bücher und Hefte, Gesetzbücher, Anatomiebücher, Kladden u. s. w., und das muss noch alles bis Ende August, Anfang September in meinem Kopf sitzen, puh!! Ich bin jetzt ungefähr 3–4 mal die Woche mit zwei besonders netten älteren Schwestern aus meinem Kurs abends zum Lernen zusammen, mal bei den beiden im Zimmer, das ganz in meiner Nähe ist, mal auch bei mir. Wir tragen gegenseitig Vorträge vor, fragen uns abwechselnd kapitelweise ab und kommen so recht gut vorwärts. Was nicht sitzt wird gleich wiederholt – wie beim Klavier üben! Die eine Schwester ist 34 Jahre, wirkt aber viel jünger, die andere ist etwas älter, eine Arztfrau, deren Mann in Irmis Nähe wohnt. Ich verstehe mich mit beiden sehr gut und man hat so doch auch wirklich wertvolle Menschen. Sonst ist alles beim alten. Meine 3 Familien sind mir weiter liebe Menschen, und ich fühle mich überall gleich zuhause. Frau W[eiss] ist einfach zu lieb zu mir! … Einen lieben Kuss und Grüsse an daddy. Deine Anita.

«Bine» war Sabine Klein, Anitas Freundin. Sie hatte als Halbjüdin ihren privaten Telefonanschluss behalten können, sodass Anita vom Jüdischen Krankenhaus aus mit ihr telefonieren konnte.
Sabines jüdischer Vater hatte sich zum Schutz der Familie von der nichtjüdischen Mutter scheiden lassen und war im Begriff, über Lissabon nach Amerika auszuwandern.

Anita an Hilde
Berlin, 28. Mai 1941

Meine liebe gute Mutti!
... Diese letzte Woche hatte ich einen wundervollen freien Tag, den Sonntag. Trotz grauem Himmel und leichtem Regen holte mich Rolf mit Rucksack morgens um 8 h ab, und wir fuhren, wie schon früher so oft, gen Finkenkrug. Die Luft war himmlisch, klar, voll Wald-Blüten und Regenduft. Kaum Menschen zu sehen. Im Wald waren die Wiesen besät mit Annemonen, Hundsveilchen, Männertreu, ja schon buschweise Maiglöckchen, Sumpfdotterblumen, zarte weisse Blütchen, Wiesenschaumkraut, bunte Nesseln und noch viel viel mehr. Es war ein unbeschreiblicher Anblick! Wir strolchten durch die noch regenschweren Waldwege und atmeten tief die klare gute Luft ein. Zwischendurch grüne Wiesen bestreut mit leuchtend gelben Hundeblumen, blühenden Kätzchensträuchern, Obstbäumen, im Hintergrund frisch hellgrüne Buchen und tief dunkelgrüne Kiefern. Du hättest gewiss Deine Freude an allem gehabt, es war für mich ein richtiges Erlebnis, ich komme ja sonst nie mehr heraus. Bald war unser Mut auch belohnt, denn das Wetter wurde schön und hell, die Sonne kam mit Macht hervor und der Tag wurde zum richtig warmen sonnigen Sommertag. Unterwegs sahen wir ein Schlangenpaar, Spechte bei ihrer Arbeit, Mäuse, die aus ihren Bauten schlüpften, auf einem kleinen Grundstück ein junges Böckchen, zwei Stuten mit ihren trinkenden Fohlen, Kühe, junge graue Gänse, ja sogar hinten auf der Wiese Rehe, die aber bald Reissaus nahmen. Wir freuten uns über alles und vergassen darüber alles was einen sonst bedrückt. Gegen Mittag wurde es dann so warm, dass wir uns auf dem inzwischen wirklich ganz getrockneten Boden ein Lager aus Decken und Regenmänteln machten und uns auf einer herrlichen Anhöhe, mitten zwischen Wald und Wiesen neben einem kleinen Bach unser Ruheplätzchen richteten. Ich habe mir sogar einen ganz leichten Sonnenbrand im Gesicht geholt und sah ganz verbrannt aus. Und nach unserem «fürstlichen Dinner» legten wir uns ins Gras – und schliefen beide 2 Stunden ganz tief und fest. Als ich aufwachte war ich so erholt, als ob ich eine ganz lange Nacht fest geschlafen hätte. Dann wurde Kuchen von Mutti Schulm[eister] verzehrt und nach kurzer Pause gings dann weiter Richtung

Finkenkrug, Weg zum Bahnhof, Postkarte, ca. 1910

heimwärts. Wir pflückten herrliche Waldsträusse, von denen heute noch einer in meinem Zimmerchen auf dem Fenstersims steht und sich wundervoll in seiner ganzen Farbenprächtigkeit von dem schwarzen Verdunklungspapier abhebt. Ab Brieselang fuhren wir dann im Bimmelbähnchen nach Hause. Ich war um 8 h wieder in der Zingstr. [Zingster Strasse], wo auf meinem, jetzt mit frischen Fenstern und Gardinen ausgestatteten Zimmerchen schon saure Milch und Rhabarber auf mich warteten ....
Einen lieben Kuss und alles alles Gute! Deine Anita.

Hilde als Gastwirtin im Dorf Bettingen

Nach anstrengenden Vorbereitungen eröffnete Hilde am 1. April 1941 eine Gaststätte im Dorfkern von Bettingen, einem Dorf nördlich von Basel. Mit Ernst Kindler zog sie in die enge Wirtewohnung im gleichen Haus. Die Gaststätte befand sich dort, wo früher die «Kaffeehalle Bettingen» gewesen war. Deren Betrieb war seit über einem Jahr eingestellt gewesen, sodass Hilde die Kundschaft neu anwerben musste. Sie bezeichnete ihr Lokal «Café, Tea Room, Alkoholfreies Restaurant Bettingen». (Die heutige Adresse des Hauses ist Hauptstrasse Nr. 88; die hohen Fenster im ersten Obergeschoss lassen erkennen, wo ehemals die Kaffeehalle und später Hildes Gaststätte waren.)

Bettingen war zu jener Zeit ein kleines Bauerndorf. Allein als Stammlokal für die ansässige Dorfbevölkerung konnte Hildes Betrieb nicht existieren, sondern war auf Ausflügler angewiesen, die an Feiertagen aus der nahen Stadt kamen. Das schlechte Wetter im Sommer 1941 und die wirtschaftlichen Schwierigkeiten, die der Krieg mit sich brachte, wirkten sich dabei ungünstig aus.

Die letzten Monate vor Beginn der Deportationen

Hilde versuchte, die entwürdigenden Umstände ihrer zweiten Ehe gegenüber den Kindern und deren Pflegefamilien zu verbergen, desgleichen den geschäftlichen Misserfolg in Bettingen. So brauchten sich die Angehörigen in Berlin diesbezüglich keine Sorgen zu machen. Umso schwerer wurden die Belastungen, die Anita im Jüdischen Krankenhaus zu tragen hatte.

Anita an Hilde
Berlin, 5. Juni 1941

Meine liebe gute Mutti!
... Am Freitag abend war ich noch beim Jungen, wo alles noch beim Alten ist. ... – So, und nun etwas Anderes, weisst Du bei wessen Entbindung ich neulich dabei war? – Bei der Frau von Wolfgang Gerecht. aus dem Labor! Erinnerst Du ihn noch? Er hat eine entzückende 24jährige tüchtige Frau, die ein kleines

Mädchen gebar; – ist das nicht ein drolliger Zufall? Ich habe sie jetzt im Saal, den ich jetzt übrigens ganz allein habe, da 40 von meinen Kolleginnen versetzt wurden und von nächster Woche ab mit Rolf und seinen Kollegen arbeiten werden. Noch 4 andere und ich wurden nicht versetzt, ich glaube, dass ich weiter auf dieser Station arbeiten werde. Uta ist übrigens auch dabei, wie schön, wenn sie mit Rolf arbeiten könnte, da hätte sie es bestimmt gut und würde viel ganz Neues lernen. Die meisten sind natürlich traurig über die Versetzung, da sie sich doch auf den alten Stationen recht gut eingearbeitet hatten, aber das hilft nun mal nichts. … Sonst ist alles beim Alten, mir geht es gesundheitlich wirklich gut. Dir und daddy sende ich viele liebe Grüsse und Dir selbst einen ganz extra süssen Kuss von Deiner immer an Dich denkenden Anita.

Die «Versetzung» von 40 Krankenschwestern, die fortan «mit Rolf und seinen Kollegen arbeiten» würden, bedeutete deren Einziehung zur Zwangsarbeit in Fabriken. Die zurückgebliebenen Krankenschwestern hatten daraufhin ein Übermass an Arbeit zu bewältigen. Clara berichtete über das gleiche Ereignis unverschlüsselt in ihrem Brief vom 7. Juni 1941.

Clara an Hilde
Hamburg, 7. Juni 1941

Meine l. Gute.
Soeben kommt Dein l. Brief u. da will ich gleich zur Beantwortung gehen. … Mache Dir um mich keine solch grosse Sorgen. Wenn nur erst die Kinder die Reise antreten könnten. Aber an eine andere Lösung oder Besserung auf diesem Gebiet ist wohl nicht zu denken. Obs mir noch mal glückt glaube ich kaum. … Herberts Schwägerins Opfer war trotz Allem nicht zu gross für das Erreichte! Nur ihr seelisches Leiden darf nicht sein. … Wir kommen überhaupt nicht zur Ruhe, dauernd Angst vor ?? Siegfr. war 3 Wochen verreist an den Ort wo Alfred mal war, um nichtssagende Krankheit, er hat sich nun wieder erholt. … Soeben kommt l. Brief von Anita. Als Erwähnenswertes, auf ihrer Arbeitsstätte sind 40 zum Arbeitsdienst eingezogen, wobei Uta

auch ist u. meine Enkelin bleibt. Hoffentlich kann sie nur ihre Ausbildung vollenden. … Ich küsse Dich u. möge Alles mehr nach Deinem Wünschen u. Hoffen gehen. Deine Alte.

Der Brief ist wegen der Zensur stark verschlüsselt. Mit dem Satz «Obs mir noch mal glückt glaube ich kaum» wollte Clara sagen, dass sie selber wohl nicht mehr werde auswandern können.
Mit «Herberts Schwägerins Opfer» sind Hilde, die eine Schwägerin von Herbert Lasch-Feldberg war, und das Opfer ihrer unglücklichen Ehe mit Ernst Kindler gemeint. Clara glaubte noch daran, dass Anitas und Reinhards Auswanderung in die Schweiz nur eine Frage der Zeit sei.
Die Fragezeichen bei «dauernd Angst vor ??» stehen vielleicht für Bombardierung und Polizeieinsätze. Wovor Clara Angst hatte, konnte sie wegen der Briefzensur nicht sagen; *dass* sie dauernd Angst hatte, scheint eine zulässige Aussage gewesen zu sein.
Besagter Siegfried war verhaftet worden und befand sich «wo Alfred mal war», das heisst: im Gefängnis in Berlin-Spandau, wo Alfred Frank 1933 inhaftiert gewesen war. Um wen es sich bei «Siegfried» handelte, geht aus den Unterlagen nicht hervor.
Die «nichtssagende Krankheit» bedeutete wohl, dass es sich um eine willkürliche Einschüchterungsverhaftung gehandelt hatte, und die eingetretene Erholung, dass er inzwischen wieder entlassen worden war.

Anita an Hilde
Berlin, 21. Juni 1941

Liebe gute Mutti!
… es geht mir weiter gleich gut, nur dass ich nun an chronischer Müdigkeit und Abgespanntheit leide, die wohl auch im ganzen Leben nicht mehr aufhören wird. Ich habe jetzt enorm zu schuften, täglich Schlussdienst, kaum Mittagspausen, oft, wenn Geburten sind, komme ich abends nicht vor ½ 11 h von Station! Am freien Tag liege ich meistens ganz erschöpft im Bett und schlafe doch nicht länger als gewöhnlich. Na, ich bin aber trotzdem dankbar, dass ich weiter dort arbeiten kann, und dass meine Arbeit dort wenigstens auch gewertet und geachtet wird. Wenn es nicht so blöd klänge, könnte ich Dir so manches erzählen worüber Du wirklich recht stolz sein könntest, aber wie gesagt, so etwas

kann man selbst nicht erzählen, geschweige denn schreiben. Aber jedenfalls darf ich Dir ohne «stinkenden Eigenlob» erzählen, dass meine Oberschwester gesagt hat, dass sie sich wehren wird wenn man mich ablösen würde und, dass sie mir kaum frei gibt, da es sonst nicht so richtig klappt, d. h. was die wirkliche Arbeit auf Station anbetrifft, nicht die Arbeitsverteilung etc. Ich schreibe Dir das nur, damit Du Dich freuen sollst und siehst dass ich diesen schweren Beruf wirklich ganz erfülle, und die ganze Arbeit auch wirklich Nutzen hat und anerkannt wird. Na, und schliesslich ist in 10 Wochen auch das Schlimmste vorüber, dann habe [ich], so Gott will und nichts dazwischen kommt endlich auch mein Examen, und habe etwas, mit dem ich aufbauen kann, mit dem ich in der gesamten Welt gebraucht werde. Es wird ja auch bitter nötig, denn nun bin ich in 14 Tagen bereits 20 Jahre alt und war bisher noch immer ein «fahrender Geselle»! Jetzt, wo ich all die schwangeren Frauen und hoffenden Mütter sehe, muss ich so oft daran denken, wie es Dir, Du meine liebe gute Mutti wohl vor 20 Jahren zu Mute gewesen sein mag, was Du Dir damals so alles gedacht und erhofft haben magst, und, was ich Dir damals wohl für Schmerzen bereitet haben mag! – Weisst Du, wenn man dieses ganze Stirb und Werde so überlegt, so glaubt man doch allmählich an Wunder, und es gibt nur ein Wort für all dieses, – Naturwunder! – Wenn ich überlege, dass es erst, – und doch schon 20 Jahre her ist, dass ich noch in einem dunklen warmen Mutterleib lebte, dass ich von dieser Mutter ernährt wurde, mit ihr atmete – und, dass ich nun bereits schon selbst wieder solch eine junge Frau bin, die schon eben so ein Kind gebären könnte, das wiederum, in 20, ach so kurzen und doch so ereignisreichen Jahren diesen selben Brief an mich schreiben könnte – meine liebe gute Mutti, ist das nicht eine grosse Natur?! — Ich bin so dankbar, dass gerade ich auf der Entbindungsstation arbeiten durfte, denn so lernt man doch diese ganzen Probleme und Fragen in der Praxis kennen, sieht all die Freuden, Sorgen und Ängste aus nächster Nähe mit an, – und – ich muss Dir gestehen, – selbst wenn ich Totgeburten, Frauen nahe dem Wahnsinn vor Schmerzen, sorgenvolle Väter und alles sonst mit erlebt habe, ich wünsche mir trotz all diesem nichts sehnlicher, – als ein solches kleines Würmchen! Du brauchst Dir keine Sorgen um mich zu machen, dass ich irgendwelche Dummheiten mache, denn wir haben ja warten gelernt

und sind noch so jung, aber freuen tue ich mich trotzdem mit jedem Atemzug darauf! Rolf verdient jetzt übrigens als Facharbeiter im Gegensatz zu allen andern fast das Doppelte, schuftet aber auch von früh ½ 7 h bis abends 8 h durch! Wir sehen uns nur noch 1–2 Mal totmüde 1–2 Stunden am abend, sonst geht es kaum noch. Trotz allem sage ich Dir noch einmal mein Gutes, mache Dir keine Sorgen, wir sind vernünftig und warten, erst sehen was die nächsten 1–2 Jahre bringen! Und was hast Du mir immer gesagt? – – Die Vorfreude ist die schönste Freude, und wenn alles schief geht, so hat man wenigstens die Vorfreude gehabt, – nicht Du?! So denke ich auch hier. …
Von Onkel Alfred und Tante Else hatte ich übrigens einen sehr sehr lieben Brief über den ich mich natürlich sehr freute! Sie schrieben, dass sie Gutes von Dorothea und auch von Laschs sowie vom Prof. [Neuberg] hörten, das ist doch schön, nicht? … Dir, mein liebes Gutes, sende ich … tausend liebe Grüsse und Wünsche! Immer — Deine Tochter Anita

Einen Tag, nachdem Anita diesen Brief geschrieben hatte, am 22. Juni 1941, begann der deutsche Russlandfeldzug. Für die in Deutschland verbliebenen Juden war dies Grund für zusätzliche Existenzangst. Hitler hatte in der Reichstagsrede vom 30. Januar 1939 verkündet, das Ergebnis eines neuen Weltkriegs werde «die Vernichtung der jüdischen Rasse in Europa» sein.

Clara an Hilde
Hamburg, 26. Juni 1941

Meine l. Gute.
Deine l. Karte hat mich erfreut. Du sollst Dich aber bei der knappen Zeit, die Dir bleibt nicht quälen mir zu schreiben. … Nachdem ich 2 Tage in allen Gegenden bei grässlicher Hitze herumfuhr, ergatterte ich doch noch einen kleinen Pappkoffer, ich gab doch z. Z. alles an Lies etc. u. jetzt wollte ich ihn gern allabendlich mit dem Nötigsten packen …. Gestern Abend ass Hanna sehr fein mit mir, kam um 7 u. musste ja um ½ 9 schon fort. Sie kann natürlich nun nicht reisen. Auch Prf. Schwester

aus Pyr. wird nun wohl aus dem selben Grund nicht herkommen, wie sie beabsichtigte. … Nun soll dieser heute auch für Dich ein von ganzem Herzen kommender Glückwunsch zu Anitas Geburtstag sein. Sie macht uns doch wahrlich Freude, solch ein Prachtmädel! Über die letzten Bildchen mit den Babys, über die sie ihr strahlendes Gesicht beugt, kann man nur das Urteil fällen, sie wird mal einen Mann überglücklich machen u. sie selbst wird es sein. Hoffentlich bekommt sie mal einen ihrer würdig!! Ich möchte ihr so viel Schönes schicken, aber leider so wenig möglich. … Wie Vieles möchte ich mit Dir so beklönen wenns ginge. Ob wir uns doch noch mal vereinen können? Ich wüsste nicht wie, das wird wohl ein Traum bleiben. … Momentan sitze ich ½ 9 Uhr Abend auf dem Balkon aber was ist das Alles? Gewiss Vieles mehr wie Viele und doch so erdrückend in Gedanken an Euch u. meine Zukunft? Fast täglich habe [ich] Riesenerledigungen auf Raeders Gebiet u. auch das ist noch nicht das Schlimmste, ich fürchte immer noch mehr Anderes, bespreche Alles mit Dr. R[udolphi] der mich weitgehendst berät, aber die tägliche Angst. Wenn Dir nur bald mehr Freuden kämen will ich schon dankbar u. zufrieden sein. Nun gute Nacht liebste Hilde, sei innig geküsst von Deiner Alten.

Das allabendliche Packen eines «kleinen Pappkoffers» war wohl eine Vorbereitung auf Fliegeralarme.
Mit «Lies» war Hildes jüngere Schwester Alice Feldberg gemeint.
Die Freundin Hanna (Johanna Fränkel) musste wegen des seit September 1939 geltenden Ausgehverbots für Juden (ab 21 Uhr) jeden Abend «um ½ 9 schon fort».
«Prf. Schwester aus Pyr.» war Anna Salomon, die Schwester von Carl Neuberg, die sich damals in Bad Pyrmont aufhielt. Dass sie und Hanna Fränkel «natürlich nun nicht reisen» konnten, dürfte durch den anlaufenden Russlandfeldzug bedingt gewesen sein.
Mit «Raeders Gebiet» waren rechtliche Angelegenheiten gemeint. Max Raeder war Willensvollstrecker von Claras verstorbenem Mann Sally Feldberg und Claras Steuerberater.

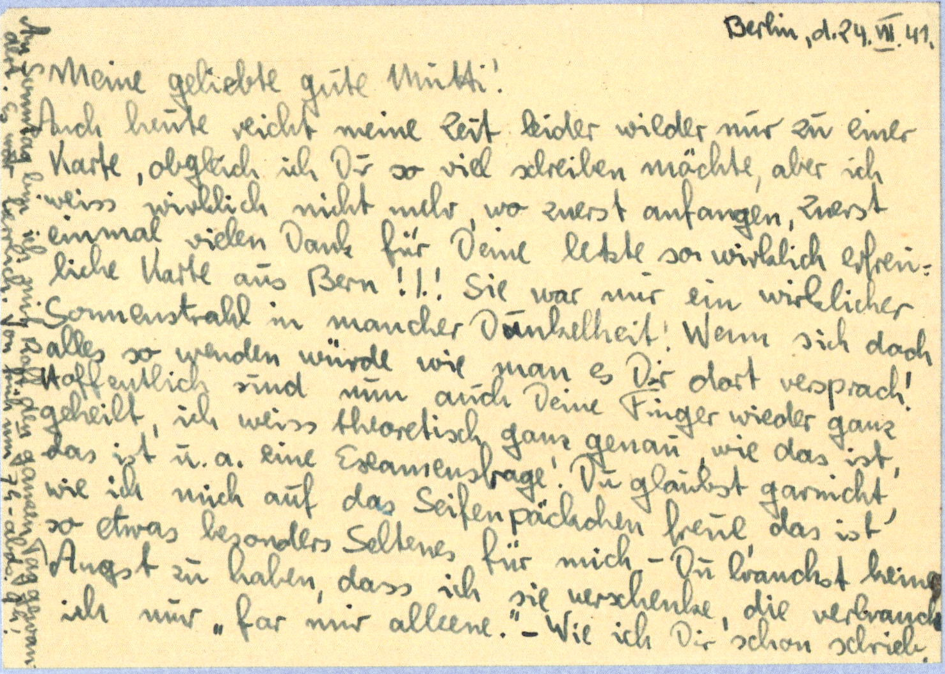

Berlin, d. 24. VII. 41.

Meine geliebte gute Mutti!
Auch heute reicht meine Zeit leider wieder nur zu einer Karte, obgleich ich Dir so viel schreiben möchte, aber ich weiss wirklich nicht mehr, wo zuerst anfangen. Zuerst einmal vielen Dank für Deine letzte so wirklich erfreuliche Karte aus Bern !!! Sie war mir ein wirklicher Sonnenstrahl in mancher Dunkelheit! Wenn sich doch alles so wenden würde wie man es Dir dort versprach! Hoffentlich sind nun auch Deine Finger wieder ganz geheilt, ich weiss theoretisch ganz genau, wie das ist, das ist u. a. eine Examensfrage! Du glaubst garnicht wie ich mich auf das Seifenpäckchen freue das ist so etwas besonders Seltenes für mich – Du brauchst keine Angst zu haben, dass ich sie verschenke, die verbrauche ich nur „far mir alleene." – Wie ich Dir schon schrieb

Am Sonntag bin ich mit Rolf den ganzen Tag gewandert. Es war herrlich. Von früh um 7½ – abds. 9h!

Anitas Postkarte an Hilde vom 24. Juli 1941 (siehe S. 82)

Absender: Anita Frank b. Weiss
Berlin - N20, Deutschland
Wohnort, auch Zustell- oder Leitpostamt
Zingster Str 9 II
Straße, Hausnummer, Gebäudeteil, Stockwerk od. Postschließfachnummer

arbeite ich jetzt auf der Hals-
Nasen-Ohren-Haut-Augen-
und Geschlechtsleiden-Station.
Du glaubst kaum was ich
dort lernen kann, ich bin
sehr glücklich darüber! Ich durfte
schon einige Male selbständig
die Augenbehandlung machen.
Auch zu vielerlei neuen Spritzen-
sorten wurde ich mit heran-
geholt, ich habe es wirklich gut
hier. Ich lerne jetzt viel, bin
aber stets recht müde. Sonst
ist alles beim Alten. Dir viel
Liebes u. einen Kuss von Deiner Anita

Postkarte mit Antwortkarte
Carte postale avec réponse payée

BERLIN
25.7.41.11-12
20 f

205

208

208

Frau
Hilde Kindler-Frank
Basel / Bettingen
Nr. 41
Straße, Hausnummer, Gebäudeteil, Stockwerk oder Postschließfachnummer
Schweiz!

Anita an Hilde
Berlin, 27. Juni 1941

Meine liebe gute Mutti!
... Peters Mutter ist von ihrer Reise zurückgekehrt, G. s. D. ... Grüsse daddy von mir. Dir einen Kuss von Deiner Anita.

Regina Marcuse war aus der Polizeihaft im Gefängnis Moabit entlassen worden.

Anita an Hilde
Berlin, 24. Juli 1941

Meine geliebte gute Mutti!
... Wie ich Dir schon schrieb, arbeite ich jetzt auf der Hals-Nasen-Ohren-Haut-Augen- und Geschlechtsleiden-Station. Du glaubst kaum, was ich dort lernen kann, ich bin sehr glücklich darüber! Ich durfte schon einige Male selbständig die Augenbehandlung machen. Auch zu vielerlei neuen Spritzensorten wurde ich mit herangeholt, ich habe es wirklich gut hier. Ich lerne jetzt viel, bin aber stets recht müde. Sonst ist alles beim Alten. Dir viel Liebes u. einen Kuss von Deiner Anita
Am Sonntag bin ich mit Rolf den ganzen Tag gewandert. Es war herrlich. Von früh um 7 h – abds. 9 h!

Peter Marcuse an Hilde
Château de Chabannes (Département Creuse, Frankreich), 2. August 1941

Liebe Freunde!
... Heute ist von hier aus ein Transport von 25 Kindern nach U.S.A gefahren darunter 4 Kinder aus Quincy. – In vierzehn Tagen geht wieder einer, da geht Jochen Jacob und Arno Mark mit wahrscheinlich auch ich. – Schreiben Sie das alles bitte an meine Familie, wenn's geht per Luft. ...
Viele Grüsse für heute Peter

Peter Marcuse befand sich seit Januar 1941 in dem von der «Organisation de secours aux enfants» (OSE) geführten Heim für geflüchtete jüdische Kinder im Château de Chabannes. Da der Briefverkehr zwischen Feindstaaten unterbunden war, durfte Hilde die aus Frankreich gesendeten Briefe Peter Marcuses nicht nach Deutschland weiterschicken. Stattdessen musste sie die Nachricht verschlüsseln und als eigene Botschaft aus der Schweiz an die Eltern Marcuse darstellen. Peter Marcuses Brief blieb bei Hilde. Ihr nach Berlin gesandter Brief ist nicht erhalten.
«Quincy» dürfte Berlin bedeutet haben.

Anita an Hilde
Berlin, 18. August 1941

Liebe gute Musch!
Bis zum Examen, in 3 Wochen, wirst Du nun wohl aus Gründen der Vernunft u. der Zeitersparnis mit Karten von mir Vorlieb nehmen müssen, aber ich schaffe es sonst nicht mehr. Mein Dienst beginnt jetzt schon um 6 h früh, dauert aber nur bis 5 h nachm., allerdings ohne Pause u. dann noch Kurse! ... Rolf sehe ich fast garnicht mehr, er arbeitet von 10 h – 11 h nachts. Er leitet eine ganze Schicht selbständig! Er bezieht jetzt sein eigenes Zimmer, Eltern Schulm[eister] ziehen nebenan, die Untermieter ziehen aus, fein nicht? Wenn möglich so schreibe doch Rolf bitte zum 2. Sept. eine Karte, er hat Geburtstag. Mit Reinhard verkehre ich zur Zeit nur brieflich, da ich abds. nicht hinfahren kann u. am Tag Dienst habe. Ich schlafe wieder nicht gut, bin viel müde. Sonst ist alles in Ordnung. Frau W[eiss] ist zu rührend zu mir, immer, ich bin so glücklich hier. Viel Liebes! Deine Anita.

Der Polizeipräsident in Berlin

Geschäftszeichen: V 33 II/ 41. Berlin C 2, den 15. September 19 41.
Magazinstraße 3/5

Ausweis

über die Erlaubnis zur berufsmäßigen Ausübung der Krankenpflege

Die Anita Sara Frank

geboren am 9. Juli 1921 in Leipzig,

hat am 15. September 19 41 vor dem Prüfungsausschuß der staatlich anerkannten Krankenpflegeschule am Krankenhaus der jüdischen Gemeinde

in Berlin die staatliche Krankenpflegeprüfung mit dem Gesamtergebnis

Sehr gut

bestanden.

Ihr wird hiermit auf Grund der Krankenpflegeverordnung vom 28. September 1938 (Reichsgesetzbl. I, S. 1310) die

Erlaubnis zur berufsmäßigen Ausübung der Krankenpflege

mit der Einschränkung erteilt, daß sie nur zur Pflege von Juden oder in jüdischen Anstalten gültig ist.

Sie erhält damit die Berechtigung sich als „Jüdische Krankenschwester" — — zu bezeichnen.

Die Erlaubnis gilt für freie Berufstätigkeit nur in Verbindung mit der Bescheinigung der zuständigen höheren Verwaltungsbehörde über eine mindestens einjährige erfolgreiche Tätigkeit an einer Krankenanstalt.

Für den Fall, daß Tatsachen bekannt werden, die den Mangel derjenigen Eigenschaften dartun die zur berufsmäßigen Ausübung der Krankenpflege erforderlich sind, oder daß die Inhaberin — der Inhaber — dieses Ausweises den in Ausübung der staatlichen Aufsicht erlassenen Vorschriften beharrlich zuwiderhandelt, bleibt die Zurücknahme der Erlaubnis vorbehalten.

Im Auftrage:

Gebührenpflichtig:
Für den Ausweis .... 3 RM

Es ist darauf zu achten, daß gleichwertige Gebührenmarken auf diesem Schriftstück oder auf einem Vorbescheid oder auf besonderer Empfangsbescheinigung entwertet sind.

Geb.-Buch Nr. 2233.

schz.

Heftrand

Din A 4
210×297 mm
Vordruck
Nr. 183
Muster C

Anita an Hilde
Berlin, 12. September 1941

Meine geliebte gute Mutti!
Nun ist das Examen vorbei! Ich habe es mit 1 bestanden!
Ab heute bin ich dienstverpflichtet worden. Ich bin so glücklich.
In allen Fächern, praktisch u. theoretisch mit sehr gut bestanden!
... Morgen abend ist Examensfeier! Bald wieder mehr!
Nur Gutes!! Deine Anita.

Anita legte vom 4. bis 7. September 1941 im Jüdischen Krankenhaus die Abschlussprüfung mit Bestnote ab und führte fortan die Berufsbezeichnung einer «Jüdischen Krankenschwester».

Anita aus Hamburg an Hilde
Hamburg, 17. September 1941

Meine geliebte gute Musch!
Wie Du aus dem Absender ersehen wirst, bin ich nun doch für 2 ½ Tage noch einmal zu Oma gefahren. Ich habe es hier wie eine leibhaftige Prinzessin! ... Unsere Examensfeier war herrlich! Obgleich ich in etwas bedrückter Stimmung hinging amüsierte ich mich wider Erwarten wie noch nie! ... Rolf sehe ich jetzt so selten, er fehlt mir doch sehr! ... Sonst geht es mir soweit recht gut, ich bin zufrieden und zuversichtlich u. halte trotz allem tapfer durch! Ich muss schliessen! Wie stets nur Liebes! Immer Deine Anita.

Anitas Krankenschwesterdiplom vom 15. September 1941 mit Gültigkeit ausschliesslich für die «Pflege von Juden oder in jüdischen Anstalten». Das Diplom befand sich bei den Papieren, die Anita bei der Deportation nach Theresienstadt am 16. Juni 1943 in Berlin zurückgelassen hat (siehe dazu S. 173).

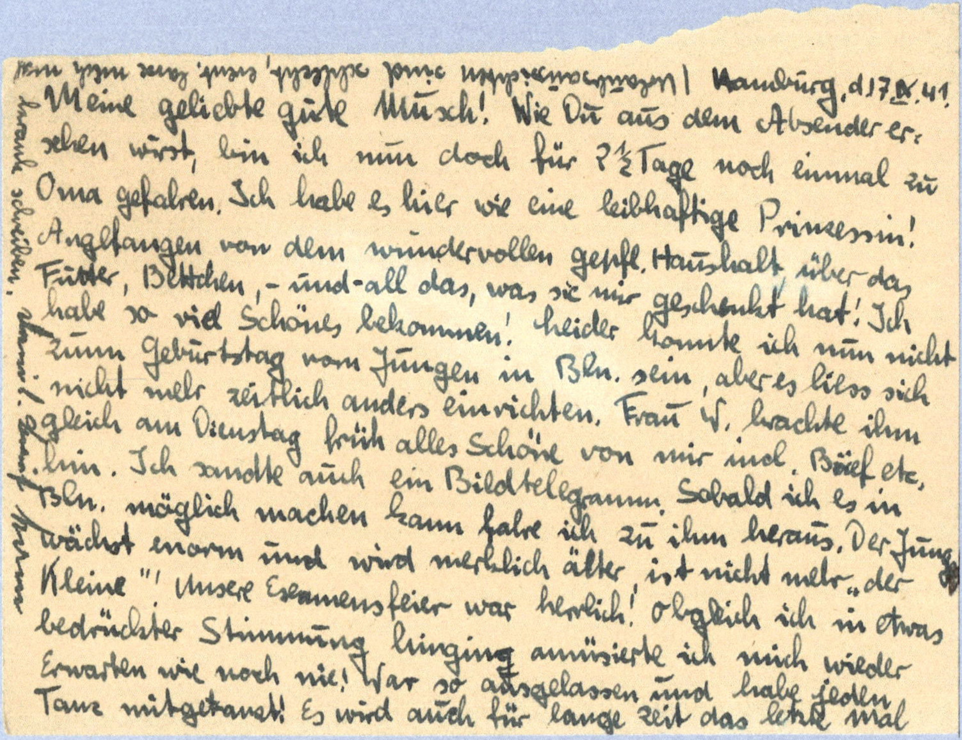

Hamburg, d. 17. IX. 41.
Meine geliebte gute Musch! Wie Du aus dem Absender er-
sehen wirst, bin ich nun doch für 2½ Tage noch einmal zu
Oma gefahren. Ich habe es hier wie eine leibhaftige Prinzessin!
Angefangen von dem wundervollen gepfl. Haushalt über das
Futter, Bettchen, – und – all das, was sie mir geschenkt hat! Ich
habe so viel Schönes bekommen! Leider konnte ich nun nicht
zum Geburtstag vom Jungen in Bln. sein, aber es liess sich
nicht mehr zeitlich anders einrichten. Frau W. brachte ihm
gleich am Dienstag früh alles Schöne von mir incl. Brief etc.
hin. Ich sandte auch ein Bildtelegramm. Sobald ich es in
Bln. möglich machen kann fahre ich zu ihm heraus. Der Junge
wächst enorm und wird merklich älter, ist nicht mehr „der
Kleine"! Unsere Examensfeier war herrlich! Obgleich ich in etwas
bedrückter Stimmung hinging amüsierte ich mich wider
Erwarten wie noch nie! War so ausgelassen und habe jeden
Tanz mitgetanzt! Es wird auch für lange Zeit das letzte Mal

Anitas Postkarte an Hilde vom 17. September 1941 (siehe S. 85)
Erstmals ist hier auf einer Postkarte der rote Zensurstempel «Geprüft» mit Reichsadler zu sehen; auf den Briefumschlägen ist dieser Stempel in Hildes Nachlass seit September 1940 belegt.

Absender: Clara Sara Feldberg

Hamburg

Wohnort, auch Zustell- oder Leitpostamt

Rondeel 41

Straße, Hausnummer, Gebäudeteil, Stockwerk od. Postschließfachnummer

gewesen sein! Ich arbeite jetzt wieder auf der inneren Männer Abt. wo ich vor 1½ Jahren anfing. Ich habe es dort besonders gut hoffentlich bleibt alles so! Wolf sehe ich jetzt so selten er fehlt mir doch sehr! Frau W. ist, wie stets rührend um mich besorgt, ich habe es so gut dort! Sonst geht es mir soweit recht gut ich bin zufrieden und zuversichtlich u. halte trotz allem tapfer durch! Ich muss schliessen! Wie stets nur Liebe! Immer Deine Anita

[illegible]

[illegible] Herzl. Grüße

[illegible]

264

Postkarte mit Antwortkarte

Carte postale avec réponse payée

15 Deutsches Reich 15

HAMBURG-ALTONA 1

Schweiz

Frau

Hilde Kindler-Frank

Basel / Bettingen

Nr. 41.

Straße, Hausnummer, Gebäudeteil, Stockwerk oder Postschließfachnummer

451 – 3759

2698 –

Anita an Hilde
Berlin, 25. September 1941

Liebe gute Musch!
... Ich gehe jetzt nur noch in Volltracht mit Schleier etc. Die Arbeit macht mich zufrieden u. froh! ... Hoffentlich bald mal wieder mehr. Grüsse daddy. Nur Liebes und Gutes! Deine Anita.

Die Arbeitskleidung der Spitalschwestern im Jüdischen Krankenhaus mit Haube und dem über den Nacken fallenden Haubenschleier dürfte die Beschämung durch den Judenstern, der seit dem 19. September 1941 getragen werden musste, gemildert haben.

Anita in der Krankenschwestertracht, 1941

Anita an Hilde
Berlin, 6. Oktober 1941

Meine liebe, liebe gute Mutti!
Nun ist schon wieder der 11. Oktober da, Dein Geburtstag! Wie ich mit allen Gedanken bei Dir bin, das weisst Du ja, dass ich Dir nichts Rechtes schicken darf, das weisst Du auch, so nimm denn erst einmal brieflich viele viele liebe tausend Geburtstagsgrüsse und Wünsche von Deinem «Döchting» entgegen. ... Dass ich trotz allem neuen Schweren ein froher, bewusster und ruhiger Mensch geblieben, oder erst recht geworden bin, das alles verdanke ich Dir. Das sollst Du wissen, wenn ich Dir auch in all dieser Kürze nur so sehr wenig schreiben darf: ich habe mich zum Leben bewusst durchgerungen und bin stolz und glücklich, mein Leben leben zu dürfen, wie es auch sein wird!! Und wenn

ich alles verlieren würde, das, was in mir steckt kann mir niemand nehmen solange ich den Verstand behalte, und – langweilen werde ich mich bestimmt nie, und – einen Tod müssen wir alle einmal sterben, aber jetzt lebe ich noch, und erlebe bewusst alles Schöne, das um mich herum ist und liebe Dich, meine Mutti, und Reinhard und Rolf, und bin allen vielen Menschen dankbar, die mir so viel Gutes tun und bin Dir, meine Gute dankbar, dass Du mir das Leben, so wie es eben ist, unter Qualen geschenkt hast! Ich will versuchen mich als Deine Tochter würdig zu erweisen und Dir Freude zu machen .... Draussen ist jetzt ein lichtblauer, klarer Herbsthimmel, die Sonne strahlt, die Bäume wiegen sich im Herbstwind und das Herbstlaub hebt sich bunt, grün und gelb gegen den klaren Herbsthimmel ab. Ist das nicht wundervoll, kann man sich daran nicht tief freuen? Es werden auch wieder Wolken kommen, Herbst, Schnee, Winter, Gewitter und Regen, – aber, – alles hat sein Gutes! ... Gestern nachmittag war ich mit Rolf und anderen sehr netten gebildeten jungen Leuten bei Uta und ihrem Mann, wo wir einen wirklich interessanten und schönen Nachmittag verlebten! In diesem Kreis wird sehr viel musiziert, gelesen, philosophiert und über Kunst gesprochen. Es sind dort alles besonders feine und kluge Menschen und wir kommen weiter! ... – Am 30. Sept. brannte ich in meiner Nachtwache eine schöne Kerze, ich habe viel denken müssen! ... Nimm einen innigen Kuss von Deiner Tochter Anita!

Der «30. Sept[ember]» war der Todestag von Anitas Vater Hermann Frank. Dem jüdischen Brauch folgend beging Anita diesen Tag mit dem Anzünden einer Kerze.

Julius, Edith und Rolf Schulmeister an Hilde
Berlin, 6. Oktober 1941

Meine liebe Frau Kindler,
Zu Ihrem Geburtstage senden wir Ihnen unsere innigsten Glückwünsche, gleichfalls zu Anitas so glänzend bestandenem Examen. Es war ja nicht anders zu erwarten, da sie wirklich sehr fleissig war. ...

Reinhard kommt auch öfter mal zu uns. Er sieht sehr gut aus & hat seine Scheu vollständig überwunden. An Anita hängt er sehr. – Sie ist aber auch wirklich rührend mit ihm.
Sie sehen also, liebe Frau Kindler, Sie können mit Ihren Beiden wirklich zufrieden sein. Und so wünschen wir Ihnen, dass es immer so bleiben möge.
Recht herzliche Grüsse & weiter alles erdenkliche Gute
Ihre Julius & Edith Schulmeister

Freundliche Grüsse an Ihren Gatten unbekannter Weise. –

[Nachschrift von Rolf Schulmeister:]
Liebe Frau Kindler!
Auf dass Sie Ihre Kinder bald wiedersehen ... weiter kann ich eigentlich nicht denken für Sie. –
Und ich muss mich vor allem für etwas bedanken, woran Sie sicherlich im Augenblick nicht gedacht haben, – für die Einführung in das Reich der Musik. Sie können sich garnicht vorstellen, welch unendlicher Trost Bach für mich geworden ist. Einfach nicht wegzudenken; immer gegenwärtig. – Trost in seelisch bedrängtester Lage – und man findet den Mut weiter zu arbeiten und zu tragen. Ich bin zwar noch jung, aber ich habe immer den Tod vor Augen, wenn ich Bach höre, aber dann fürchte ich ihn nicht, sondern ich fühle mich geborgen ...
Das sei mein Geschenk, Ihnen, Frau Kindler, das Bewusstsein zu geben, einem Menschen in dieser Zeit dazu verholfen zu haben.
Glück auf Ihre Wege.
Ihr Rolf Schulmeister

Akute Existenzangst ab Oktober 1941

Wahrnehmung der Deportationen aus jüdischer Sicht

Ob ein psychologischer Zusammenhang bestand, wie Saul Friedländer vermutet (vgl. Friedländer/Kenan, S. 294), oder ob es sich bloss um ein zeitliches Zusammentreffen handelte, ist ungewiss; Tatsache ist, dass zeitgleich mit dem militärischen Rückschlag von Hitlers Truppen vor Moskau, nämlich im Oktober 1941, das begann, was Hitler in der Reichstagsrede vom 30. Januar 1939 als «Ausrottung der jüdischen Rasse in Europa» angekündigt hatte und was innerhalb der Parteiführung mit dem Codewort «Endlösung der Judenfrage» bezeichnet wurde. Dazu gehörten die Deportationen jüdischer Familien aus Deutschland. (In den besetzten Ostgebieten hatten Deportationen und Massenmorde schon im Herbst 1939 begonnen.)

Die Deportationen erfolgten meist so, dass Einzelpersonen oder Familien einige Tage im Voraus die schriftliche Aufforderung zugestellt wurde, sich mit geringem Gepäck zu einer vorgeschriebenen Zeit an einer Sammelstelle einzufinden. Dort mussten sie einige Stunden oder Tage lang warten, bis die Zahl von Menschen erreicht war, die den vorgesehenen Eisenbahnzug füllen würde, und wurden dann zu Fuss oder in Lastwagen von der Sammelstelle zum Verladebahnhof gebracht. Dies geschah meist nachts oder frühmorgens, um den Vorgang vor der Bevölkerung zu verbergen (vgl. dazu Hartung-von Doetinchem/Winau, S. 179).

Damit zeichneten sich für die deutschen Juden erstmals die Konturen von Hitlers «Endlösung» ab. Die Kunde von den Deportationen muss sich unter ihnen wie ein Lauffeuer verbreitet haben. Schon bald lernten sie, zwischen der Destination «Theresienstadt», die den Opfern in der Regel mitgeteilt wurde, und jenen Deportationen, bei denen ein unklares Ziel («Polen», «Umsiedelung nach Osten») oder kein Bestimmungsort genannt wurde, zu unterscheiden. Wer nicht nach Theresienstadt deportiert wurde, blieb meist ohne Nachricht verschwunden, was naturgemäss die Befürchtung weckte, die Deportation habe in den Tod geführt. Wo in der Erinnerungsliteratur von Deportationen «nach Auschwitz» die Rede ist, handelt es sich um nachträglich eingeblendetes Geschichtswissen. In den von Hilde hinterlassenen Korrespondenzen taucht das Wort «Auschwitz» erstmals im Juli 1945 auf, damals noch als blosser Ortsname eines Konzentrationslagers unter anderen, nicht als Symbol für jenes schwarze Loch in der Geschichte der menschlichen Zivilisation, zu dem das Wort nach 1960 geworden ist.

Neben den Deportationen gab es weiterhin polizeiliche Festnahmen mit anschliessender Einschüchterungs- oder Untersuchungshaft. Dabei wurden manchmal auch Verdachtsgründe, Denunzianten und Aufenthaltsorte der Gefangenen mitgeteilt, was den Angehörigen ermöglichte, sie in einem Polizeigefängnis zu besuchen und ihnen Lebensmittel und Bedarfsgegenstände zu bringen. Anita pflegte in ihren Briefen zwischen den Deportationen, die sie als «Verreisen» und «Urlaub» bezeichnete, und Polizeihaft, für die sie die Schlüsselwörter «plötzliche Erkrankung» und «Krankenhausaufenthalt» verwendete, zu unterscheiden. Während polizeiliche Festnahmen auf die Hinweise von Denunzianten zurückgehen konnten, wurden die Deportationen als Umsiedlungen dargestellt, für die es weder Denunziationen noch Verdachtsgründe brauchte.

Am 2. Oktober 1941, dem Vortag des Angriffs gegen Moskau, erliess Hitler einen öffentlichen «Aufruf an die Soldaten an der Ostfront», der folgenden Passus enthielt: «In einem Lande [gemeint Russland], das durch seine Weite und Fruchtbarkeit die ganze Welt ernähren könnte, herrscht eine Armut, wie sie für uns Deutsche unvorstellbar ist. Dies ist das Ergebnis einer nunmehr bald 25jährigen jüdischen Herrschaft, die als Bolschewismus im tiefsten Grund nur der allergemeinsten Form des Kapitalismus gleicht. Die Träger dieses Systems sind aber auch in beiden Fällen die gleichen: Juden und nur Juden.»

Am darauffolgenden Tag bezeichnete Hitler die Juden in seiner Sportpalastrede anlässlich der Eröffnung der Winterhilfskampagne als «den Weltfeind». Von da an ergossen sich seine Beschimpfungen gegen die Juden wie ein Sturzbach. Tag für Tag äusserte er in privaten Gesprächen und in öffentlichen Erklärungen blanke antisemitische Wut (vgl. Friedländer/Kenan, S. 291).

Hitlers Feindbild – «Juden und nur Juden» – war eine wirklichkeitsfremde Wahnvorstellung, stiess im damaligen Deutschland aber auf breite Zustimmung.

Unabhängig voneinander, aber fast gleichzeitig forderten Edith Koppel, Clara Feldberg und Anita in ihren Briefen vom 20., 21. und 23. Oktober 1941 Hilde auf, den Nachzug der Kinder in die Schweiz mit höchster Eile voranzutreiben (Koppel: «tun Sie nur alles, was möglich ist schnell»; Clara: «Der Kinder Reise ist unbedingt zu beschleunigen»; Anita: «Mach alles so schnell wie möglich»). Daraus lässt sich schliessen, dass die Juden in Berlin und Hamburg um den 20. Oktober 1941 herum erkannt hatten, was die anlaufenden Deportationen bedeuteten, nämlich den Anfang der systematischen Ermordung der noch in Deutschland lebenden Juden.

Ausreiseverbot in Deutschland, Einreisebewilligung aus der Schweiz

Nachdem Hilde erkannt hatte, dass ihre Kinder von der Deportation nach Osten bedroht waren, wandte sie sich mit einem verzweifelten Hilferuf an den Basler Polizeidirektor, Regierungsrat Fritz Brechbühl.

Hilde an Regierungsrat Brechbühl [masch.]
Basel-Bettingen, 6. Oktober 1941

Sehr geehrter Herr Regierungsrat!
Bezugnehmend auf meinen Besuch bei Ihnen am 3.10.41 und unter Hinweis auf die erwähnte Vorsprache im Bundeshaus, Bern, erlaube ich mir, Sie höflichst um Hilfe und Befürwortung in folgender Angelegenheit zu bitten:
Ich bin Ehefrau des Ernst Kindler, Schweizerische Staatsangehörige, Heimatgemeinde Lyssach, Bern.
Im Sommer 1939 wollten wir mit meinen minderjährigen Kindern aus 1. Ehe (ich war Witwe), Anita und Reinhard Frank, unseren festen Wohnsitz in Basel nehmen. Unsere Übersiedelung verschob sich einerseits, weil ich kurz vor der Abreise einen fast tödlichen Unfall erlitt, andererseits wurde die Einreisebewilligung für die Kinder wegen der durch die Kriegslage erschwerten

Situation versagt. Ich verweise auf unser Wiedererwägungsgesuch und Rekurs vom 20.12.39. So war ich gezwungen, einstweilen meine Kinder alleine zurückzulassen. …
Jetzt erhalten wir zu unserem furchtbaren Entsetzen fast täglich und von verschiedenen Seiten die Nachricht, dass

beide Kinder absolut in G e f a h r sind

und wir A l l e s daran setzen müssten, sie so schnell wie überhaupt nur möglich von dort fort zu uns zu nehmen, weil jede Stunde mit dem Schlimmsten gerechnet werden muss!! In meiner Familie sind in letzter Woche, wie mir vor 2 Tagen mitgeteilt wird, 7 Todesfälle durch die dortigen Ereignisse!!! (Unterlagen z. Vfg.) Eine andere Unterbringung der Kinder ist vollkommen unmöglich. Ich glaube, sehr geehrter Herr Regierungsrat, ich brauche eben Geschildertem nichts hinzuzufügen. Sie werden daraus mitfühlen können, in welch grauenhafter Angst und Sorge wir um die Kinder sind, die wir allein und schutzlos zurücklassen mussten. Wir bitten Sie inständig, alles daran zu setzen, dass wir allerschnellstens die

Einreise- und Aufenthalts-Bewilligung für beide Kinder

bekommen, damit sie hier bei uns in Sicherheit leben und

ihre Ausbildung hier haben können. …

Aus dieser furchtbaren Sorge heraus legen wir diese Angelegenheit vertrauensvoll in Ihre Hände, sehr geehrter Herr Regierungsrat, mit der Bitte, alles zu tun, dass wir diese minderjährigen Kinder hierher, zu uns in Sicherheit und in ihre Ausbildung bringen können.
Für Ihre Bemühung sprechen wir Ihnen im Voraus unseren allerbesten Dank aus und sehen Ihrer Rückantwort gerne entgegen.
Mit vorzüglicher Hochachtung
[Unterschrift handschriftl.]

Dank dem Einsatz von Regierungsrat Brechbühl erhielt Hilde am 24. Oktober 1941 – endlich! – die schweizerischen Einreisebewilligungen für Anita und Reinhard. Sie meldete dies telegrafisch an Anita und Reinhard in Berlin.

Hilde an Anita und Reinhard
24. Oktober 1941

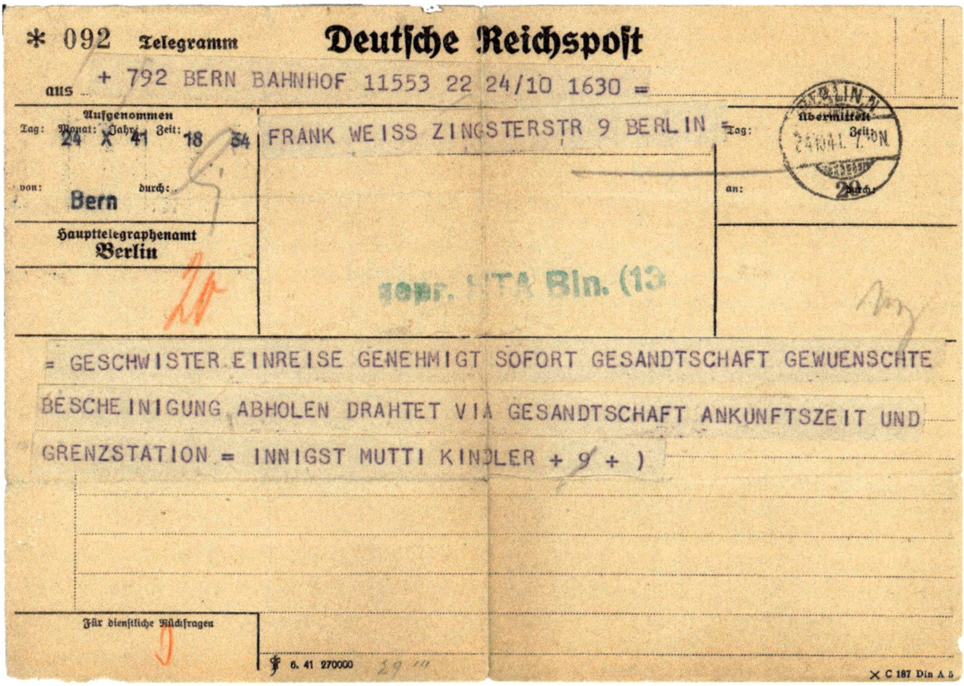
* 092 Telegramm Deutsche Reichspost

aus + 792 BERN BAHNHOF 11553 22 24/10 1630 =

Aufgenommen Tag: 24 Monat: X Jahr: 41 Zeit: 18 34

von: Bern durch:

Haupttelegraphenamt Berlin

FRANK WEISS ZINGSTERSTR 9 BERLIN =

Übermittelt Tag: Zeit:

an: durch:

= GESCHWISTER EINREISE GENEHMIGT SOFORT GESANDTSCHAFT GEWUENSCHTE BESCHEINIGUNG ABHOLEN DRAHTET VIA GESANDTSCHAFT ANKUNFTSZEIT UND GRENZSTATION = INNIGST MUTTI KINDLER + 9 +)

Für dienstliche Rückfragen

6. 41 270000

C 187 Din A 5

Die schweizerische Einreisegenehmigung kam zu spät. Am Tag zuvor, am 23. Oktober 1941, waren die deutschen Grenzen aufgrund einer geheimen amtlichen Anordnung für ausreisewillige Juden geschlossen worden. Wieder war Hilde von den Ereignissen überholt worden, nachdem schon die Versendung der Kinder nach England im September 1939 wegen des zwei Tage zuvor ausgebrochenen Kriegs gescheitert war.

Die vom Nazi-Regime angestrebte Geheimhaltung der Grenzschliessung führte dazu, dass Anita bei ihren Bemühungen um die Ausreisebewilligung nur ablehnende Antworten, aber keine Erklärung erhielt, weshalb und wie lange sie warten musste.

Clara Feldbergs Suizid, 22. bis 25. Oktober 1941

Clara Feldberg lebte seit 1936 zusammen mit ihrer nichtjüdischen Hausangestellten Erna Juhnke in der geräumigen Vierzimmerwohnung Rondeel 41 in Hamburg. Erna Juhnke war 1923, drei Jahre nach dem Tod von Claras Ehemann Seelig (Sally) Feldberg, in Claras Dienst getreten und im Laufe der Zeit auch zu ihrer Gesellschafterin geworden.

Als sich die Kunde von den beginnenden Deportationen zu verbreiten begann, nahm Clara am Mittwochabend, dem 22. Oktober 1941, in aller Stille die seit Längerem bereitgestellten Medikamente ein. Am Donnerstagmorgen, dem 23. Oktober 1941, wurde sie von Erna Juhnke in bewusstlosem Zustand aufgefunden. Die leeren Medikamentenpackungen auf dem Nachttisch und der Abschiedsbrief an Erna Juhnke machten deutlich, dass es sich um einen Suizidversuch handelte. Der herbeigerufene Hausarzt Dr. Hermann Bohm entschied, auf eine Reanimation zu verzichten. Damit ging er ein strafrechtliches Risiko ein, das er aus Solidarität mit seiner Patientin auf sich zu nehmen bereit war. Clara starb am Samstag, dem 25. Oktober 1941, morgens um 4 Uhr (vgl. Biografie Clara Feldberg von Björn Eggert, Stolpersteine-Hamburg.de, 2012). Claras letzte Briefe waren an Hilde und an Erna Juhnke gerichtet.

Clara Feldberg, ca. 1930

Clara an Hilde
Hamburg, 21. Oktober 1941

Meine l. Gute.
... Der Kinder Reise ist unbedingt zu beschleunigen u. mein einziges Hoffen. Anita ist enorm tüchtig u. beseelt in ihrem Beruf u. aufopferungsfreudig! Zu gern hätten die Ärzte, die sie hier gesprochen, [sie] hier ans Krankenhaus! Ansonsten für mich nur Angst vor dem Geschehen. Ich höre so viel Schauriges von

der Stadt in der Vater dauernd zu tun hatte u. in Tante Berthas Nähe reisen so Viele. Möchte es nur noch glücken, dass Reinhards Mutti von seiner Oma was bleibt .... Nun Schluss meine l. Gute, innig Deine Alte

Herzl. Gruss an Ernst.

Mit der «Stadt, in der Vater dauernd zu tun hatte», ist Hamburg gemeint. Claras jüngere Schwester Bertha Löwenstein, «Tante Bertha», war bereits nach Theresienstadt deportiert worden.

Clara an Erna Juhnke

Liebe Erna.
Seien Sie meines innigen Dankes für Ihre Treue unbedingt überzeugt. Ich kann nun dem weiteren Geschehen nicht mehr standhalten. Erfüllen Sie zu meiner Beruhigung Ihr Versprechen und stehen meinen Enkeln und Frau Kindler so weit wie möglich zur Seite. Ein letzter inniger Gruss. Ihre Frau Feldberg.

Der Brief trägt kein Datum. Er befindet sich nicht in Hildes Nachlass (vgl. Biografie Clara Feldberg, Stolpersteine-Hamburg.de, 2012).

Anita an Hilde
Berlin, 26. Oktober 1941

Meine geliebte gute Mutti!
Ich möchte Dich in meine Arme nehmen, ich möchte Dir die Hand drücken, – aber noch geht es nicht.
Mein Gutes! Wie Dir Dr. R[udolphi] wohl gestern schon mitteilte ist unsere liebe gute Oma gestern, am 25. Oktober früh, für immer sanft eingeschlafen. – Mutti, meine liebe gute Mutti! Wir dürfen nicht verzagen, ihr ist wohler so, sie ist vor all dem bewahrt geblieben, das unabwendbar für sie und uns bevorsteht. Viel Kummer, Elend und Tränen sind ihr erspart geblieben. Sie hat Frieden! Meine Mutti, weine ruhig, aber weine keine

bitteren Tränen, sondern nur Tränen der Liebe. – Ich weiss alles, alles. —
Deine Einreiseerlaubnis und das Telegramm von Dr. R. trafen fast zur gleichen Zeit ein – ein Schicksalsweg! Mutti, immer nur sagen, dass es gut so war! Sie hat sich nicht mehr gequält.
Ich wollte sofort zu ihr fahren, erhielt aber keine Reiseerlaubnis, auch jetzt kämpfe ich noch darum, – wenn es nur glückt! Mittwoch oder Donnerstag wird die Beerdigung sein – ich bin bei Dir! Ich muss alles Dr. R. überlassen, denn ich kann nicht so lange fortbleiben. Ich will alles soweit nach bestem Wissen tun! – Ich muss auch sofort wieder nach hier zurück, denn hier darf keine Stunde für uns versäumt werden, es heisst Kampf, kämpfen, kämpfen! Wenn nur ein siegreiches Ziel ist! …
Um mich darfst Du Dir keine Gedanken machen. – Wir haben uns getrennt. — Erzählen kann ich Dir nicht alles, aber trotz allem war auch das sehr, sehr schwer für mich, – es musste so sein! Ich trage alles Schwere in dem Gedanken Dich bald zu sehen! Hoffen wir! Geliebte gute Mutti! Ich muss für heute schliessen, der Alltag fordert sein Recht!
Behalte den Kopf oben und sieh' vorwärts! Einen innigen Kuss von Deiner Anita.

«Wir haben uns getrennt» spielt auf die Unterbrechung in Anitas Liebesbeziehung zu Rolf Schulmeister an. Im Oktober 1941 wandte sich Rolf bei der Fabrik-Zwangsarbeit einer anderen Frau zu. Es handelte sich um die ebenfalls zur Fabrikarbeit abkommandierte Schwester Gabriele aus dem Jüdischen Krankenhaus – eine Vorgesetze von Anita. (Sie ist bei Hartung-von Doetinchem/Winau, S. 177, auf zwei Gruppenfotos zu sehen.)

Hilde an Regierungsrat Fritz Brechbühl [masch.]
Basel-Bettingen, 3. November 1941

Sehr geehrter Herr Regierungsrat!
Es ist mir Bedürfnis, Ihnen meinen allerbesten Dank auszusprechen für Ihre Bemühung und Fürsprache im Interesse meiner Kinder. In Bern bekam ich ebenfalls sofort die Genehmigung, es wurde an die Gesandtschaft telegrafiert. Leider, und zu

meinem grössten Entsetzen bekam ich den Bescheid, dass z. Z. überhaupt keine Ausreise von Deutschland aus erfolgen kann, alles ist gesperrt! So bin ich, weiter in der grossen Sorge, nur gemildert dadurch, dass vielleicht das erteilte Visum, resp. die Einreisegenehmigung, ein gewisser Schutz ist. …
Indem ich Ihnen nochmals meinen und meines Mannes besten Dank ausspreche verbleibe ich in vorzüglicher Hochachtung
[Unterschrift handschriftl.]

Anita an Hilde
Berlin, 4. November 1941

Geliebte gute liebe Musch!
Sei tapfer! Hör zu! Wir müssen vernünftig sein, ich versuchte wiederum überall alles! Im Moment ist alles gesperrt, auch für den Kleinen! Wir erhalten keine Papiere. Dr. Gu[mpert] versuchte auch schon, warten! Versucht nochmals dringend wenigstens den Kleinen zu adoptieren. Wenn er bei Euch im Buch eingeschrieben wird kann er sicher sofort fahren. Hier erhält er kein Buch. Es ist alles verbaut. Auch Frau Pro tut was sie kann. … Bleib mir gesund! Ich hab Nachtwachen. Grüss daddy! Einen Kuss von Deiner Anita.

Aus der Postkarte spricht Panik. Als einzige Rettung sah Anita nun den Erwerb des Schweizer Bürgerrechts. Sie hoffte, mittels Adoption durch einen Schweizer wenigstens den noch minderjährigen Reinhard retten zu können. Möglicherweise glaubte sie, als Volljährige für eine Adoption zu alt zu sein.

Anita an Hilde
Berlin, 14. November 1941

Meine liebe gute Mutti!
Wie geht es dir?? Wir sind gesund und das ist die Hauptsache. Ich habe in der letzten Zeit abgenommen, Du siehst, das geht auch ohne Diät und oft schneller als man denkt! Mutti, sei lieb, sei vernünftig. Noch ist immer nichts zu machen! Warten, war-

ten! Frau Pro[chownik] Dr. Gu[mpert] und alle sonst helfen, wir können von hier aus nichts tun. Hab' Dank für Deine letzte Karte. Liebe Mutti! Heute verreisen Weissens!! Ich ziehe sofort ins Schwesternheim, hoffentlich erhalte ich die Genehmigung. Reinhard ist gesund. Ich muss weiter! Drum Schluss. Ich mache immer noch Nachtwachen. Tags über komme ich nicht zum Schlafen, es strengt sehr an. … Sei nicht bös über die Kürze, ich kann nicht mehr. Sei tapfer! Einen Kuss von Deiner Anita.

Anitas Pflegeeltern Regine und Fritz Weiss waren aufgefordert worden, sich zur Deportation zu einer Sammelstelle zu begeben. Aus unbekanntem Grund wurden sie nicht deportiert, sondern nach einer Woche zurückgeschickt, sodass Anita zu ihnen zurückkehren konnte. In der Zwischenzeit wohnte Anita im Schwesternheim des Jüdischen Krankenhauses.

Anita an Hilde
Berlin, 22. November 1941

Liebe gute Mutti!
Nur in grosser Eile diese Karte als lieben Gruss. Mutti! Ich danke dem lieben Gott, denn W[eiss]'s sind wieder bei mir! Wir sind so dankbar wieder zusammen zu sein, wenn auch noch ohne alle Sachen. Sie haben bei dem Unfall alles verloren! Du kannst mir vorläufig wieder in die Zingster schreiben. Ich habe sehr viel mitgemacht, bin aber trotz allem froh, dass wir alle wieder gesund beieinander sind. Reinhard ist gesund. Heute war ich wieder auf einer Stelle, es ist alles ausgeschlossen für uns!! Ich will jetzt noch ein Sondergesuch einreichen. Möge Gott uns helfen! Ich weiss bald nicht mehr weiter! Sei tapfer, kleine Mutti, wir sind es auch. Die Hauptsache ist Gesundheit. Gibt es bei Dir eine Dtsch. Gsdschft? Frau Pro[chownik] u. Bine sind lieb. Einen Kuss von Deiner Anita.

Während die Ehegatten Weiss an der Sammelstelle auf ihre Deportation warteten, wurde ihr Hausrat gestohlen. Die Diebstahlspraxis von Gestapo-Leuten wird im Bericht von Hedwig Ems beschrieben (siehe S. 138): Nach Deportationen kehrten einzelne Gestapo-Leute in die versiegelten Wohnungen zurück, brachen die Siegel auf, trugen davon, was sie für sich selber gebrauchen konnten, und versiegelten die Türen wieder.

Anita an Hilde
Berlin, 25. November 1941

Liebe gute Mutti!
... Denke Dir, ich traf neulich nach langem wieder Herrmanns Tochter. Sie ist sehr gross geworden, nun schon 20 Jahre. Die Zeit vergeht unheimlich. Sie erzählte mir, dass sie sich jetzt verlobt hätte. Der Verlobte ist aus dem selben Ort wie Ernst K[indler], ist das nicht nett? Ja, manchmal möchte ich das auch gerne, man ist doch recht allein. Na, ich werde schon auch noch drankommen, es muss nur der Richtige sein. Du müsstest ihn aussuchen dann wäre es bestimmt mein Geschmack. Für heute Schluss. Einen Kuss von Deiner An.

«Herrmanns Tochter»: Anitas Vater schrieb sich Hermann, nicht Herrmann. Der Orthografiefehler dürfte kein Versehen gewesen sein, sondern der Tarnung gedient haben. Verschlüsselt forderte Anita ihre Mutter auf, einen Schweizer zu finden, um sie zu heiraten und ihr die Flucht in die Schweiz zu ermöglichen. Im nächsten Brief wurde sie deutlicher.

Anita an Hilde
Berlin, 13. Dezember 1941

Meine liebe gute Mutti!
... Im übrigen, Emmys Nichte möchte sich gern verloben, es wäre auch besser für sie, sie wäre dann eher bei ihren Eltern. Am Sonntag ist Reinhard bei mir. Für heute liebe Grüsse und Küsse! Deine An.

Mit «Emmys Nichte» meint Anita sich selbst, die Nichte von Emmy Rubensohn, geb. Frank.

Auf der geheimen «Wannseekonferenz» vom 20. Januar 1942 wurde die «Endlösung der europäischen Judenfrage» administrativ in die Wege geleitet.

Der Alltag der deutschen Zivilbevölkerung wurde erschwert durch die immer häufigeren und schwereren Bombardierungen, die Fliegeralarme und Nächte in den Luftschutzkellern, die Verknappung von Nahrungsmitteln und anderen lebensnotwendigen Gütern, die Abwesenheit der Männer im Wehrdienst und die Todesmeldungen von den Fronten.

Für die Juden in Deutschland, in den besetzten Gebieten und auch in der Schweiz blieb es weiterhin eine Existenzfrage, ob der nationalsozialistische Staat, zu dessen Zielen seit Oktober 1941 die «Ausrottung der jüdischen Rasse» gehörte, im Weltkrieg die Oberhand gewinnen oder unterliegen würde. Das Jahr 1942 brachte darauf keine Antwort. Die kriegerischen Ereignisse hatten sich nach Russland, Fernost und Nordafrika verlagert. Das Kriegsglück schien bald die eine, bald die andere Seite zu begünstigen. Deutlich waren nur der Stillstand der Fronten vor Leningrad und vor Moskau sowie der weiterhin erfolgreiche deutsche Vormarsch im südlichen Russland bis nach Stalingrad.

Einen Schrecken erlebten die Juden in Palästina und ihre Angehörigen in Europa beim plötzlichen Vorstoss der Deutschen in Nordafrika, als es General Rommel gelang, die Engländer binnen zehn Tagen von der libyschen Stadt Tobruk über 500 Kilometer nach Osten bis zum ägyptischen El Alamein zurückzudrängen. Hätten die deutschen Truppen mit dem gleichen Schwung das Nildelta überquert und den Angriff nach Palästina weitergetragen, wäre dort die Vernichtung der gesamten jüdischen Bevölkerung zu befürchten gewesen, wie sie sich zuvor in den besetzten osteuropäischen Ländern ereignet hatte. Eine SS-Einsatzgruppe mit dem entsprechenden Befehl stand ab dem 20. Juni 1942 in Nordafrika bereit.

Dazu sollte es nicht kommen, denn die Engländer brachten den deutschen Vormarsch am 30. Juni 1942 bei El Alamein zum Stehen. Nach einer schweren Schlacht am 24. Oktober 1942 warf der englische General Montgomery die Deutschen binnen 16 Tagen um 850 Kilometer nach Westen bis Benghasi zurück, womit das Ende des deutschen Afrikafeldzugs eingeleitet war.

Die Kapitulation der letzten deutschen Einheiten in Nordafrika erfolgte am 13. Mai 1943.

Die im Jahr 1942 neu ergriffenen staatlichen Repressalien gegen Juden in Deutschland umfassten Pflichten und Verbote. Pflicht jedes Juden war es nun, die eigene Wohnung durch einen sichtbaren Stern am Eingang kenntlich zu machen, ferner alle entbehrlichen Kleidungsstücke sowie alle Woll- und Pelzsachen abzuliefern; verboten war es, Milch, Eier und Fleisch, Rauchwaren, Bücher, Zeitungen und Zeitschriften zu kaufen, Haustiere zu halten und Coiffeurgeschäfte zu besuchen.

Ab Mai 1942 war Juden die Benutzung öffentlicher Verkehrsmittel verboten. Im Ausnahmefall konnte eine Sonderbewilligung erteilt werden, wenn der Weg zur Arbeit länger als sieben Kilometer war; Anita gelang es, solche Bewilligungen für sich und Reinhard zu beschaffen (siehe Anitas Brief vom 30. Juli 1942, S. 128).

Ende Juni 1942 wurden alle jüdischen Schulen aufgelöst, auch die private höhere Schule der Jüdischen Kultusvereinigung zu Berlin, auf die Reinhard zuletzt gegangen war. Seine Schulzeit endete damit vorzeitig nach siebeneinhalb Jahren.

Anita und Reinhard im Jüdischen Krankenhaus

Für Anita und Reinhard war das Jüdische Krankenhaus, in dem Anita seit Mai 1940, Reinhard ab Juli 1942 arbeiteten und in dem sie ab März 1943 auch untergebracht waren, ein Ort relativer Geborgenheit, an dem sie Beschäftigung und Anerkennung fanden.

Aber auch hier lebten sie in dauernder Angst. Zwar nicht vor Einschüchterungshaft oder individueller Deportation, wie sie den Juden ausserhalb des Krankenhauses widerfuhren, doch bestand für Anita seit 1940 das Risiko, zur Zwangsarbeit in einer Fabrik abkommandiert zu werden. Ausserdem wurden ab 1942 wiederholt Teile des Krankenhauspersonals deportiert – ein Schicksal, das beide Geschwister ereilen konnte. Auch stand jederzeit die gänzliche Auflösung des Krankenhauses zu befürchten, was ab 1942 mutmasslich die Deportation aller Angestellten und Kranken zur Folge gehabt hätte. Anita verschlüsselte dieses drohende Szenario mit dem Wort «Wolfratshausen». Da die Reichshauptstadt nach Hitlers Willen mit besonderer Dring-

Synagoge des Jüdischen Krankenhauses in Berlin, Iranische Strasse 2, ca. 1935

lichkeit «judenfrei» werden sollte, wurde «Wolfratshausen» mit jedem Tag wahrscheinlicher.

Schon im 19. Jahrhundert genoss das von der Jüdischen Gemeinde zu Berlin getragene Krankenhaus den Ruf einer hervorragenden Klinik mit Ärzten von internationalem Ansehen. Der jüdische Charakter wurde unterstrichen durch eine Synagoge, koschere Küche und Aufsicht durch die Jüdische Gemeinde. Das Krankenhaus stand auch nichtjüdischen Patientinnen und Patienten offen. Dies änderte sich im Herbst 1938: Ab Oktober durften dort nur noch Juden behandelt werden.

Mit der Eingliederung der Jüdischen Gemeinde Berlins in die «Reichsvereinigung der Juden in Deutschland» endete im Jahr 1938 die Verbindung des Krankenhauses mit der Gemeinde. Das Krankenhaus wurde der Abteilung IV B 4 des Reichssicherheitshauptamts (RSHA) unterstellt. Damit wurde es zu einer von Juden für Juden betriebenen Einrichtung unter staatlicher Kontrolle. Diese erfolgte in den Anfangsjahren indirekt über die Reichsvereinigung, ab Oktober 1942 jedoch direkt, indem der als antisemitischer Fanatiker beschriebene SS-Mann Fritz Wöhrn, Sachbearbeiter im Eichmannreferat, zum Aufseher über das Krankenhaus ernannt wurde. Gleichzeitig wurde Dr. Walter Lustig zum Direktor befördert; seit 1939 war er Leiter der Gesundheitsverwaltung der Berliner Jüdischen Gemeinde und seit 1940 oder 1941 auch Leiter des Gesundheitswesens der Reichsvereinigung gewesen. Sein Werdegang weist ihn als einen Juden aus, der durch Zusammenarbeit mit dem nationalsozialistischen Staat sein eigenes Überleben zu sichern hoffte.

Nach dem Beginn der Deportationen in Berlin im Oktober 1941 und einer ersten Deportationswelle im Krankenhaus im April 1942 stellte sich für die Angestellten die brennende Frage, wer die zu Deportierenden bestimmte und nach welchen Kriterien dies geschah. Dass dem Direktor kraft seiner Verantwortung für den Krankenhausbetrieb hierbei die Hauptrolle zukam, lag auf der Hand. Nach und nach sickerte durch, dass er es war, der die Listen der zu deportierenden Mitarbeiter und Mitarbeiterinnen erstellte, während Fritz Wöhrn und andere Gestapo-Leute die Selektion der Kranken vornahmen (vgl. Elkin, S. 57; Silver, S. 224). Auch kursierten Gerüchte, dass Lustig sich bei der Zusammenstellung der Listen von einer Krankenschwester beeinflussen liess, die als eine seiner Mätressen galt (vgl. Silver, S. 97).

Aus der Sicht des Personals wurde Lustig damit zum Herrn über Leben und Tod, ein Umstand, der die Atmosphäre im Haus grundlegend veränderte. Der Direktor war zunehmend isoliert, wurde von allen gefürchtet und gleichzeitig umworben. Wer eine Möglichkeit sah, seine Gunst zu gewinnen, dürfte sie ergriffen haben, ohne bei der Wahl der Mittel wählerisch sein zu können: Es ging ums Überleben. Anita sorgte dafür, dass sie und Reinhard dem Direktor namentlich bekannt waren (was bei der hohen Fluktuation des Personals keine Selbstverständlichkeit war) und dass beide Geschwister beim Direktor in gutem Ansehen standen. Darüber hinaus suchte sie zusätzliche Sicherheit durch Schutzgeldzahlungen, die von Hilde finanziert wurden und die möglicherweise an den Direktor flossen (siehe dazu S. 142 ff.). Die herzliche Kollegialität unter den Ärzten und Schwestern des Krankenhauses, die Anita zum letzten Mal anlässlich der Examensfeier am 17. September 1941 schilderte, dürfte im Lauf des Jahres 1942 stark abgenommen haben, denn jetzt herrschte eine Überlebenskonkurrenz mit dem Direktor als Schiedsrichter, bei der die Rettung der einen (durch Flucht oder Untertauchen) das Risiko der anderen dramatisch erhöhte. Zeugnisse einzelner Überlebender, wonach Lustig antisemitisch, eitel, überheblich, unnahbar und sexuell übergriffig gewesen sein soll, sind mit Vorsicht zu interpretieren. Silver gibt Aussagen ehemaliger weiblicher Angestellter über sexuelle Übergriffe des Direktors ausführlich wieder (S. 26 ff.), lässt aber auch Augenzeuginnen zu Wort kommen, die mit Respekt an Lustig zurückdenken. Bei Hartung-von Doetinchem/Winau, Elkin und in Anitas Briefen finden sich keine diesbezüglichen Andeutungen.

Lustigs Stellung war schwierig, denn seine Bemühungen um den Fortbestand des Krankenhauses und damit um sein eigenes Überleben waren nicht zu trennen von der Mitwirkung bei den Deportationen, das heisst von der Beihilfe zum Massenmord. Im Juni 1945 wurde Lustig von den sowjetischen Besatzern in Berlin verhaftet und Ende 1945 umgebracht (vgl. Hartung-von Doetinchem/Winau, S. 226; Elkin, S. 106; Silver, S. 209 ff.).

Anita an Hilde
Berlin, 20. Februar 1942

Meine geliebte gute, gute Musch!
Endlich, nach über 6 Wochen sollst Du wieder einen ersten Gruss von mir von zuhause bekommen! Ich hoffe, dass Du meine beiden ersten Karten, noch aus dem Krankenhaus bereits erhalten hast. Tja, nun bin ich seit ein paar Tagen entlassen worden, alles o. B., Schonzeit 14 Tage! Fein nicht? Ich hatte es in den letzten Tagen wie stets noch wunderbar dort, vor allem mit den Kindern! Ich war rein vor Freude im 7. Himmel. ... Sonst war es natürlich doch etwas komisch, von einem Paradies in diese allzu rauhe Wirklichkeit zurückzukehren, aber ich bin dankbar, trotz allem, denn all die anderen hatten ja inzwischen keine solche herrliche Zeit, so muss ich dreifach Mut u. Kraft haben, nicht?! Und neben allem anderen brauche ich diese Kraft noch ganz besonders, denn, mein lieber grosser dummer Junge, «mein» Rolf wird sich voraussichtlich demnächst mit meiner mir vorgesetzten Schwester Gabriele verloben, bzw. verheiraten! Du wirst fühlen, was das für mich heisst! Da ich Dir in den letzten Monaten nur wenig über uns Beide schrieb, so kannst Du das Ganze aus dieser Entfernung kaum noch richtig beurteilen! Aber ich bin tapfer, hoffe für meinen «grossen» Lausejungen nur das Schönste u. Beste auch hier! Ich fürchte nur, er macht diesen Schritt viel zu früh, aber davon später einmal. Wir zwei sind trotz allem sehr gute Freunde u. das will viel sagen. Reinhard ist unheimlich gewachsen, der Liebling von allen, ich bin stark verliebt in ihn, er macht nur Freude und hat es wirklich gut! ... Und du mein Gutes, ich weiss u. fühle alles! Sei dankbar für uns!, glaube u. hoffe und bleib uns gesund!
Einen süssen Kuss von Deiner Anita

Verzeih die Schrift, ich bin noch im Bett!

Anita war im Januar 1942 an Scharlach erkrankt. Nach einigen Tagen Hauspflege bei der Familie Weiss lag sie etwa drei Wochen als Patientin im Jüdischen Krankenhaus. Mitte Februar 1942 wurde sie entlassen. «o. B.» dürfte «ohne Befund» oder «ohne Beschwerden» heissen.

Anita an Hilde
Berlin, 23. Februar 1942

Meine geliebte gute Mutti!
... Mein Rolf hat sich nun verlobt, er heiratet im April! Durch schwere kampfvolle Tage habe ich mich zu einem schönen Abschied, der endgültig und ganz ist durchgerungen, uns bleibt die Erinnerung und wir finden uns in der Musik wieder, so wie wir uns einst das erste Mal fanden. – Wir haben einen schönen u. reifen vollendeten schriftlichen Abschied genommen, so dass diese reine grosse Jugendfreundschaft, wenn ich sie so nennen soll, einen genau so edlen und lieben, wenn auch herben Abschluss nahm wie es stets ihr Charakter war. Wir haben einander viel geholfen und gegeben! Gott wird wissen, warum es so sein musste und ich vertraue ihm und dem Schicksal und der Kraft in mir! Viel muss ich noch seine Mutter trösten, die mich liebte wie ihr eigenes Kind und darum verzweifelt ist, aber ich habe Trost, Kraft und Freude für viele Seelen in mir, ich kann helfen! Wenn ich nur erst Dir mein Gutes mit Liebe u. Hilfe beistehen könnte, denn darin sehe ich meine Aufgabe! Hab Mut u. Geduld!! ...
Deine Anita

Der Sohn von Thea v. K. ist gefallen! Schreib ihr!

Zu Thea v. K. (Dorothea von Knyphausen) siehe die Erläuterungen zu Anitas Brief vom 28. Dezember 1940, S. 55 f.; damals hatte Anita den Tod von Knyphausens Schwiegersohn gemeldet.

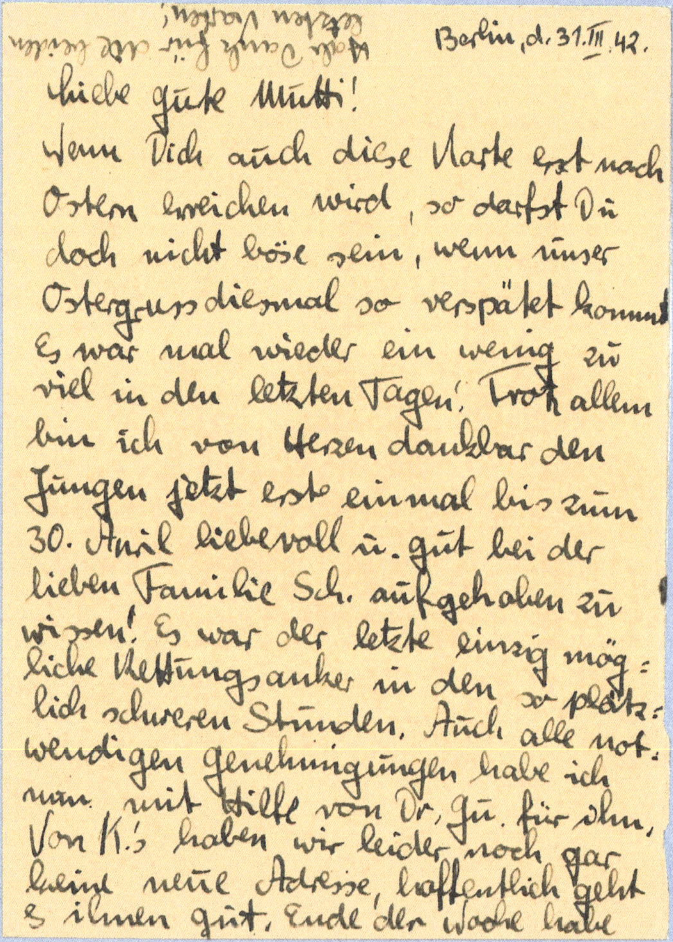

Vielen Dank für alle beiden letzten Karten!

Berlin, d. 31. III. 42.

Liebe gute Mutti!

Wenn Dich auch diese Karte erst nach Ostern erreichen wird, so darfst Du doch nicht böse sein, wenn unser Ostergruss diesmal so verspätet kommt. Es war mal wieder ein wenig zu viel in den letzten Tagen! Trotz allem bin ich von Herzen dankbar den Jungen jetzt erst einmal bis zum 30. April liebevoll u. gut bei der lieben Familie Sch. aufgehoben zu wissen! Es war der letzte einzig mögliche Rettungsanker in den so plötzlich schweren Stunden. Auch alle notwendigen Genehmigungen habe ich nun mit Hilfe von Dr. Gu. für ihn. Von K.'s haben wir leider noch gar keine neue Adresse, hoffentlich geht es ihnen gut. Ende der Woche habe

Anitas Postkarte an Hilde vom 31. März 1942 (siehe S. 110 f.)

Absender: Anita Sara Franck

Berlin- N20, Deutschland

Wohnort, auch Zustell- oder Leitpostamt

Zingster Str. 9 II b. Weiss

Straße, Hausnummer, Gebäudeteil, Stockwerk od. Postschließfachnummer

ich wieder Nachtdienst.
Von Heinz u. seiner Mutter
kam der Abschiedsbrief.
Der Junge sieht sehr gut
u. gesund aus und wächst
sehr. Hoffentlich geht in der
Schule alles glatt, ich will
mal mit dem Lehrer sprechen.
Am 9. April bin ich in Ge-
danken bei Dir! – Es war so
gut so! Mach Dir nicht so
viel Sorgen, wir sind gesund
u. draussen ist Frühling!
grüsse daddy. Viele liebe Grüsse
und einen Kuss von Deiner Anita

Postkarte mit Antwortkarte

Carte postale avec réponse payée

15 15

Deutsches Reich

BERLIN-SCHÖNEBERG 5

31.3.42. 15-16

Schweiz

344

Frau

Hilde Kindler-Frank

Basel-Bettingen

Nr. 41

Straße, Hausnummer, Gebäudeteil, Stockwerk oder Postschließfachnummer

276

Anita an Ernst Kindler
Berlin, 17. März 1942

Lieber daddy!
Hab recht herzlichen Dank für Deine beiden ausführlichen Briefe an den Jungen und mich. … Rolf ist leider 1 Tag vor seiner Verlobung sehr schwer erkrankt, er wurde im Auto in ein Krankenhaus gefahren. In das, in dem Onkel Alfred einmal so lange plötzlich liegen musste. Wir können ihn alle nicht sprechen, auch seine Mutter nicht, sicher ansteckend! Wir hörten vom zuständigen Arzt, dass es ihm etwas besser geht aber er wird wohl lange bleiben müssen! – Nun für heute viele herzliche Grüsse! Alles Gute! Anita.

Rolf war verhaftet und ins Gefängnis Spandau gebracht worden, wo Alfred Frank im September 1933 festgehalten worden war. Nach der Verhaftung verlor Schwester Gabriele das Interesse an Rolf. Anita nahm den Kontakt mit Rolf wieder auf, besuchte ihn im Gefängnis, sobald es möglich war, und versorgte ihn mit Lebensmitteln.

Anita an Hilde
Berlin, 24. März 1942

Meine liebe gute Mutti!
… Von Rolf leider noch keine guten Nachrichten, es geht ihm noch nicht besser. Seine Mutter wird ihn diese Woche sehen dürfen. Sonst ist G. s. D. bei uns alles soweit in Ordnung. Ich habe Mut und freue mich mit jedem Sonnenstrahl! Bleib auch Du tapfer! Viel Liebes! Deine Anita.

Anita an Hilde
Berlin, 31. März 1942

Liebe gute Mutti!
… Es war mal wieder ein wenig zu viel in den letzten Tagen! Trotz allem bin ich von Herzen dankbar, den Jungen jetzt erst einmal bis zum 30. April liebevoll u. gut bei der lieben Familie

Sch[ulmeister] aufgehoben zu wissen! Es war der letzte einzig mögliche Rettungsanker in den so plötzlich schweren Stunden. Auch alle notwendigen Genehmigungen habe ich nun mit Hilfe von Dr. Gu[mpert] für ihn. Von K[oppel]s haben wir leider noch gar keine neue Adresse, hoffentlich geht es ihnen gut. …
Viele liebe Grüsse und einen Kuss von Deiner Anita

Hab Dank für die beiden letzten Karten!

«… haben wir leider noch gar keine neue Adresse» bedeutete aufgeschlüsselt, dass Reinhards Pflegeeltern Max und Edith Koppel in Polizeihaft genommen wurden, sodass Reinhard nicht in ihrer Wohnung bleiben konnte; Anita hatte ihn deshalb ohne behördliche Bewilligung bei Edith und Julius Schulmeister, den Eltern des inhaftierten Rolf, untergebracht.

Anita an Hilde
Berlin, 9. April 1942

Meine geliebte tapfere kleine Mutti!
… Ich hatte sehr schwere Nachtwachen und tags viel Laufereien, konnte aber, wenn auch nicht alles für uns, so doch für unseren kleinen 17jährigen Untermieter mit Hilfe von Frau Pro[chownik] etc. viel Gutes erledigen. Wir sind alle so dankbar, er hatte auch seine Eltern nicht hier. Für unseren 2. Untermieter suchen wir noch ein Zimmer um dann Reinhard mit allen Genehmigungen aufnehmen zu können. Der Junge ist bei Sch[ulmeister]'s seelig und zuhause. Ostern war ich bei ihm, auch sonst jede freie Stunde. Neulich habe ich mit ihm die Sommersachen probiert, alles viel zu klein!! Ich werde weitmöglichst beim Schneider ändern lassen. – … Rolf kommt wohl vor Juni nicht dran, es geht ihm noch nicht besser.
Ich selbst freue mich am Frühling u. bin froh u. stark! Nimm für heute einen Kuss u. tausend Grüsse. Deine Anita.
…

Die Familie Weiss beherbergte in ihrer Wohnung in der Zingster Strasse 9 neben Anita zwei weitere Jugendliche. Einer von ihnen war der

17-jährige Werner, der später im Jüdischen Krankenhaus von Anita betreut wurde und an einer Sepsis starb (siehe Anitas Briefe vom 17. und 22. November 1942, S. 152 f.).
Da Juden seit Februar 1940 keine Kleider mehr kaufen konnten, mussten vorhandene Textilien immer wieder geändert werden.
Ein Entscheid über Rolfs weiteres Schicksal war nicht vor Juni zu erwarten.

Anita und Edith Schulmeister an Hilde
Berlin, 11. April 1942

Meine liebe gute Mutti!
... Gestern besuchte Frau Sch[ulmeister] Rolf. Es geht ihm etwas besser, wird aber noch lange dort bleiben müssen. Sonst ist alles soweit in Ordnung. Für heute nur viele liebe Grüsse und Liebes! In Eile Deine Anita
...

[Nachschrift von Edith Schulmeister:]
Meine liebe Frau Kindler!
Hoffentlich sind Sie mit unserem Arrangement zufrieden! Reinhard macht uns viel Freude; er ist für meinen Mann direkt ein Jugendelixier! Sie toben beide, wie 2 wilde Jungen! Lange haben wir nicht mehr gelacht, jetzt lernen wir es wieder! Ihnen alles Gute, herzlich Frau Schulmeister

Anita an Hilde
Berlin, 14. April 1942

Meine geliebte gute Mutti!
Sitze soeben in meiner Freizeit beim Zahnarzt und warte – dicke Backe, Wurzelhautentzündung. Die Schmerzen lassen aber schon ein wenig nach. Sonst sind wir für die Sonne und den Frühling und für jedes liebe Wort dankbar. Ich freue mich jeden Abend mit meinem kleinen Stübchen und dem Bettchen. Wie gut habe ich es doch noch! ... solltest Du mal nichts von Herrmanns Tochter hören, so möchtest Du Dich nicht beunruhigen, lässt sie

bestellen, es geht ihr gut. Kitty Gump. weiss stets um sie Bescheid, Du kannst dann ruhig an sie schreiben. Bine ist noch am Bodensee. Sonst kann ich Dir heute nicht mehr schreiben. Mach Dir nicht so viel Sorgen, wir sind gesund und haben Mut, Kraft und Hoffnung! Sei tapfer, kleine Mutti, was auch kommen mag. Einen innigen Kuss von Deiner Anita.

Anita rechnete nun jederzeit mit ihrer Deportation. Sie wies ihre Mutter an, gegebenenfalls bei Dr. Hans Gumperts nichtjüdischer Ehefrau Kitty Gumpert nachzufragen.

Anita an Hilde
Berlin, 22. April 1942

Meine geliebte gute Mutti!
Bin gerade am freien Tag herrlich bei Bine! So schön alles hier! Musik, gutes Essen, Bücher, Bilder, Kunst. Somit komme mir vor wie im Märchenland. Bin aber nicht traurig, bei mir ist auch Frieden und Sonne, nur tiefer, im Herzen. Ich hab Mut und Kraft und habe viel innere Freude an der Natur und dem Leben, trotz allem Schweren und allen Entbehrungen. Solange der Junge und ich gesund zusammen sind gibt es keine ganz grossen Sorgen. Über alles kommt man langsam hinweg und die Sonne am Himmel tröstet einen jeden Tag von neuem! Bines Vater schrieb auch zufrieden. … Rolf schrieb – vor Juli keine Operationsmöglichkeit!
Was mit dem Jungen wird weiss ich noch nicht, hängt noch von Genehmigungen ab! Nur Liebes und Mut! Deine Anita.
…

Anita an Hilde
Berlin, 24. April 1942

Meine kleine gute Musch!
… Sehr viele meiner Kolleginnen wurden zur anderen Arbeit geschickt, ich durfte G. s. D. bleiben, bin sehr dankbar! … Für heute nur viele tausend Grüsse, auch an daddy. Dir einen süssen [gezeichneter Kringel] von Deiner Anita.

Dass «sehr viele Kolleginnen zur anderen Arbeit geschickt» wurden, bezieht sich auf die Abkommandierung zur Zwangsarbeit, nicht auf eine Polizeirazzia.

Hans Seutemann an Hilde [masch.]
Bad Pyrmont, 25. April 1942

Sehr geehrte gnädige Frau!
Frau Anna Salomon ist unter der Adresse zu erreichen: Fürsorge Kommitte für Flüchtlinge Warschau Gartenstr. 27 Frau Anna Salomon aus Bad Pyrmont. Benachrichtigen Sie bitte Bruder und Tochter. Sendungen aller Art sehr erwünscht.
Mit ergebenem Gruss Hans Seutemann

Anna Salomon, Carl Neubergs Schwester, wurde am 31. März 1942 ins Warschauer Ghetto deportiert. Hinter der unauffällig klingenden Adresse Gartenstrasse 27 verbarg sich ein Sammellager innerhalb des Ghettos, in dem die eingelieferten Menschen bis zu ihrem Weitertransport festgehalten wurden. Das steht im Einklang mit Anna Salomons Klage über das Barackenleben in einer Postkarte an Hilde, deren Inhalt Hilde am 15. Juni 1942 an Carl Neuberg übermittelte.
Im Warschauer Ghetto, das seit Ende 1940 vollständig ummauert und von der Aussenwelt abgeriegelt war, wurden 450 000 Juden, die meisten aus Warschau, aber auch Deportierte aus dem übrigen Polen, Deutschland und anderen Ländern zusammengepfercht und von dort in Vernichtungslager, vorwiegend nach Treblinka, weiterdeportiert. Die Räumung und Verkleinerung des Ghettos wurde ab Juli 1942 beschleunigt, sodass zum Zeitpunkt des Ghettoaufstands vom April/Mai 1943 nur noch etwa 40 000 Menschen dort lebten. Die Zahl der Ghettobewohner, die den Weltkrieg überlebten, ist gering.
Wie in Theresienstadt gab es im Warschauer Ghetto eine von der Gestapo kontrollierte jüdische Selbstverwaltung und kulturelle Aktivitäten, ferner die Möglichkeit des Empfangs von Briefen, Lebensmitteln und Gebrauchsgegenständen von Angehörigen. Im Gegensatz zu Theresienstadt waren aber die im Warschauer Ghetto und in den meisten weiteren Ghettos der besetzten Ostgebiete gefangenen Juden von Anfang an zur Vernichtung bestimmt. Aus der Sicht der Planer des Holo-

caust waren die osteuropäischen Ghettos blosse Durchgangsräume auf dem Weg in die Vernichtung.

Gertrud Prochownik an Hilde
Berlin-Charlottenburg, 26. April 1942

Meine liebe Hilde K. – ich habe mich lange nicht gemeldet – und war doch so oft in Gedanken bei Ihnen. Ich hoffe, Sie sind gesund und der Frühling mit Wärme und Sonne gibt Ihnen neue Kraft, an Mut und Energie fehlt es Ihnen ja nicht. ... Anita kam öfters zu mir ins Büro – das wird jetzt auch aufhören. ... Anita hat eine ungewöhnlich schwere Zeit hinter sich – aber sie ist von einer Reife und inneren Breite, dass man sich auf ihre Entscheidungen verlassen kann. Ich bin nur froh, dass wir uns telefonisch sprechen können, da wir dienstlich verbunden sind – und so kann ich ihr doch wenigstens etwas beistehen. Ich hoffe, dass es jetzt glückt, dass der Junge zu ihr zieht, das ist in der heutigen Situation, bitte das Heute so zeitlich begrenzt zu nehmen, wie der Begriff des Wortes, wohl das Beste. Sonst sind Sie wohl von unserem Ergehen im Allgemeinen unterrichtet – die Forderungen des Tages sind so hart, dass sie all unser Denken und Handeln absorbieren. Aber ich bin gesund, gebe mir alle Mühe es in jeder Beziehung zu bleiben. Sie fragten mich nach Annas Adresse: Warschau Gartenstr. 27. Sie würde sich sehr freuen, von Ihnen zu hören, und wenn Sie mit Rückantwort schreiben, kann sie antworten. Wenn Sie Carl gelegentlich sprechen, so grüssen Sie ihn, ich weiss, er nimmt an allem regen Anteil. ...
Hildchen ich gelobe Besserung in Bezug auf das Schreiben und grüsse Sie herzlichst Ihre Gertrud Pro.

Auch Anitas Besuche bei Gertrud Prochownik in der Badenallee 1 in Charlottenburg würden nach dem Inkrafttreten des Verbots der Benutzung öffentlicher Verkehrsmittel für Juden ab dem 1. Mai 1942 wegen der grossen Entfernung unterbleiben müssen.

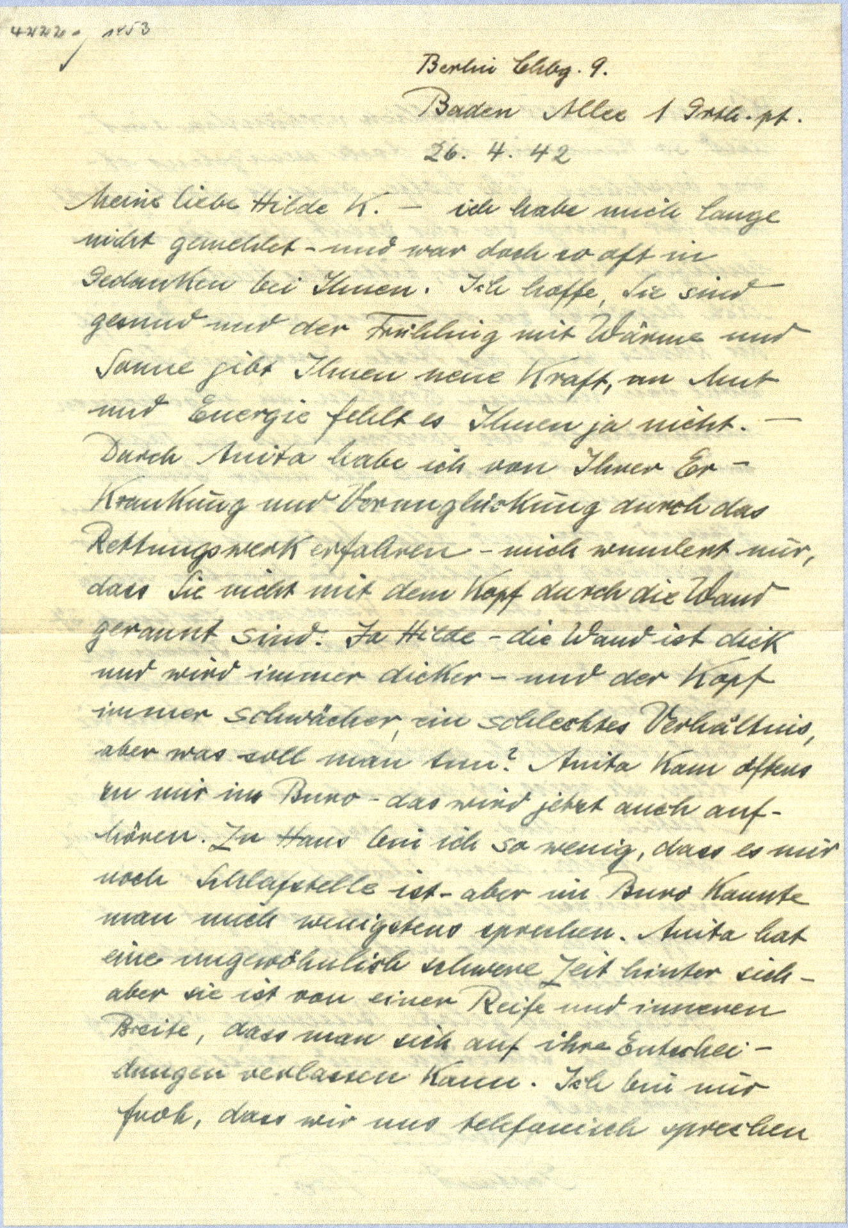

44220 – 1453

Berlin Chbg. 9.
Baden Allee 1 Gth.-pt.
26. 4. 42

Meine liebe Hilde K. – ich habe mich lange nicht gemeldet – und war doch so oft in Gedanken bei Ihnen. Ich hoffe, Sie sind gesund und der Frühling mit Wärme und Sonne gibt Ihnen neue Kraft, an Mut und Energie fehlt es Ihnen ja nicht. – Durch Anita habe ich von Ihrer Erkrankung und Verunglückung durch das Rettungswerk erfahren – mich wundert nur, dass Sie nicht mit dem Kopf durch die Wand gerannt sind. Ja Hilde – die Wand ist dick und wird immer dicker – und der Kopf immer schwächer, ein schlechtes Verhältnis, aber was soll man tun? Anita kam öfters zu mir ins Büro – das wird jetzt auch aufhören. Zu Haus bin ich so wenig, dass es nur noch Schlafstelle ist – aber im Büro konnte man mich wenigstens sprechen. Anita hat eine ungewöhnlich schwere Zeit hinter sich – aber sie ist von einer Reife und inneren Breite, dass man sich auf ihre Entscheidungen verlassen kann. Ich bin nur froh, dass wir uns telefonisch sprechen

Gertrud Prochownik an Hilde,
Berlin-Charlottenburg, 26. April 1942
(siehe S. 115)

können, da wir dienstlich verhindert sind – und so kann ich ihr doch wenigstens etwas beistehen. Ich hoffe, dass es jetzt glückt, dass der Junge zu ihr zieht, dass ist in der heutigen Situation, bitte das Heute so zeitlich begrenzt zu nehmen, wie der Begriff des Wortes, wohl das Beste. Sonst sind Sie wohl von unserem Ergehen im allgemeinen unterrichtet – die Forderungen des Tages sind so hart, dass sie all unser Denken und Handeln absorbieren. Aber ich bin gesund, gebe mir alle Mühe es in jeder Beziehung zu bleiben. Sie fragten mich noch Annas Adresse: Warschau Gartenstr. 27. Sie würde sich sehr freuen von Ihnen zu hören und wenn Sie mit Rückantwort schreiben, kann sie antworten. Wenn Sie Carl gelegentlich sprechen, so grüssen Sie ihn, ich weiss, er nimmt an allem regen Anteil. Mar. hat jetzt denselben Beruf wie Anita, dieser Wechsel war für sie kein leichter Entschluss – aber gut und tapfer. Die Kinder sind für ihre Jahre doch recht reif!

Hildchen ich gelobe Besserung in bezug auf das Schreiben und grüsse Sie herzlichst

Ihre

Gertrud Tro.

Anita an Hilde
Berlin, 30. April 1942

Meine geliebte gute Mutter!
... Fahre noch einmal heute zum Jungen für eine Stunde, habe dann Nachtwache. Künftig treffen wir uns alle 14 Tage bei Dr. Gu[mpert] sonst ist der Weg zu weit, so hat er nicht so lang zu laufen. War gestern wieder bei Gu[mpert]. Er ist so lieb und rührend, wie ein Vater, ich bin ihm so dankbar. Der Junge ist vernünftig und lieb. Ob und wie ich umziehe weiss ich heute noch nicht, am liebsten gar nicht, wir werden abwarten. In meinem Zimmerchen habe ich jetzt ein Azaleentöpfchen stehen, macht mir so viel Freude! Von Rolf wieder Nachricht, wir müssen dankbar sein. Bis auf bald! Grüsse daddy, bleib tapfer und nimm einen innigen Kuss von Deiner Anita. –
...

Der 30. April 1942 war der letzte Tag, an dem Anita öffentliche Verkehrsmittel benutzen durfte, um ihren Bruder zu besuchen.

Eidgenössisches Politisches Departement an Hilde [masch.]
Bern, 7. Mai 1942

Bezugnehmend auf unser Schreiben vom 22. Oktober v. J. betreffend Ihre Kinder Anita und Reinhard Frank teilen wir Ihnen aufgrund eines Berichtes der schweizerischen Gesandtschaft in Berlin mit, dass sie im Hinblick auf die deutsche Staatszugehörigkeit Ihrer Kinder nicht in der Lage war, für diese etwas zu unternehmen. Ein Schritt bei den deutschen Behörden zur Ermöglichung der Ausreise wäre übrigens zwecklos gewesen, weil deutscherseits Ausreisebewilligungen zugunsten deutscher Nichtarier grundsätzlich verweigert werden.

Mit vorzüglicher Hochachtung
Sektion für Rechtswesen und private Vermögensinteressen im Auslande
i. V. Hofer

Anita an Hilde
Berlin, 10. Mai 1942

Meine liebe gute Mutti!
Sitze soeben in einem wunderhübschen kleinen sauberen weissen Schwesternzimmer auf der gemischten Infektionsstation. Es ist nach 3 h, ich habe hier ganz plötzlich für kurze Zeit Nachtwachenvertretung für eine erkrankte Schwester bekommen. Soeben habe ich meine kleinen Trabanten gewindelt und getöpft! Sechs kleine Masernkinder, eins niedlicher als das andere, wir haben schon dicke Freundschaft geschlossen. Sonst liegen hier noch verschiedene Erwachsene mit anderen Infektionskrankheiten und ein nettes, wieder fast gesundes Mädel. Du glaubst garnicht wie schön diese Station ist! Alles neu eingerichtet, sauber u. sonnig! Ein Kinderzimmer mit sechs Betten, sonst kleine Zimmer, sogar eines mit Balkon! Alles nette Patienten. Nachts habe ich kaum zu tun, ich konnte mich sogar kurz etwas hinlegen, habe sonst nach getaner Arbeit gestopft u. gelesen wie lange nicht mehr. Abends hatten mir die Tagschwestern sogar wunderbares u. reichliches Essen zur Nacht aufgehoben, ganz etwas Besonderes, es fehlt an nichts zum Glücklichsein! Es ist so schön ruhig, alles schläft. Ich geniesse die Stille. Am Tage, morgen ist Sonntag, werde ich mir im Heim ein schönes Bad leisten und mich dann auf den Dachgarten in die Sonne legen! Habe ich es wohl gut?! Ich bin so dankbar für all das Schöne! Draussen ist die Natur himmlisch, alles blüht und grünt, wie schön ist doch Gottes Welt! Ich habe solche Freude an Allem! Sonst ist soweit G. s. D. alles beim Alten! Wir sind gesund. Nun für heute tausend liebe Grüsse u. Küsse von Deiner Anita.
Grüsse bitte daddy. Einreise wurde bis 30. Juni verlängert! Dr. Rud[olphi] lässt grüssen!

Anita an Hilde
Berlin, 16. Mai 1942

Liebe gute Musch!
… Die Adresse von Max u. Edith weiss ich nicht, ich glaube sie wohnen in der Nähe von Frau Pro[chownik], ich hörte lange

nichts von ihnen, die alte Mutter ist nun allein zuhause. – Wann u. ob ich ins Heim ziehen muss, ist noch nicht bestimmt heraus, wenn ja, so bezieht der Junge mein Zimmerchen, wenn es auch sehr schwer ist die Genehmigung für ihn dazu zu bekommen, da er als Kind kein eigenes Zimmer beziehen darf sondern in ein Heim müsste, aber das werde ich schon durchkriegen – abwarten. … Nimm für heute innige Grüsse u. einen Kuss von Deiner Anita.

Sage daddy besonderen Gruss!!

Da Anita und Hilde die Wohnadresse der Ehegatten Koppel kannten, signalisiert Anitas Hinweis auf die unbekannte Adresse, dass das Ehepaar verhaftet worden war. Das wird bekräftigt durch die Angabe, dass die alte Mutter nun allein sei.

Anita an Hilde
Berlin, 24. Mai 1942

Meine geliebte gute Mutter!!
Ich sitze im Schwesternzimmer der Entbindungsstation, es ist 12 h, ich habe wieder Nachtwache. Vor allem will ich Dir wieder schreiben, dass Reinhard u. ich sowie auch unsere Pflegeeltern gesund sind, denn das ist ja die Hauptsache! … Ein sehr grosser Teil von meinen früheren Collegen arbeiten jetzt mit Vati, Onkel Carl und Clara Feldb[erg] an einem Platz, sie wurden durch Bekannte von Thea [von] K[nyphausen] vermittelt. Ich glaube sie sprach[en] bevor die neue Arbeit begann noch Rolf Schu[lmeister]. Tja, so schnell geht oft ein Arbeitswechsel! Ich bin so dankbar, dass ich vorläufig noch hier weiter arbeiten kann, die Arbeit macht mir wirklich Freude und ist eine gute Ablenkung von all dem irrsinnig Traurigen und Schweren! … Ich denke jetzt viel an Rolf! Für heute innige Grüsse, mache Dir keine allzu grossen Sorgen um uns zwei! Innigst Deine Anita.

Kitty Gu[mpert] weiss stets von uns!

Anitas Mitteilung, ein sehr grosser Teil ihrer «früheren Collegen» arbeite «jetzt mit Vati, Onkel Carl und Clara Feldb[erg] an einem Platz», hiess eindeutig, dass inzwischen grosse Teile der Belegschaft deportiert und nach Anitas Überzeugung tot waren (ihr Vater war 1932, Carl Feldberg 1936 und Clara Feldberg 1941 verstorben). Anita berichtet ihrer Mutter nur dieses eine Mal mit solcher Deutlichkeit von Deportationen aus dem Krankenhaus. Das angefügte «Ich glaube, sie sprach[en] ... noch Rolf Schu.» drückte aus, dass die aus dem Krankenhaus deportierten Angestellten möglicherweise vor der Weiterdeportation im Spandauer Gefängnis festgehalten wurden, wo Rolf damals noch inhaftiert war.

Anita an Hilde
Berlin, 2. Juni 1942

Meine liebe gute Mutti!
Habe zur Zeit Nachtwache auf der Entbindungsstation nebst den Babys. ... Wir sind wieder gefasst. Erkundige Dich doch bitte nochmals, ob wir wirklich Schutz haben wenn wir adoptiert würden! Wäre Adoption event. doch noch möglich? Welche Schritte müssten wir unternehmen? Bin jetzt totmüde und will darum für heute schliessen. Grüss daddy! Für heute viel Liebes!
Deine Anita

Anitas Hoffnung, Reinhard und sie könnten durch eine Adoption durch Ernst Kindler das Schweizer Bürgerrecht erwerben, zielte sowohl auf den dadurch gewährten Schutz vor der Deportation als auch auf die verbesserten Chancen, aus Deutschland herauszukommen. Kühn – oder unvorsichtig – war das offene Ansprechen der Adoption in diesem Schreiben. Offensichtlich hat die Zensur nicht reagiert. Das Adoptionsthema verschwand aus Anitas Briefen, nachdem Hilde in Erfahrung gebracht hatte, dass nach damaligem schweizerischem Recht nur solche Personen jemanden adoptieren konnten, die keine eigenen ehelichen Nachkommen hatten. Ernst Kindler hatte eine Tochter aus dritter Ehe.

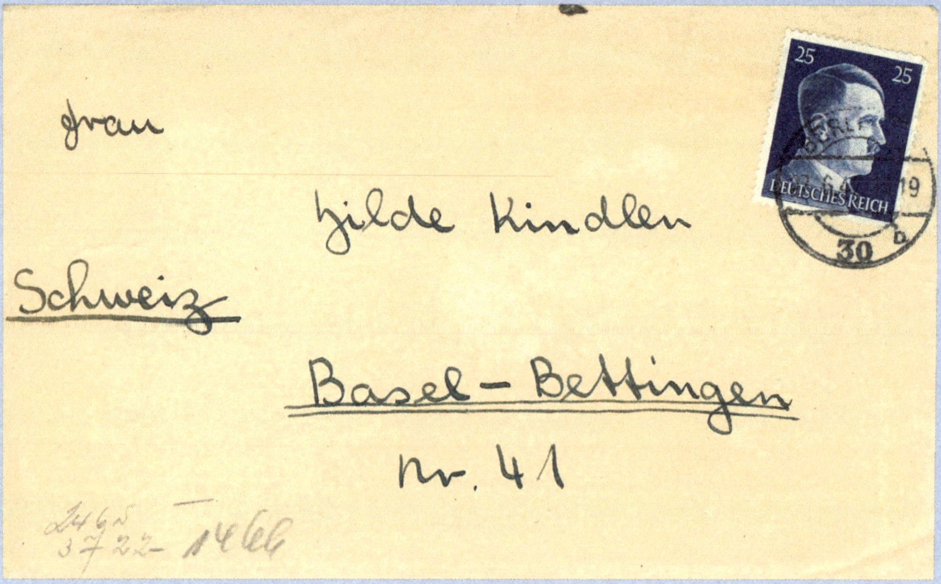

Briefumschlag zu Reinhard Franks und Edith Schulmeisters Brief an Hilde vom 27. Juni 1942 (siehe S. 125 f.)
Auf der Rückseite befinden sich die Absenderangabe in Reinhards Handschrift und die Angabe des Überbringers zur Poststelle, Julius Isr. Schulmeister, in dessen Handschrift. Die bleistiftgeschriebenen Zensurvermerke der Leserin des Inhalts und ihres Vorgesetzten (siehe dazu S. 46) befinden sich wie üblich auch auf dem Briefumschlag. Zusätzlich ist ein durchsichtiges Klebeband mit dem Aufdruck «Geöffnet» und dem Wappen «Oberkommando der Wehrmacht» mit Reichsadler vorhanden, darüber eine weitere Stempelung in roter Farbe «Geprüft Oberkommando der Wehrmacht».

Reinhard Israel Frank Bln.-W 30
W. 30.
476
BETTINGEN
Geöffnet
Oberkommando der Wehrmacht
Geöffnet
Oberkommando der Wehrmacht

Anita an Hilde
Berlin, 3. Juni 1942

Meine liebe gute Mutti!
… Max u. Edith wollten nicht zum Urlaub fahren, sie blieben darum lieber in Bln., ich habe sie nicht mehr gesprochen. Ediths Bruder ist jetzt in Urlaub, so ist die alte Mutter ganz allein in der Wohnung. Ich muss wahrscheinlich mit W[eiss]'s ab 1. Juli die Wohnung wechseln, wir bekommen eine neue, wenn möglich auch gleich für den Jungen mit! Ich will unbedingt mit ihnen gehen, sie sind mir so nah geworden. Rolf wird im Aug. wiederkommen, hoffentlich hat er bis dahin keinen Rückfall mehr!! … Für heute nur Liebes u. Mut!! Einen Kuss von Deiner Anita.

Die Zeilen besagen aufgeschlüsselt, dass Max und Edith Koppel nicht deportiert wurden, sondern in einem nicht genannten Berliner Gefängnis sitzen; Anita kann noch nicht zu ihnen. Dagegen ist Edith Koppels Bruder deportiert worden. Rolf wird im August aus der Haft entlassen; hoffentlich bleibt es dabei.

Reinhard Frank und Edith Schulmeister an Hilde
Berlin, 8. Juni 1942

Meine liebe, gute Mutti!
Ich danke Dir vielmals für die Karte. Ich habe mich sehr gefreut. Mir geht es gut. … Rolfs Kur wird nach der Ansicht des leitenden Arztes noch bis Ende November dauern. …
Viele tausend Grüsse und Küsse an Dich und daddy
Dein Reinhard.

Hoffentlich treten bei Rolf nicht noch Komplikationen ein. Man muss sich eben nun damit abfinden! Ein Glück für uns, dass Reinhard hier ist. – Viele Grüsse Ihre Schulmeister's.

Reinhard übernimmt Anitas Verschlüsselung, indem er Rolfs Haft als ärztlich verordnete Kur darstellt. Rolfs erhoffte Entlassung verschiebt sich ein weiteres Mal nach hinten, jetzt «noch bis Ende November».

Anita an Hilde
Berlin, 15. Juni 1942

Meine liebe, liebe gute Mutti!
... Rolf wird wahrscheinlich in 14 Tagen das Krankenhaus als fast geheilt verlassen und dann zur Erholung verreisen! Wohin wissen wir noch nicht. Er möchte lieber noch fortfahren anstatt die Kur hier im Krankenhaus zu beenden. Wir hoffen, dass es der Chefarzt erlaubt. Zuerst wollte ihn seine Mutter begleiten, aber sie kann ja doch nicht ihren Mann solang allein lassen. Er wird nur ganz Weniges mitnehmen um sich nicht so zu belasten. Wir werden ihn wohl kaum noch vorher sprechen. Mir selbst fällt es sehr schwer, aber es muss wohl besser so sein. Er fehlt mir doch noch immer so sehr und an keinen anderen Menschen kann ich mich vorläufig anschliessen, möchte ich auch garnicht! Ich wünsche ihm von ganzem Herzen, dass er nun wirklich bald gesund würde und wieder wie früher arbeiten kann! – ...
Nimm für heute einen innigen Kuss und viele, viele liebe Grüsse von Deiner Anita.
...

Die Sätze über Rolf, vor allem «Er wird nur ganz Weniges mitnehmen» und «Wir werden ihn wohl kaum noch vorher sprechen», deuten auf die jetzt sichere Deportation in 14 Tagen.

Reinhard Frank und Edith Schulmeister an Hilde
Berlin, 27. Juni 1942

Meine liebe, gute Mutti!
... Am 1. ziehe ich zu Anita. Ich wäre ja lieber in der Gegend geblieben, in der meine Freunde wohnen. In der letzten Latein-Arbeit schrieb ich eine vier. Am Montag gibt es Zeugnisse und Ferien. Die Ferien dauern bis auf Weiteres an. Franz. werde ich nicht weiter nehmen können. ... Viele Grüsse und Küsse
Dein Reinhard.

Meine liebe Frau Kindler!
Vielen Dank für Ihre lieben Grüsse & Gratulation! Anita & der

Junge haben uns den Geburtstag so reizend gemacht, dass wir wirklich gerührt waren! Sie haben das beide fabelhaft raus, wenn Rolf noch hier gewesen wäre, wäre es alles so schön gewesen, wie man es sich nur denken kann! – Seien Sie nicht böse über Schrift & Kürze, ich habe einen schlimmen Finger.
Herzlichste Grüsse alles Gute Ihre Schulmeisters

Anna Salomon an Hilde
Warschau, 3. Juli 1942

Meine liebe Frau Kindler,
vielen herzlichen Dank für Ihre Zeilen vom 13. VI. und Ihre grosse Liebenswürdigkeit, mir ein Paket zusenden zu wollen. Ich freue mich schon sehr darauf, & hoffe, dass es gut ankommt. Was Ihre freundliche Anfrage wegen der Kleidungsstücke anbelangt, so kann ich hier natürlich alles gut gebrauchen. Am besten wäre ein Mantel oder Kostüm, aber ich kann natürlich auch ein Kleid oder Schuhe & Strümpfe sehr gut gebrauchen & muss es Ihnen überlassen, was Sie am besten entbehren können. An den anderen angegebenen Sachen habe [ich] kein Interesse. Es ist mir furchtbar peinlich, überh. etwas anzunehmen, aber ich weiss, wie gern Sie es tun & wie grosszügig Sie ja alles von selbst angeboten haben, doch möchte ich keineswegs, dass Sie sich pecuniär dadurch irgendwie belasten. Hoffentlich haben Sie von Ihren Kindern weiter gute Nachrichten. Werde Carl auch bald schreiben. Frau Emmy & ich wohnen im selben Zimmer. Ich wünsche Ihnen weiter alles Gute & bin mit nochmaligem Dank & vielen Grüssen Ihre Anna Salomon

Die undatierte Postkarte trägt die Absenderadresse Warschau L 109, Gartenstr. 27, Zimmer 73 und den Poststempel vom 3. Juli 1942. In Hildes Nachlass ist die Karte das letzte erhaltene Zeugnis von Carl Neubergs Schwester Anna Salomon. Da später keine Kontakte mehr belegt sind, ist anzunehmen, dass Anna Salomon im Zuge der am 22. Juli 1942 beginnenden Räumung des Warschauer Ghettos nach Treblinka weiterdeportiert und dort ermordet worden ist.

Anita an Hilde
Berlin, 7. Juli 1942

Meine liebe gute Mutti!
Habe wieder mal eine Nacht Vertretungswache u. will Dir darum einen extra lieben Gruss senden. Der Junge stellte sich heute bei unserm Direktor vor, hoffentlich klappt nun bald alles mit ihm. Wann u. wie wir nun endgültig umziehen, weiss ich leider heute noch nicht, auf jeden Fall müssen wir zum 15. Juli aus der Wohnung. Rolf schrieb heute seinen Abschiedsbrief! – Möge Gott ihm beistehen u. ihn gesund wiederkommen lassen!! Ich kann u. darf es mir noch nicht vorstellen, dass er nun wirklich ganz fort ist und ich ihn sicher nie wiedersehen werde! Du wirst verstehen, was er für mich war! Aber ich bin auch hier tapfer! Arme Mutter von Rolf!! Wie geht es Dir?? Für heute sende ich Dir u. daddy viele tausend Grüsse u. Dir einen extra Kuss von Deiner Anita.

Anita machte sich keine Illusionen über den Ausgang von Rolfs Deportation. Wie zuweilen in Tagebüchern aus der Verfolgungszeit zu beobachten, bestehen hier sicheres Wissen um die Katastrophe und Hoffnungen oder Pläne für die Zeit nach dem Krieg unmittelbar nebeneinander (vgl. Meyer, S. 164–168). Rolfs Schicksal belastete Anita schwer. Ab August 1942 verschlüsselte sie Deportationen, die nicht nach Theresienstadt gingen, mit der Chiffre «zu Rolf». Die sehnsüchtige Erinnerung an den Geliebten begleitete sie bis zuletzt.

Anita an Hilde
Berlin, 13. Juli 1942

Meine geliebte gute Mutti!
... Heute, am 13. weiss ich noch nicht, wo ich am 15. schlafe! Auch mit Reinhard gibt es noch Schwierigkeiten wegen des langen Weges zur Arbeitsstätte. ... Die neue Adresse ist: Dircksenstr. 45 v. I! Schreibe bitte vorläufig ins Schwesternheim! Reinhard bleibt auch noch bei Sch.'s bis zur Wohnungsöffnung! Also, für heute viel Liebes u. Gutes! Grüsse daddy!
Immer Deine Anita

Wie schon im Brief vom 7. Juli angedeutet, mussten Anita und Reinhard ihr Zimmer im Schwesternheim des Jüdischen Krankenhauses verlassen und brauchten daher eine Sonderbewilligung für die Benutzung öffentlicher Verkehrsmittel für den Arbeitsweg.

Anita an Hilde
Berlin, 30. Juli 1942

Meine liebe gute Mutti!
… Gestern war ich nun zum 1. Mal in der neuen Wohnung an der es noch enorm zu säubern gibt. Wir wischten u. schrubbten von früh bis spät. Reinhard machte alle Fussböden u. Fenster gründlich sowie z. Teil Klingel u. Elektroleitungen mit grösstem Geschick. Er ist so fleissig und brav, ein rechter Sonnenstrahl! Wir haben nun Gott sei Dank beide Fahrtgenehmigung! … Von Rolf hatten wir ausführliche Nachricht aus Tegel. …
Dir nur Liebes! Deine Anita.

Grüsse daddy!

«Tegel» meinte das Gefängnis ebendort (die heutige Justizvollzugsanstalt in Tegel).

Anita an Hilde
Berlin, 4. August 1942

Meine geliebte gute Mutti!
… Morgen spreche ich seit langer Zeit Edith einmal wieder! Wir sehen uns bei Uta. Wir haben uns so viel zu erzählen, besonders auch von dem Jungen. Er soll sie event. mal besuchen! … Am 9. August bin ich in Gedanken bei Dir u. unserm Vati! Wie gut war doch Gottes Fügung für ihn!!
Einen innigen Kuss von Deiner Anita.

Anitas Zusammenkunft mit Edith Koppel deutet darauf hin, dass das seit Anfang Juni 1942 inhaftierte Ehepaar Koppel freigekommen und anschliessend untergetaucht war. Während sich Edith Koppel noch mit Bekannten traf, scheint ihr Mann Fritz jede Begegnung gemieden zu haben. Gemäss dem Vermerk im Gedenkbuch des Bundesarchivs wurde Edith Koppel am 4. August 1943 nach Auschwitz deportiert und dort ermordet. Fritz Koppel überlebte den Krieg (briefliche Mitteilung von Edith Koppels Schwiegertochter Rita Unger an den Herausgeber vom 28. August 2011). Der 9. August war der Geburtstag des 1932 verstorbenen Hermann Frank. Durch seinen Tod blieben ihm die Gräuel des Nationalsozialismus erspart.

Anita an Hilde
Berlin, 9. August 1942

Meine liebe gute Mutti!
... Am letzten freien Tag war ich bei Edith. Sollte der kleine Junge von Herrmann nicht zu Thea zur Erholung fahren können, so erzählt mir Edith, dass sie ihn auf jeden Fall zu sich nehmen würde, event. mit ihm mal die Mutter besuchen käme. ... Nimm für heute viele tausend liebe Grüsse u. Küsse von Deiner Anita.

Grüsse daddy.

Anita hoffte noch, dass Reinhard bei Hildes Jugendfreundin Thea von Knyphausen auf deren Landgut in Geiglitz untertauchen konnte. Andernfalls erwog Edith Koppel, Reinhard in ihrem Untertauchquartier zu verstecken oder ihn auf eine mögliche Flucht in die Schweiz mitzunehmen.

Anita an Hilde
Berlin, 13. August 1942

Meine geliebte gute Mutti!
Sitze an meinem freien Tag, dem ersten Tag in der neuen Wohnung am offenen Fenster u. will Dir tausend innige Grüsse senden! Vor mir rollt 2 minütig die S Bahn hin u. her, unter mir werden von früh bis spät die Wagen mit den herrlichsten Früchten u. Gemüsen aus der Central-Markthalle aufgeladen, nur leider nichts für uns! – Zwischendurch pfeifen u. rollen die Fernzüge ununterbrochen. Unten knarren die Motoren, wiehern die Pferde, quietschen die Räder, schreien die Händler! Aber

trotz allem lernt man bald den Lärm u. das Rasen u. Rollen der Züge zu überhören. Viele, viele Gedanken begleiten die dahinsausenden Fernzüge, ich wünschte, ich dürfte mit unserem Jungen in einem von diesen Wagen sitzen und zu Dir fahren! Aber lassen wir die Hoffnung nicht sinken und nehmen diese schweren Monate als ein lehrreiches u. segenreiches Säen für die Früchte des Lebens der kommenden Jahre! – Seit vorgestern arbeitet nun unser kleiner Schlosserlehrling im Krankenhaus u. ist recht geschickt u. man hat ihn sofort überall lieb gewonnen! Besonders bei meiner so geliebten Oberschwester Alice findet auch er stets Hilfe, Rat u. Freude, u. oft etwas zu naschen! Er wird dort richtig verpflegt worüber ich ganz besonders dankbar bin, denn ich habe ausserdem noch daheim seine Fleischkarten etc. Heute schrieb Rolf wieder lang aus Tegel. Er ist sehr reif geworden. Auch Thea schrieb. Edith sehe ich nächste Woche. Fräulein Grü[nberg] lässt grüssen! Für heute nur Liebes!
Immer Deine Anita.

Peter Marcuse an Hilde
Château de Chabannes (Dép. Creuse, Frankreich),
30. August 1942

Liebe Freunde
Schon lange habe ich nun schon keine Nachricht von Euch erhalten drum schreibe ich Euch heute. –
Wolfi ist, mit einigen anderen am 27.8. von Oma zu Onkel Siegmund mitgenommen worden. – Auch für uns besteht noch die Möglichkeit dort hin zu kommen. – Eben bekommen wir die Nachricht dass alle schon abgefahren sind. –
Sonst ist alles beim alten. Ich arbeite immer im Garten + Bade mich nachmittags. – Wolfi + die anderen konnten nicht «teilachen».
Ich grüsse alle herzlichst Euer Pitt

Fast alle der geflüchteten jüdischen Kinder, die wie Peter in dem von der «Organisation de secours aux enfants» (OSE) geführten Heim im Château de Chabannes untergebracht waren, konnten gerettet werden. Eine Ausnahme bildet die Razzia vom 26. August 1942 (von Peter Marcuse

Geflüchtete jüdische Kinder im Château de Chabannes, 26. August 1942

irrtümlich auf 27. August datiert). An diesem Tag gab es eine Massenverhaftung in der französischen Freien Zone, bei der 6584 Juden festgenommen, den Deutschen ausgeliefert und später fast vollzählig in Auschwitz ermordet wurden. Wohl zur Vortäuschung einer Umsiedlung zu Arbeitseinsätzen wurde die Aktion auf Juden zwischen 16 und 45 Jahren eingeschränkt. Die zwischen den französischen und deutschen Behörden vereinbarte Zahl von mindestens 10 000 zu «liefernden» Juden wurde nicht erreicht. Es war die einzige solche Aktion weltweit, bei der Juden aus nicht deutsch besetzten Gebieten der deutschen Vernichtungsmaschinerie ausgeliefert wurden. Was sich an diesem Tag im Schloss zutrug, macht ein Artikel von 2021 im Internetportal von Yad Vashem nachvollziehbar: «Am späten Abend des 26. August 1942 drangen französische Gendarmen in das Château de Chabannes ein, um einige der älteren Jungen festzunehmen. Sie verhafteten schliesslich fünf Jungen und einen Angestellten und brachten sie in das Konzentrationslager Nexon in der Nähe von Limoges. Der Lehrer Ernst Jablonski wurde ebenfalls verhaftet, konnte aber dank einiger Jungen, die ihn umringten und die Gendarmen ablenkten, in den nahe gelegenen Wald entkommen. Von den sechs in dieser Nacht Verhafteten überlebten nur zwei.» (https://www.yadvashem.org/yv/en/exhibitions/childrens-homes/cha-

bannes/index.asp, Besuch vom 30.8.2024, eigene Übersetzung). Dass eine Aktion wie an diesem Tag sich nicht wiederholen würde, wussten die Juden in Frankreich damals nicht. Die späteren Briefe Peter Marcuses und seiner Gefährten zeugen von ständiger Angst vor weiteren Verhaftungen.
Wer «Wolfi» war, geht aus den Unterlagen nicht hervor. Die Chiffre «zu Onkel Siegmund» steht hier und im Brief von Berthold Marcuse vom 11. Oktober 1942 für eine Deportation nach Osten, «Oma» für Polizeibeamte; «teilachen» ist Jiddisch für «abhauen».

Anita an Hilde
Berlin, 1., 4. und 5. September 1942

Meine geliebte gute tapfere Mutti!
… Frau Pro[chownik] sprach ich viel in den letzten Tagen, sie hat irrsinnig traurigen und schweren Dienst. L. L. traf ich neulich einmal wieder auf der Strasse … Er sollte schon einige Male zu Carl N[euberg]'s Schwester kommen, hatte es aber bisher nie geschafft.
Rolf, der seit Freitag verreist ist sprach ich noch einmal ganz kurz, es war natürlich für mich sehr schwer nach so langer Zeit, auch war es natürlich sehr schwer die Erlaubnis zu erhalten ihn in der Infektionsstation zu besuchen! Die dort beamteten Schwestern waren aber nett zu mir und erlaubten mir sogar, ihm etwas an Nahrungsmitteln und frischer Wäsche zu geben, denn er hatte ja noch Schonkost und durfte nur sehr wenig essen! Du glaubst kaum, wie gross darum die Freude über die ersten Stullen war! Er sah recht blass und dünn aus, was ja auch kein Wunder ist, wenn man bedenkt, dass er nun seit März schwer krank lag! Er lag zusammen mit unserem kleinen Untermieter aus der Zingster Str. und auch andere Patienten dort kannte ich gut! Scheusslich, wie diese ansteckenden Sachen doch immer gleich so schnell um sich greifen! Ich habe ihm zur Fahrt noch reichlich Proviant überbringen lassen, da ich selbst nicht mehr hinkam, er wird sich freuen! Er fährt mit seinen Eltern fort, die Mutter ist seelig, ihren Jungen wieder bei sich zu haben, der Vater wäre natürlich lieber daheim geblieben! Er hatte ja doch hier seine Arbeit; – aber eine Urlaubsfahrt ist auch mal ganz gut.

Sie mussten sich am Freitag in einer Stunde die Fahrkarten besorgen, packen und weitmöglichst alles daheim ordnen, da sie sonst nicht mit dem gleichen Zug mitgekommen wären. Ich habe ihnen natürlich in dieser riesengrossen Hetzerei mitgeholfen! – Ich dachte viel an Wolfratshausen! – Sie werden Prof. Schwester grüssen, versprachen sie mir. Neulich sprach ich einmal wieder nach langer Zeit Familie Schulm[eister], diese Leute sehen sehr elend aus, sie haben fast alles verloren! Denke Dir nur! Sie wissen kaum, wo sie das Nötigste hernehmen sollen. Arme Menschen! Aber es gibt ja so viele Arme in der Welt! Hoffentlich kann ich ihnen ein wenig helfen! –

4. Sept. 42. Nun ist dieser Brief doch noch wieder drei Tage länger liegen geblieben; verzeih mir, aber ich hatte in den letzten Tagen auch nicht eine Minute freie Zeit und kam abds. um 9 h totmüde nachhause um den nächsten Morgen um ½ 6 h wieder aufzustehen. Geschlafen habe ich nie vor ¼–½ 12 h! Heute habe ich meinen freien Tag! Bis jetzt, es ist schon Mittag habe ich in Rolfs Sachen aussortiert, meine Schränke geordnet, genäht, geschrieben und – gebadet! Das war das Schönste! Um einmal mit allem einigermassen auch nur durchzukommen brauchte ich mindestens 2 Wochen Urlaub! Aber das gibt es ja nicht! …
Nun für heute tausend liebe Grüsse und einen innigen Kuss von Deinem Döchting Anita
…

5. IX. Geliebte Mutti!
Endlich heute kommt nun dieser Brief zur Post, ich schaffte es gestern nicht mehr! Herrmanns Sohn kommt nun leider doch nicht zu Thea, es ist kein passender Platz für ihn da, dann ist es ja auch keine Erholung. Thea war kürzlich in Bln. …
Dass Dr. Rud[olphi] Hbg. fort ist weisst Du wohl. – Bleib weiter tapfer!
Nochmals nur Liebes von Deiner Anita.

Hinter Anitas harmlos klingendem Bericht verbergen sich schreckliche Entwicklungen. Drei Tage nach dem Datum der zweiten Nachschrift wurden Edith und Julius Schulmeister in Riga ermordet. «L. L.» (Leo Lewy) hatte mehrere Ankündigungen der Deportation – zu «Carl N[euberg]s Schwester», das heisst nach Osten, nicht nach Theresienstadt – erhalten, befand sich aber noch immer in Berlin. Rolf Schulmeister und seine Eltern wurden nun tatsächlich deportiert. Da das Datum von Anitas Brief (1. September 1942) ein Dienstag war, muss die Verhaftung der Familie Schulmeister am 28. August 1942, dem erwähnten «Freitag», erfolgt sein. Anitas Andeutungen lassen vermuten, dass die Eltern Schulmeister ohne Vorankündigung von der Gestapo zur Deportation abgeholt wurden (Codewort «Wolfratshausen»). Anscheinend erlaubte man dem Ehepaar, Anita herbeizurufen und sich beim Packen und Räumen der Wohnung helfen zu lassen. Wahrscheinlich folgte danach die übliche Versiegelung der Wohnung zur Konfiszierung des Besitzes, wobei Anita vielleicht Gelegenheit hatte, einige persönliche Dinge von Rolf an sich zu nehmen, was sie in der Nachschrift vom 4. September verschlüsselte: «habe ich in Rolfs Sachen aussortiert».

Zum weiteren Schicksal der Familie Schulmeister finden sich im Gedenkbuch des Bundesarchivs folgende Angaben: «Schulmeister, Edith, geb. Rosenau, geboren am 8. Dezember 1890 in Berlin/Stadt Berlin, wohnhaft in Berlin (Schöneberg), Deportation ab Berlin 5. September 1942, Riga; Todesdatum 8. September 1942; Todesort Riga»; «Schulmeister, Julius, geboren am 20. Juni 1882 in Berlin/Stadt Berlin, wohnhaft in Berlin (Schöneberg), Deportation ab Berlin 5. September 1942, Riga; Todesdatum 8. September 1942; Todesort Riga.» – «Schulmeister, Rolf, geboren am 2. September 1919 in Berlin/Stadt Berlin, wohnhaft in Berlin (Schöneberg), Deportation ab Berlin 5. September 1942, Riga; 1. Oktober 1944, Stutthof, Konzentrationslager; Todesdatum 5. Januar 1945; Todesort Stutthof, Konzentrationslager».

Demnach haben Rolf Schulmeister und seine Eltern Berlin am 5. September 1942 im selben Transport in Richtung Riga verlassen. Die Diskrepanz zwischen dem Datum der Verhaftung in Anitas Brief und dem Deportationsdatum im Gedenkbuch des Bundesarchivs deutet darauf hin, dass es im Sammellager in Berlin eine Wartezeit von mehreren Tagen gab.

Edith und Julius Schulmeister wurden kurz nach ihrer Ankunft in Riga ermordet. Rolf als arbeitsfähiger junger Mann wurde ins Lager Stutthof bei Danzig weitertransportiert, wo er kurz vor Kriegsende umkam.

Zur Nachschrift vom 5. September: Bei Thea von Knyphausen gab es für Reinhard endgültig keine Zuflucht. Clara Feldbergs ehemaliger Rechtsanwalt in Hamburg, Dr. Walter Rudolphi, wurde deportiert.

Hedwig Ems (2. von rechts) mit ihrem Sohn Richard (Mitte), 25. Oktober 1939

Hedwig Ems – von Anita «Tante Hedwig» genannt – schrieb 1947 einen Bericht über ihre «Erinnerungen an die Nazizeit» in Briefform an ihre Nichte Charlotte Levy (siehe Anhang, Stammbaum Familie Frank, S. 225, sowie die Kurzbiografie von Hedwig Ems, S. 202). Der handschriftliche Bericht wurde von Marianne Wintgen, Berlin, maschinenschriftlich transkribiert (vgl. stolpersteine-berlin.de). Es folgen hier die Abschnitte über das Jahr 1942. Weitere Auszüge aus dem Bericht werden weiter unten wiedergegeben.

Hedwig Ems an Lotte Levy (aus dem Bericht von 1947)

… Aus unserem Zimmer mussten wir hinaus; weshalb, weiss ich selber nicht mehr, und wir wussten nicht wohin. Ein jeder, an den wir uns wandten, hatte Angst, uns aufzunehmen, und wir gingen ernsthaft mit dem Gedanken um, uns das Leben zu nehmen, als uns durch einen Verwandten von Frau Hahn noch zu guter Letzt eine Wohnung, resp. ein Zimmer genannt wurde, das wir mieten konnten, und dann, im Februar 1942, bei grimmiger Kälte, einzogen. Dabei erkältete sich Frau Hahn von Neuem, sodass sie sich gleich zu Bett legen musste. Unsere Wirte waren sehr wenig entgegenkommend. … Kaum waren wir eingezogen, als Frau Hahn registriert wurde. Das war der Anfang von der Evakuierung. Da aber die Akten wohl verlegt waren, so hatte sich ihre Evakuierung bis zum August hingezogen. Da unsere Wirtin uns nur ungern in ihrer Küche sah, so haben wir, des lieben Friedens willen, mittags in einer Volksküche gegessen, und ich habe Frau Hahn das Essen mitgebracht, solange sie krank war. Da zu Hause aber die Pflege für mich zu anstrengend war – ich musste nachts so und so oft aufstehen – kam Frau Hahn dann in eine Klinik. Bei jedem Klingelzeichen erschreckte man und zitterte, denn immer fürchtete man die Gestapo oder jemand, der registrierte. Die Angst war, sowohl die letzte Zeit in Berlin als auch die ganze Zeit in Theresienstadt, die ständige Begleiterin, die uns nicht einen Moment verliess. Bei Dr. Jungmanns – so hiessen unsere Wirte – wohnte noch eine Dame mit ihrem erwachsenen Sohne. Eines Tages kam er nach Hause und erzählte, dass er mit seinem Vorgesetzten einen Wortwechsel gehabt hätte. Am anderen Abend – es war ein Freitag, und da die Leute fromm waren, hatte die Mutter ein besseres Abendbrot gemacht – sie wartete und wartete, und wir natürlich mit ihr, aber der Sohn kam nicht, auch am anderen Tage nicht, bis dann am späten Abend ein Kollege kam und erzählte, dass er verhaftet worden sei. Wenige Tage später ist er dann mit 250 anderen jungen Menschen, die sich ganz kleine Vergehen hatten zu Schulden kommen lassen, vielleicht nicht richtig über die Strasse gegangen waren oder ähnliches, erschossen worden, was der Mutter mit kurzen Worten von der jüdischen Gemeinde aus mitgeteilt wurde. (Die Frauen dieser erschossenen Männer mit ihren kleinen Kindern hatte man dann nach Theresienstadt transportiert, unter der Angabe, dass sie dort ihre Männer vorfinden würden. Als sie dann dort waren, mussten sie sich alle auf dem Hof in der Kavalierkaserne versammeln, und es wurde ihnen dann ganz kurz mitgeteilt, dass ihre Männer erschossen seien.)

Im Juni wurde dann die Dame registriert, Frau Pick, die bei uns noch wohnte, bald darauf auch Herr und Frau Dr. Jungmann. Frau Dr. J. bekam einen Weinkrampf. Denn es unterlag ja keinem Zweifel, dass die Tage in Berlin nur noch gezählt sein würden. Ich war noch verschont geblieben. In den ersten Tagen des August bekam dann Frau Pick die Mitteilung, dass sie in den nächsten Tagen abgeholt würde, ebenso Frau Hahn, sodass ich mit Dr. J's allein in der Wohnung blieb. Am 4. September 1942 klingelte es mittags – wir hielten alle Mittagsschlaf – und die Gestapo war da, um Dr. J's abzuholen. Es war damals eine grosse Aktion gegen Ärzte, die einfach abgeholt wurden, so auch meine Wirte, die keine Nachricht darüber erhalten hatten und sich innerhalb einer halben Stunde transportfähig machen mussten. Ich blieb allein zurück. … Nun aber zurück zu dem 4. September 1942, an dem ich allein in der versiegelten Wohnung zurückblieb. Nur mein Zimmer und die Küche hatte man nicht versiegelt. Damals hätte ich gut die Gelegenheit gehabt, mir das Leben zu nehmen, denn in dem Haus hätte mich wochenlang niemand vermisst. Aber Ri., mit dem ich über meine Absicht, es zu tun, korrespondiert hatte, hatte mich gebeten, es zu unterlassen, weil er meiner Hilfe für sich und seinen Jungen noch nach dem Krieg dringend bedürfe. Deshalb geschah es nicht. Hätte ich geahnt, wie alles kommen würde, so hätte ich es getan, trotzdem ich es nicht bedaure, Ri diesen Schmerz erspart zu haben. Der Gedanke, dass ich in meinem Leben noch eine Aufgabe zu erfüllen habe, hat mich die ganzen Jahre aufrecht erhalten und mich alles ertragen lassen. Und jetzt ist alles so ganz anders gekommen. –
In diesen Jahren war es kein Problem und auch dann kein schwerer Entschluss, sich das Leben zu nehmen bei der namenlosen Angst vor der ungewissen Zukunft, die fast jeder hatte. Viele taten es. Begegnete man einem Bekannten, so konnte man sicher sein, dass die erste Frage lautete: «Wollen Sie sich das Leben nehmen oder mit evakuieren lassen?» Damals hatte das Abschiednehmen begonnen, das sich dann dauernd leider durch all die Jahre fortsetzte. Zuerst durch die Auswandernden, dann durch all die anderen.

Im Jahr 1942 nahmen sich aus unserer engsten Familie das Leben (Freunde und Bekannte nenne ich nicht, trotzdem mir

der Abschied von manchen sehr nahe ging, so z. B. von Frieda Cohn-Glück):
Rudolf, Georg; Hermann, Else; Klara Ems
Oskar; Martha; Hans; Paula; Lucie; Elise; Gretchen Salomon
Die Schwester Franziska wurde ins Leben zurückgerufen und starb in Theresienstadt im Jahre 1944.

Ich war also allein in der Wohnung, und wenn es läutete, bekam ich einen Schreck. Eines Vormittags erschienen 4 oder 5 Gestapoleute, für mich hatten sie aber kein Interesse, sondern sie erbrachen die Siegel an den Zimmern und holten sich aus diesem wahrscheinlich alles, was ihnen gefiel. Ich habe nur gesehen, dass sie einen Schweinslederkoffer mitgenommen haben. Was in ihren Aktentaschen war, das konnte ich natürlich nicht sehen. Ich hatte aber auch keinen Sinn dafür und war froh, dass man mich ungeschoren gelassen hatte. Die Zimmer wurden wieder mit neuen Siegeln versehen, als ob gar nichts gewesen sei. Dummerweise hatten sie ein Zimmer vergessen, neu zu versiegeln, sodass ich, als man mich abholte, beinahe noch Extraunannehmlichkeiten gehabt hätte. Aber Schlimmeres, als mich in ein KZ zu bringen, konnten sie ja auch kaum machen. An einem Abend – ich hatte Besuch von Veras Mutter, wir sassen gerade beim Abendbrot – klingelte es nach 20 Uhr. Frau Johannw. ergriff natürlich gleich über die Hintertreppe die Flucht, denn sie durfte man doch nicht bei mir treffen, als wieder zwei Herren von der Gestapo bei mir erschienen, um sich das Schlafzimmer von Dr. Jungmanns anzusehen. Der Eine meinte, «die Bonzen haben sich wohl schon alles Gute weggeholt?». Der eine erzählte mir, dass er sich verheiraten wolle und ein schönes Schlafzimmer suche mit modernen niedrigen Möbeln. Als ich ihm sagte, dass die Betten hoch und ganz unmodern seien, da hatte er gar kein Interesse mehr daran (es entsprach auch der Wahrheit), und beide verabschiedeten sich in höflicher Weise. Aber den Schreck hatten wir weg! So vergingen die Wochen, ohne dass sich Wesentliches ereignete.
…

«Evakuierung» war ein Euphemismus des NS-Regimes für die Deportation und Enteignung von Juden.
Mit «Ri.» ist Richard Ems gemeint, Hedwigs Sohn.
«Hätte ich geahnt, wie alles kommen würde» spielt darauf an, dass Richard Ems und sein Sohn umkommen würden.
Um wen es sich bei den Personen, die Suizid begangen haben, handelt, ist nicht bekannt. Auch wer «Veras Mutter» und «Frau Johannw.» sind, geht aus den Unterlagen nicht hervor.

Ida Cohn an Hilde [masch.]
Leipzig, 7. September 1942

Sehr verehrte liebe Frau Kindler,
wenn ich auch sehr lange nichts Direktes von Ihnen, die Sie mich stets interessierten und für die ich – ich kann es von der Ferne ja gestehen – immer geschwärmt habe, hörte, so habe ich mich doch sehr oft bei meinen Verwandten Plauts und Richard Franks nach Ihnen erkundigt. Die ersteren sind ja nun längst bei ihren Söhnen und ich hoffe, dass es denen allen gut geht.
Bevor ich aber von anderen Dingen spreche, möchte ich doch von Ihnen wissen, wie es Ihnen geht. Sie haben sich in der schönen Schweiz – ich denke da an meinen Arosaer Aufenthalt, bei dem ich Sie öfter traf – sicher gut eingelebt und befinden sich wohl. Haben Sie Ihren Herrn Gemahl in Arosa kennengelernt? Haben Sie einen netten Bekanntenkreis dort. Nun ich nehme das Letztere ohne weiteres an, da Sie es ja verstehen, Menschen um sich zu haben, die gern mit Ihnen zusammen sind. Haben Sie mit Dr. Plauts noch Verbindung? Oder hören Sie garnichts mehr von ihnen? Mein Vetter Erich Kaufmann lebt jetzt in Sao Paolo. So bin ich ohne Verwandte hier. Mein Bruder lebt noch in Oslo, meine Schwester in England, von der ich nichts zur Zeit hören kann. – – Da ich am 19. ds. Mon. nun meinen Wohnsitz nach Theresienstadt verlege, würde ich mich sehr freuen, wenn Sie mich – ich hoffe Sie haben mich, trotz meines Kleinseins und meines aus Ihrem Gesichtskreis Entschwindens, noch ein Wenig in der Erinnerung – nicht ganz vergessen würden und mir mal an meine neue Adresse (ich habe Leipzig Transport Nr. 61) schreiben würden. Ich wäre Ihnen

wirklich sehr sehr dankbar. Jede Verbindung mit alten Bekannten ist einem Alleinstehenden von Wert. Ich würde mich freuen, wenn Sie mir vor m. Abreise noch schreiben würden, das wäre sehr lieb von Ihnen.
Darf ich für Ihren Gatten – unbekannterweise – eine Empfehlung bestellen und sende Ihnen herzlichste Grüsse
ergeben Ida Cohn

Der undatierte Brief trägt den Poststempel vom 7. September 1942. Ida Cohn war die Nichte von Gustav Plaut, einem Schwager von Hermann Frank. Der Brief zeigt, dass die Deportation einigen Betroffenen längere Zeit im Voraus angekündigt wurde. Die 60-jährige Ida Cohn gehörte zu den nach Theresienstadt Deportierten, die gezwungen wurden, einen «Heimeinkaufsvertrag» abzuschliessen (vgl. Bertram, S. 211). Die Praxis der «Heimeinkaufsverträge» wurde nach der Wannseekonferenz vom 20. Januar 1942 eingeführt. Es handelte sich um eine zynische Bemäntelung der Enteignung. Älteren Juden, die diese «Verträge» vor ihrer Deportation ins «Altersghetto Theresienstadt» unterzeichnen mussten, wurde als Gegenleistung für eine Vermögensabtretung lebenslang kostenfreie Unterbringung, Verpflegung und Krankenversorgung zugesagt. Vorbehalten blieb eine anderweitige Unterbringung bei Platzmangel in Theresienstadt. Was das bedeutete, erfuhr Ida Cohn im Oktober 1944. Im Gedenkbuch des Bundesarchivs ist sie wie folgt vermerkt: «Cohn, Ida, geboren am 19. Dezember 1882 in Leipzig/Sachsen, wohnhaft in Leipzig, Deportation ab Weimar - Halle - Leipzig 20. September 1942, Theresienstadt, Ghetto; Tod 9. Oktober 1944, Auschwitz, Konzentrations- und Vernichtungslager».

Am 12. September 1942, wenige Tage nach dem Empfang von Ida Cohns Brief, erhielt Hilde Post aus Genf von Elsa Freudenberg, der Frau des Pfarrers Adolf Freudenberg, der sich in der Schweiz um jüdische Flüchtlinge kümmerte. Hilde stand mit dem Ehepaar Freudenberg seit Längerem in Verbindung. Elsa Freudenberg hatte durch einen privaten Überbringer ein Schreiben von Gertrud Prochownik aus Berlin erhalten, in dem sich Prochownik unverschlüsselt zu Anita und Reinhard äusserte. In dem Schreiben klingt an, welche günstigen Umstände zusammenkommen mussten und welcher Mut bei den Helfenden erfordert war, damit

Juden in Deutschland untertauchen konnten. Elsa Freudenbergs Brief scheint eine wörtliche Abschrift dieses Schreibens zu sein, soweit es Anita und Reinhard betraf.

Elsa Freudenberg an Hilde
Genf, 12. September 1942

Sehr geehrte Frau Kindler,
Wir haben mal wieder nach längerer Zeit einen Brief von unserer Freundin mitgebracht bekommen. Sie schreibt: Meine Hauptschutzbefohlenen sind weiter Anita u. ihr Bruder. Ich habe auch noch einen lieben jungen Menschen aus der Gemeinde für Anita, dass sie auch mal mit Jungen zusammen sein kann. Ich bin jetzt in Verbindung getreten mit einer Baronin K. Freundin von Frau Kindler, die ein Gut in Pommern hat, wegen etwaigem Untertauchen der Kinder. Anita will es, macht sich aber noch garnicht die unüberwindlichen Schwierigkeiten klar, die damit verbunden sind. Es finden sich fast nie geeignete Haushalte, wo Hauswirt, Haushaltsvorstand, Haushilfe, Portier, keine Kinder, die in der HJ sind, glücklich zusammentreffen. Dann die Ernährung ohne Karten ist fast unmöglich. Die Baronin, eine ganz vorzügliche Frau, kann es auch nicht; d. h. sie kann die Kinder nicht verstecken, wenn sie zur Deportierung die Listen bekommen haben werden, was noch nicht der Fall ist bisher. Ihr Verwalter ist ihr Spitzel, der es sofort merken würde, was den sofortigen Untergang aller bedeutete. – Könnte nicht Herr Kindler versuchen, die Kinder zu adoptieren? – Es ist ja wirklich so trostlos, dass wir von hier aus so garnichts für die tapferen Kinder tun können.
Hoffentlich geht es Ihnen persönlich gut.
Mit besten Grüssen auch von meinem Mann, der jetzt sehr viel Arbeit mit den Flüchtlingen aus Frankreich hat.
Elsa Freudenberg

Schutzgeldzahlungen ab September 1942

Im Brief vom 13. Juni 1943 (siehe S. 171) berichtet Hilde, dass ihre Kinder durch die Bemühungen eines «Dr. St[einer] in Zürich» «umgangen worden waren», dass aber «Weiteres als bisher geschehen, bisher nicht zu erreichen war». Steiner war ein Zürcher Anwalt mit Beziehungen zu deutschen Stellen, der sich in Deutschland offenbar im Auftrag Hildes für Anita und Reinhard einsetzte. Mit «umgangen» konnte nur das Verschontwerden der Kinder vor der Deportation, mit dem noch nicht erreichten «Weiteren» nur ihre Ausreisebewilligung gemeint sein. Hilde hatte demnach Steiner eingeschaltet und zweifellos auch Geldzahlungen getätigt, um ihre Kinder vor der Deportation aus dem Jüdischen Krankenhaus zu bewahren und in die Schweiz zu bringen. Für die Deportationslisten war der Leiter des Krankenhauses Dr. Lustig die zuständige Stelle.

Vermutlich in diesem Zusammenhang wandte sich Anita an eine etwa gleichaltrige, nichtjüdische Bekannte aus früheren Jahren, Martha Bachthaler, die als Krankenschwester in der Wehrmacht Dienst tat und sich in Wehrmachtsuniform relativ unverdächtig Zugang zur Krankenhausleitung verschaffen konnte. Die Sache war riskant. Rechtlich handelte es sich um Bestechung. Doch die Zahlungen flossen – so schien es wenigstens.

Hilde liess durch Max Sünder, ihren Vermögensverwalter bei der Bank «Merck, Finck & Co.» in Berlin, ab Ende September 1942 monatlich 200 Reichsmark an Martha Bachthaler auszahlen. Der Betrag entsprach etwa dem Wert von 900 Euro im Jahr 2025. Ob und welcher Teil des Geldes als Entschädigung bei der Überbringerin bleiben sollte, geht nicht aus den Briefen hervor. In den folgenden Briefen werden die Vorgänge angedeutet.

Anita an Hilde
Berlin, 14. und 24. September 1942

Meine liebe gute Mutti!
… Ich schrieb Dir in den letzten Tagen nicht, da ich neben all dem schweren Dienst noch viele kleine Vorbereitungen für Reinhards Geburtstag hatte …

Berlin, d. 24. IX.
Geliebte Mutti! Und noch lag der Brief in meiner Tasche, denn erstens hatte ich durch plötzliche Nachtwachen nicht die Möglichkeit, zur Post zu kommen, aber wichtiger war noch, dass ich plötzlich Besuch von meiner lieben alten Kollegin Martha hatte, die ich ja nun schon so lange nicht mehr gesehen u. gesprochen hatte! Wie haben wir uns miteinander gefreut! Da gab es so viel zu plaudern u. zu erzählen! Von zuhause, von all unseren Reisen, die wir gemeinsam gemacht hatten, wir wussten gar nicht, was wir zuerst erzählen sollten! Sie hat sich nicht sehr verändert, die blond gekrausten Locken stehen ihr ja famos, obgleich ich sie im schlichten Haar lieber gesehen habe. … Martha war auch schon bei Sü[nder], der aber bis 1. Okt. noch verreist ist, wir gehen dann mal zusammen hin. Sie war übrigens so lieb, sie beschenkte den Kleinen und mich noch mit allerlei Überraschungen zum nachträglichen Geburtstag! Wie rührend dass sie daran dachte. Sie wollte ja noch viel mehr bringen, hebt uns aber auch noch etwas zu Weihnachten auf wie sie versprach. …
Nun tausend innige liebe Grüsse und Gedanken von Deiner Dich so liebhabenden Anita.

Max Sünder an Hilde [masch.]
Berlin, 29. September 1942

Sehr geehrte gnädige Frau!
Ich hatte gestern eine Besprechung mit Fräulein Martha und Anita. Sie lassen herzlichst grüssen. …
Separat geht Ihnen eine Aufgabe der Bank zu. Ich bitte um postwendende Bestätigung, dass Sie damit einverstanden sind, dass die Vergütung bis auf weiteres monatlich mit Genehmigung der Devisenstelle geleistet wird. Ich bitte um sofortige Antwort, damit ich weiss, woran ich bin.
Ohne mehr für heute Ihr M. Sünder

Sr. Martha Bachthaler an Hilde
Nürnberg, 1. Oktober 1942

Meine Liebe!
Alles gut in Ordnung. Meine Collegin ist gesund, u. arbeiten wir wieder flott zusammen, bis uns die Siegespalme weht. Hoffe dass es bei Dir auch gut gehe u. dass wir uns bald wiedersehen. In Liebe grüsst Dich Schwester Marta.

Brief folgt bald.

Die Postkarte enthielt vermutlich eine Vollzugsmeldung. Die «Collegin» war Anita. Die «Siegespalme» dürfte der Tarnung gedient haben, denn Martha Bachthaler setzte sich illegal für jüdische Interessen ein. Die ungelenke Sprache und die falsche Schreibweise des eigenen Vornamens («Marta» statt «Martha») lassen auf mangelnde Schreibpraxis der Verfasserin schliessen, noch deutlicher in ihrem Brief vom 20. November 1942 (siehe S. 153).

Anita an Hilde
Berlin, 2. Oktober 1942

Geliebte gute Mutti!
… Schreib mir doch mal Dein Urteil über Martha! Ich las vorige Woche wieder das Buch Quo vadis?, wie so sehr lebenswahr ist das doch geschrieben! Quo vadis? Ich möchte Dir so viel erzählen, aber für heute muss ich schliessen. Bleib weiter tapfer! Einen dicken Kuss von Deiner Dich sehr lieb habenden Anita.
…

Anita wurde schon wenige Tage nach der ersten Überweisung misstrauisch gegen das Arrangement mit Schwester Martha. Die zweifache Nennung des Titels «Quo vadis?» (Wohin gehst du?) von dem polnischen Schriftsteller Henryk Sienkiewicz war sicherlich keine Mitteilung über Anitas Lektüre, doch welche verschlüsselte Botschaft war darin enthalten?

Die sechs folgenden Briefe geben deutliche Hinweise darauf, dass Anita ihre und Reinhards Flucht über die grüne Grenze in die Schweiz in Erwägung zog. Am 10. Oktober spricht sie von ihrer Hoffnung auf eine «Luftveränderung in die Nähe von Hilde Feldb.». Am 23. Oktober wiederholt sie die Frage «Quo vadis». Am 28. Oktober hofft sie auf eine Urlaubsfahrt «zu Herrmanns Frau» (soll heissen, in die Schweiz zu Hilde) und deutet an, Hilde könnte ihr «auf halbem Weg entgegenkommen». Am 3. November beteuert sie, dass «Schwester Annemarie» (sie selbst, siehe S. 57, Kommentar zu Anitas Brief vom 25. Januar 1941) «so gern zu Dir im Urlaub kommen möchte, sei ihr doch ein wenig behilflich und schreib ihr mal, wie sie am besten zu Dir gelangt». Am 22. November setzt sie eindringlich fort: «Sollte ich Urlaub haben, bekommt der Kleine natürlich auch!!!» Am 24. November: «Wenn ich doch nur mal ausspannen könnte um Urlaub zu nehmen! Aber ich wüsste nicht recht wohin.» Und am 15. Dezember bietet sie eine ganze Tarn-Erzählung auf, um der Mutter deutlich zu machen, dass sie und Reinhard inzwischen jede körperliche Strapaze und Gefahr auf sich nehmen würden, um aus Deutschland herauszukommen: «Neulich sprach ich auch Annemarie. Sie ist wie ein Wiesel. Sie kletterte über hohe Zäune mit und ohne Stacheldraht, rannte und sprang wie ein Junge. Der kleine Bruder von ihr ist genauso. Ich sah sie Verstecken spielen während der Verdunkelung, ein Hauptspass für die Beiden. Jedes Loch im Zaun haben die Kinder raus und rennen und flitzen …»

Den Briefen ist nicht zu entnehmen, wie Hilde auf all diese dringenden Appelle reagiert hat. Nach dem 15. Dezember 1942 lässt Anita das Thema der Flucht in die Schweiz fallen.

Berthold und Regina Marcuse an Hilde
Berlin-Steglitz, 11. Oktober 1942

Liebste Freunde!
Wir hörten von Arnos Mutti, dass es Euch gut geht, was uns sehr erfreut hat; hoffentlich bleibt es so. … Da wir voraussichtlich in den nächsten Tagen zu Onkel Siegmund fahren, erreicht uns Eure Post nicht mehr rechtzeitig, so dass Ihr die Antwort auf Euren Brief von

Arnos Mutti erhalten werdet, die Pitt bemuttern wird. Sie wird ihm & Arno regelmässig schreiben. Ihr wisst, wie dankbar wir Euch, meine Lieben, für alle Liebe sind und bitten Euch, Jens innigst zu grüssen & ihm weiter mütterlich zur Seite zu stehen.
Euch selbst grüssen wir von Herzen, bessere Gesundheit & alles erdenklich Gute wünschend, und verbleiben Eure immer dankbaren Bert & Regina.

[Nachschrift von Berthold:]
Liebe Freunde!
In grosser Eile will ich Euch auch noch schreiben. Ihr habt ja von der lieben Regina gehört.
Am Freitag Abend war ich bei Eurer lieben Anita, die leider wieder nicht da war und ich konnte nicht länger warten. Reinhard war recht froh, dass er schön Arbeit in der Elektro-Abteilung dort bei Anitas Stelle hat.
Er kann schon kleine Reparaturen machen. Sie können froh über beide Kinder sein, die fleissig und bei guten Dingen sind.
Ihre Wirtin Frau Weiss ist auch nett und tut nach meiner Überzeugung alles Erdenkliche für die Kinder. Anita war, wie ich hörte, bei Dr. Gumpert zu Besuch.
Wir werden nun voneinander nichts mehr hören und ich habe die eine Bitte, unserem lieben Pitt weiter gütigst zur Seite zu stehen.
Herzlichen Dank für alle Liebe an unser Kind und alle Freude die Ihr uns stets bereitet habt.
Ein herzliches Lebewohl und innige Grüsse Euer Berthold.

Als letzte Freude für Pitt die heutigen schönen Marken. D. O.

Es war ein vermeintlicher Abschied. Offenbar hatten Regina und Berthold Marcuse die Ankündigung der Deportation erhalten, wurden aber zurückgestellt. Sie schrieben weiterhin aus Berlin an Hilde und kümmerten sich um Anita und Reinhard.
Wer «Arno» war, geht aus den Unterlagen nicht hervor.

Anita an Hilde
Berlin, 12. und 19. Oktober 1942

Meine geliebte gute Mutti!
... Gestern, an Deinem Geburtstag brannten wir am Abend zwei Lichtchen Dir zu Ehren, Dein Bildchen stand unter Blumen! Hoffentlich hattest Du wenigstens an diesem Tag ein wenig Ruhe! ...
Wie sehr freute ich mich, dass Carl N. schrieb. Von Rolf und Eltern hatte ich keine Post, glaube auch nicht, dass ich noch welche erhalten werde.

Berlin, d. 19. Okt. 42.
... Martha schrieb aus Bayreuth, – ich denke auch wie Du in diesem Punkt. ... Hans u. Uta sind jetzt auch bei Edith! Edith wohnt privat. Lisa fährt nächste Woche in die Nähe von Hilde Feldb., sie will sich mal für ihre Schwester Annemarie dort interessieren, die Luftveränderung würde ihr zur Not vielleicht doch gut tun, der Arzt riet dazu. ... Mein Zahnarzt ist jetzt bei Rolf. ... Nun für heute wie stets innige Grüsse und Wünsche und behalte trotz aller Sorgen den Kopf oben in Gedanken an unser gesundes Wiedersehen! Denn, mein Gutes, Tapferes – eine jede Kugel trifft ja nicht!
Innigst Deine Anita.
...

Hilde und Anita waren offenbar beide unsicher, ob es richtig sei, Martha Bachthaler mit der Überbringung von Schutzgeldern zu betrauen. «Edith wohnt privat» meinte, dass Edith Koppel untergetaucht war; Anita kannte ihr Quartier wahrscheinlich nicht. Dass Hans (Black) und Uta «auch bei Edith» seien, hiess in erster Linie, dass sie ebenfalls untergetaucht waren, vielleicht an der gleichen Adresse. Wer mit «Lisa» gemeint war, geht aus den Unterlagen nicht hervor. Sie soll in Hildes Nähe, das heisst in der Nähe der Schweizer Grenze, für Anita («Schwester Annemarie») Erkundigungen über eine mögliche Flucht in die Schweiz («Luftveränderung») einziehen. «Mein Zahnarzt ist jetzt bei Rolf»: Erstmals seit seinem Verschwinden verwendet Anita hier Rolfs Namen als Chiffre für die Deportation nach Osten.

Anita suchte auch andernorts Hilfe, so bei ihrer ehemaligen Schulkameradin Sibylle von Sell. Sie hoffte wohl, bei oder mit der Hilfe der Familie von Sell untertauchen zu können. Sell beschreibt Anitas Besuch später wie folgt (vgl. Niemoeller-Von Sell, S. 295 ff.): «Anita Frank aus meiner Klasse, Volljüdin in Hitlers Sprache, war immer noch in Berlin, zusammen mit ihrem kleinen Bruder. Die Mutter war in die Schweiz gelangt. ... Einige Jahre später sollte sie an unserer Tür erscheinen. Den Stern hatte sie abmontiert. Den glaubte ihr sowieso keiner, denn unter braunem Wuschelhaar lachten die blauen Augen und dicken roten Wangen eines pommerschen Mädchens vom Lande. Mehr, als ihr ein Paket mit Lebensmitteln mitzugeben, konnten wir nicht für sie tun. Die Gestapo war zu der Zeit ein ziemlich regelmässiger und stets unangemeldet erscheinender Gast in unserem Haus.»

Anita an Hilde
Berlin, 23. Oktober 1942

Meine geliebte gute Mutti!
Wie froh bin ich, Dir auch diese Woche wieder schreiben zu können!! Der Kleine und ich sind G. s. D. gesund! Ich habe in der letzten Woche viel Schweres mitgemacht. Heute habe ich meinen freien Tag und habe viel Wichtiges zu erledigen. Rolf lernt nächste Woche einen grossen Teil meiner Kolleginnen und Kollegen kennen! – Was macht Dein Herz, mein Gutes Tapferes?! Reinhard und ich leben nun streng Diät. Leider muss ich auch wieder sehr auf meinen Diabetes achten, daher auch wieder alles ohne Zucker etc., zu dumm! Reichst Du wohl auch bitte wieder um Verlängerung ein?!
Heute hatte ich wieder besonders lieben Besuch von Theas Freunden. Ich lese immer noch «Quo vadis», es ist tragisch und fesselnd geschrieben! Pro[chownik], Frl. Grü[nbaum], Dr. Gu[mpert], Weissens u. L[eo] L[ewy] lassen Dich grüssen!
Für heute innige Küsse! Hab' Vertrauen! Immer Deine Anita.

Anita berichtet verschlüsselt von der «Gemeindeaktion» der Gestapo vom 20. Oktober 1942. Die Operation zielte auf die Mitarbeitenden der Jüdischen Gemeinde Berlin, deren Zahl drastisch reduziert werden sollte. Unter den betroffenen Berliner Einrichtungen war auch das Jüdische Krankenhaus. Die Chiffren «Diät» und «Diabetes» meinen, dass die Geschwister Hunger litten. Bei der «Verlängerung», um die sich Hilde kümmern soll, geht es um die schweizerischen Einreisebewilligungen für Anita und Reinhard. Mit dem «Besuch von Thea's Freunden» deutete Anita möglicherweise eine weitere Polizeiaktion im Jüdischen Krankenhaus an.

Anita an Hilde
Berlin, 28. Oktober 1942

Meine geliebte gute Mutti!
... Das Wetter ist jetzt hier himmlisch, richtiger, sonniger goldbrauner Herbst! Zu schade, dass ich nicht auf Urlaub fahren kann, ich wäre dann zu Herrmanns Frau gefahren. Schade, dass sie mir nicht auf halbem Weg entgegenkommen könnte, wir hatten uns schon so schön eine Herbstwandertour gemeinsam zu Fuss ausgedacht. Martha machte vor kurzem auch die Tour, sie war begeistert! Sie meinte nur, fürs Kind wäre es noch zu anstrengend, es müsste doch noch kräftiger sein. Vielleicht bekomme ich doch noch Urlaub, evtl. zu Weihnacht. Lisa will vorfahren, und sich für evtl. Übernachtungsmöglichkeiten umsehen, denn es wird natürlich alles sehr überfüllt sein, aber die Erholung täte mir wirklich mal bitter not! Wie ist es jetzt bei Euch? Erwartet ihr schon bald Schnee? ... Dir innige Küsse von Deiner An.

Weiterhin stand die Flucht in die Schweiz für Anita im Vordergrund. Sie hatte offenbar mit Martha Bachthaler und der schon im Brief vom 12. Oktober 1942 erwähnten «Lisa» über die Möglichkeiten gesprochen. Bachthaler scheint allerdings gemeint zu haben, Anita müsse die Flucht ohne Reinhard versuchen. Anitas bedauerndes «Schade, dass sie [Herrmanns Frau] mir nicht auf halbem Weg entgegenkommen könnte», scheint Hilde aufzufordern, ihren Kindern nach Deutschland entgegenzufahren und sie auf einem geeigneten Weg über die Grenze in die Schweiz zu lotsen. Dem entspricht auch der folgende Brief vom 3. November.

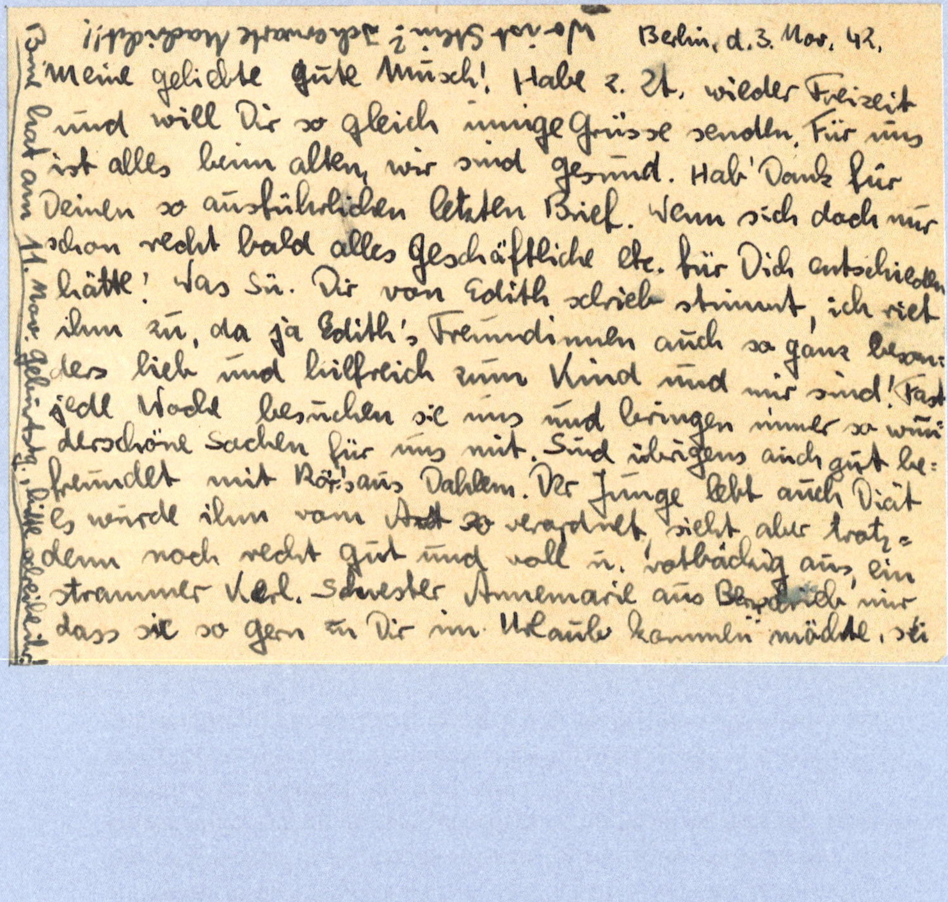

Wo ist Stein? Ich erwarte Nachricht!! Berlin, d. 3. Nov. 42.

Meine geliebte gute Musch! Habe z. Zt. wieder Freizeit und will Dir so gleich innige Grüsse senden. Für uns ist alles beim alten, wir sind gesund. Hab' Dank für Deinen so ausführlichen letzten Brief. Wenn sich doch nur schon recht bald alles Geschäftliche etc. für Dich entschieden hätte! Was Sü. Dir von Edith schrieb stimmt, ich riet ihm zu, da ja Edith's Freundinnen auch so ganz besonders lieb und hilfreich zum Kind und mir sind! Fast jede Woche besuchen sie uns und bringen immer so wunderschöne Sachen für uns mit. Sind übrigens auch gut befreundet mit Rösaus Dahlem. Der Junge lebt auch Diät es wurde ihm vom ~~Arzt~~ so verordnet, sieht aber trotzdem noch recht gut und voll u. 'vollbäckig' aus, ein strammer Kerl. Schwester Annemarie aus Berndorf, die nur dass sie so gern zu Dir im Urlaub kommen möchte, sti

Bub hat am 11. Nov. Geburtstag, bitte schreibe ihm!

Anitas Postkarte an Hilde vom
3. November 1942 (siehe S. 152)

Absender: Reinhard Israel Frank

Bln-C2

Wohnort, auch Zustell- oder Leitpostamt

Dirksenstr. 45

Straße, Hausnummer, Gebäudeteil, Stockwerk oder Postschließfachnummer

ihr doch ein wenig behilflich u. schreib ihr mal wie sie am besten zu Dir gelangt, sie ist so unbeholfen, aber sonst wirklich ein lieber armer Kerl. Fährt sie über hanach od. wie schreib Du ihr mal. Mittlich wär ich bei Edith. Schreib Heinerle dass Du Söhnis bzw. Reinhards Mutter bist, grüsse ihn auch tausendmal von Edith. Wann schreibt Rudi?! Ich bin viel bei seinen Eltern. – Ich freu mich schon auf den Urlaub, weiss nur noch nicht wohin! Für heute nur Liebes u. Gutes! Immer Dein Ch[illegible]

Postkarte

10 Deutsches Reich 10

5 Deutsches Reich 5

Berlin [illegible].11.42 25 b

Schweiz

Frau

Hilde Kindler-Frank

Basel-Bettingen

Nr. 41

Straße, Hausnummer, Gebäudeteil, Stockwerk oder Postschließfachnummer

435

M–2136

Anita an Hilde
Berlin, 3. November 1942

Meine geliebte gute Musch!
... Der Junge lebt auch Diät, es wurde ihm vom Arzt so verordnet, [er] sieht aber trotzdem noch recht gut und voll u. rotbackig aus, ein strammer Kerl. Schwester Annemarie [Anita] aus Ber. schrieb mir, dass sie so gern zu Dir im Urlaub kommen möchte, sei ihr doch ein wenig behilflich u. schreib ihr mal, wie sie am besten zu Dir gelangt, sie ist so unbeholfen, aber sonst wirklich ein lieber armer Kerl. Fährt sie über Lörrach oder wie, schreib Du ihr mal. ... Ich freu mich schon auf den Urlaub, weiss nur noch nicht wohin! Für heute nur Liebes u. Gutes. Immer Deine At.

Lörrach ist der deutsche Grenzort unmittelbar nördlich von Basel.

Anita an Hilde
Berlin, 17. November 1942

Meine geliebte gute Mutter!
... Bin zur Zeit vollkommen überlastet, habe Stationsdienst und mache ausserdem freiwillig Tag- und Nachtwache bei unserem 17-jährigen Untermieter Werner, der leider unter grössten Qualen als Todeskandidat bei uns liegt, Lungenabszesse an beiden Lungen! Du glaubst nicht, was ich mit diesem armen Jungen durchmache, es ist ein Grauen! Die Eltern sind fort! Möge Gott diesen armen Jungen bald erlösen! Verzeih mir, ich kann heute nicht weiter. Bald mehr. Bleib tapfer. Innige Küsse!! Immer Deine Anita.

Der 17-jährige Werner, der ebenfalls bei der Pflegefamilie Weiss gewohnt hatte, liegt im Sterben. Die Präzision der medizinischen Diagnose schliesst aus, dass Anita eine Verhaftung verschlüsseln wollte. Hingegen bedeutet das Fortsein der Eltern wohl deren Deportation.

Martha Bachthaler an Hilde
Bayreuth, 20. November 1942

Meine liebe gute Hilde!
Endlich komme ich dazu um der lb. Hilde zu schreiben. Hast wohl meine Karte von Berlin erhalten? Ich bin seit einiger Zeit hier in Bajreuth in einem Luftwaffen-Lazarett. War längere Zeit krank u. in Nürnberg bei meinen Verwandten gelegen. Es geht mir gut. Arbeit habe [ich] sehr viel. Werde nächste Woche meine Kollegin u. den Bruder besuchen. Es liegt mir sehr am Herzen, ihre weitere Ausbildung.
Hoffe alles zur Zufriedenheit erledigen zu können! Alles gesund u. wohl. Bitte zu entschuldigen dass ich solange nicht geschrieben habe. Bin mit Dr. Sünder immer in Verbindung. …
Wie ich vernommen, haben die elenden Engländer wieder zuhause pompartiert (diese Mistficher).
Und uns umsomehr alles Gute liebe gute Hilde. Schreibe mir einen langen Brief wie es Dir geht gell. Ich bin in Gedanken viel in meiner lieben Heimat.
Recht herzliche Grüsse u. Küsse sendet Dir Deine treue
Schwester Marta Bachthaler

Luftwaffen-Lazarett
Bajreuth

Der Brief ist wohl als Aufforderung zur Fortsetzung der Schutzgeldzahlungen zu lesen.

Anita an Hilde
Berlin, 22. November 1942, nachts 11 h

Meine geliebte gute Mutti!
Heute, nach einem ganz besonders tragisch, traurigen Tag für mich kam Dein so lieber ausführlicher letzter Brief, so war er eine ganz besondere Freude u. Trost für mich! Leider starb heute früh um 12 h unser lieber Werner nach qualvollen 14 Tagen Krankheit in meinen Armen an einer Sepsis! … Jetzt habe ich für 14 Tage wieder Nachtdienst. Wir haben alle in der letzten

Woche viel Tragisches miterlebt! Wir sind G. s. D. gesund! Nimm für heute nur Liebes! Deine Anita

Sollte ich Urlaub haben, bekommt der Kleine natürlich auch!!!

Wenn es für Anita eine Fluchtmöglichkeit in die Schweiz (Tarnwort «Urlaub») gab, dann nur gemeinsam mit Reinhard.

Anita an Hilde
Berlin, 24. November 1942

Meine geliebte, liebe gute Mutti!
Morgens um ½ 5 h, kurz bevor ich meinen morgendlichen Dienst nach der Nachtwache wieder aufnehme, will ich Dir mein Gutes noch tausend innige Grüsse und Gedanken senden! … Letzte Woche erhielten wir die Nachricht, dass der Schwager von Frau W[eiss], Vater von zwei Kindern, plötzlich, d. h. zwar nach 5 monatelangem Krankenlager, an Herzschwäche in Onkel Alfreds Krankenhaus, in dem auch Rolf lag, verstorben ist. – Im Dienst ist fast alles beim Alten. Viele Kolleginnen wurden versetzt, ich G. s. D. nicht. Fünf Kolleginnen wohnen jetzt so möbliert wie Edith K., ich finde das sehr nett und praktisch, am liebsten würde ich auch umziehen, aber es ist recht schwer mit dem Kind. … – Rolfs Braut hat sich bereits mit einem Anderen getröstet, wie bitter das für mich ist, – ich kann ihn nie vergessen! Und die schönen Stunden, die wir miteinander erlebten sind mir stets wieder der Trost in schweren Tagen.
Mit ihm verlebte ich nie wiederkehrende schönste Stunden und ich bereue niemals diese Tage, besonders die Tage 1940 im Herbst in Erkner so voll ausgekostet zu haben! Und müsste auch ich plötzlich einmal abschliessen, so bin ich von Herzen dankbar sagen zu dürfen, dass ich das Schönste im Leben wie auch das Schwere in tiefen, bewussten vollen Zügen, ausgekostet und genommen habe!
Wer erzählte Dir von meinem Chef? – Martha ist jetzt in Bayreuth. Ich habe z. Zt. den Briefwechsel aufgeschoben. … – Bei uns ist jetzt der erste Schnee gefallen, ich wünschte, es wäre schon wieder Frühling! Wenn ich doch nur mal ausspannen

könnte um Urlaub zu nehmen! Aber ich wüsste nicht recht wohin. Von Schulm[eisters] habe ich keine Post erhalten. Für heute muss ich nun schliessen. Verzeih die Schrift, aber es geht in Eile. Nimm tausend innige Grüsse und Küsse von Deinem Döchting.

«Viele Kolleginnen wurden versetzt» ist die chiffrierte Mitteilung, dass Teile des Krankenhauspersonals zur Fabrikarbeit einberufen wurden. Deportationen nach Osten codiert Anita ab August 1942 mit «zu Rolf». Die «jetzt so möbliert wie Edith K.» wohnenden Kolleginnen waren untergetaucht. Zu zweit mit dem Bruder hielt Anita dies offenbar für schwer machbar. Die Erwähnung des Krankenhausdirektors und gleich darauf Martha Bachthalers in Bayreuth, dazu das Aufschieben des weiteren Briefwechsels zeigt, dass Anita beunruhigt war.

Anita an Hilde
Berlin, 8. Dezember 1942

Meine geliebte gute Mutti!
Kann Dir G. s. D. auch heute wieder schreiben, dass bei uns alles in Ordnung ist und wir gesund sind. Ich hatte jetzt 15 Nachtwachen und bin, da wir überhaupt keine freien Tage mehr erhalten ab heute wieder im Tagdienst. … Wir arbeiten jetzt ohne Tracht. Nächste Woche kommt Martha, ich habe nicht so das rechte Zutrauen zu ihr, bin etwas zurückhaltend. – Der Junge ist meine grösste Freude. Trotz seiner Lausbubereien ist er ein wirklich braver Kerl, arbeitet fleissig und wächst zusehends. Alle haben ihn lieb! Du darfst wirklich stolz auf ihn sein! Hoffentlich bleibt er so brav u. gut und lässt sich nicht durch all das Schlechte um ihn herum beeinflussen. Ich besprach neulich wieder mit Edith über ihn einiges. Sie ist so hilfreich! Ich werde wohl doch keinen Urlaub nehmen können, obgleich es bitter nötig wäre!! Wir kommen nur wenig raus, auf die Strasse. Ich denke viel an die letzten Tage in Wolfratshausen. – Bine ist besonders lieb zu mir, sehr vorsorgend!
Für heute will ich schliessen! Sei innig geküsst von Deiner
Anita

Dass jetzt ohne Schwesterntracht gearbeitet werden musste, war eine weitere Schikane. Die Tracht gab den Schwestern nicht nur ein Gefühl der Zugehörigkeit, sie half ihnen auch, die so kostbar gewordene private Kleidung zu schonen. Mit der Erwähnung der letzten Tage in Wolfratshausen drückte Anita ihre Angst vor der plötzlichen Schliessung des Jüdischen Krankenhauses aus.

Anita an Hilde
Berlin, 15. Dezember 1942

Meine liebe, liebe gute Mutti!
... Was mich betreffs Werner und Rolf noch letzte Woche so traurig stimmte ist nun längst in diesen Tagen durch weitaus Schwereres übertroffen worden und lässt mich erkennen, wie klein doch dieser Kummer gegenüber weit grösseren Schicksalen ist. So wird man gehärtet und geschmiedet wie ein Klotz von Eisen, auf den es immer wieder mit immer wuchtigeren Schlägen einschlägt, bis er die rechte Form hat! Ich lasse mich gern schlagen und formen wenn ich nur wüsste, dass ich wieder einmal ganz gesund würde und noch einmal wieder ein normales Leben wie andere gesunde Menschen führen dürfte. Wenn ich mir auch immer wieder sage, dass ich noch so jung bin, so bleibt doch immer die grosse Angst, dass das Herz einmal plötzlich aussetzt, wie ich es schon so oft von anderen Patienten sah und hörte! – Diese Woche sprach Rolf einen grossen Teil meiner Freunde. ... Neulich sprach ich auch Annemarie. Sie ist wie ein Wiesel. Sie kletterte über hohe Zäune mit u. ohne Stacheldraht, rannte und sprang wie ein Junge. Der kleine Bruder von ihr ist genau so. Ich sah sie Verstecken spielen während der Verdunklung, ein Hauptspass für die Beiden. Jedes Loch im Zaun haben die Kinder raus und rennen u. flitzen; die Mutter der Beiden kann garnicht so viel auf sie achten. Aber liebe Kerle sind es doch!
Nur wenn Besuch kommt sind sie scheu und verstecken sie sich. Eigenartige Seelen! Reinhard ist gesund und lieb. Ich glaube jetzt bei ihm wohl die ersten Mannbarkeitsspuren zu entdecken! ...Er ist ernst aber nicht verzweifelt, G. s. D. Sein Meister ist wie ein Vater zu ihm, auch in erzieherischer Weise und auch Frau W[eiss] ist rührend lieb zu ihm. ...

Nun will ich für diesmal schliessen und sende Dir die innigsten Grüsse und tausend Küsse! Immer Dein Döchting.
...

Erneut war ein grosser Teil von Anitas Freunden – Angestellte oder Patienten des Jüdischen Krankenhauses – deportiert worden. Anita und Reinhard hätten daher kein Risiko und keine körperliche Strapaze (Grenzzäune, Stacheldraht) mehr gescheut, um in die Schweiz zu entkommen. Der Brief ist ein Verzweiflungsschrei. In den folgenden Briefen kommt Anita nicht mehr auf die Flucht in die Schweiz zurück. Möglicherweise hatten ihr die Mutter oder andere Ratgeber versichert, dass das Unterfangen aussichtslos sei.

Nach dem Untertauchen der Familie Weiss übersiedelten Anita und Reinhard ins Jüdische Krankenhaus. Dort wohnten sie vom 1. März bis zur Deportation am 16. Juni 1943.

Das Jüdische Krankenhaus im Jahr 1943

Um die Jahreswende 1942/1943 beschlagnahmte die Wehrmacht die Hälfte des Jüdischen Krankenhauses einschliesslich des Schwesternheims für die Einrichtung eines militärischen Lazaretts. Der jüdische Krankenhausbetrieb wurde fortan auf der Hälfte der bisherigen Fläche weitergeführt.

Am 27. Februar 1943 begann besonders in Berlin und umliegenden Städten die Deportation aller noch verbliebenen jüdischen Zwangsarbeiter aus den Fabriken, die sogenannte Fabrikaktion. Mitarbeitende des Jüdischen Krankenhauses wurden zur Mithilfe bei der Einrichtung der Sammellager und zur medizinischen Versorgung der Verhafteten herangezogen.

Drei weitere Daten können als Marksteine der fortschreitenden Zerstörung des Klinikbetriebs gelten: In den Tagen nach dem 10. März 1943 wurde die Hälfte des Krankenhauspersonals deportiert. Dies war die sogenannte Krankenhaus-Aktion. Anita deutete das Ereignis im Brief vom 18. März 1943 an.

Am 16. Juni 1943 wurden alle transportfähigen somatisch Erkrankten zusammen mit den für ihre Betreuung erforderlichen Ärzten und Schwestern, insgesamt zweihundert Menschen, deportiert, darunter Anita und Reinhard Frank. Der Transport umfasste auch die Angestellten der am 10. Juni 1943 aufgelösten «Reichsvereinigung der Juden in Deutschland» und der Jüdischen Gemeinde Berlin.

Am 21. November wurden alle Insassen der psychiatrischen Station deportiert.

Somit verblieb bis zum Kriegsende ein reduzierter Klinikbetrieb zur Betreuung kranker Juden in Polizei- und Gestapogewahrsam auf dem Weg in die Deportation, von Juden aus sogenannten Mischehen sowie von einigen anderen Kranken. Nach Bombardierungen wurden nun auch nichtjüdische Verletzte betreut (vgl. Hartung-von Doetinchem/Winau, S. 200). Zunehmend wurde das Haus zu einem Sammellager für Juden, die zur Deportation bestimmt waren, und zu einem Ghetto für andere Juden, die aus irgendeinem Grund von der Deportation ausgenommen waren.

Man mag es ein Wunder nennen, dass das Jüdische Krankenhaus Berlin als einzige jüdische Einrichtung in ganz Deutschland die Zeit des Nationalsozialismus überstanden hat. Wie das möglich war, ist mehrfach untersucht worden, mit dem Ergebnis, dass bis 1943 kluges Taktieren der Klinikleitung und Kompetenzkonflikte innerhalb des Staatsapparats die Schliessung verhindert haben (vgl. Hartung-von Doetinchem/Winau S. 224 ff.; Elkin, S. 24, S. 28 f., S. 51, Fussnote 43; Silver, S. 140 ff.). Ab 1944 diente das Jüdische Krankenhaus unter seinem Direktor Walter Lustig als Auffangort der noch in Deutschland verbliebenen jüdischen Restbevölkerung. Lustig war zudem seit der Auflösung der «Reichsvereinigung der Juden in Deutschland» und der Jüdischen Gemeinde Berlin im Juni 1943 zum Leiter der «Neuen Reichsvereinigung» und damit zum Oberhaupt und Verwalter derjenigen deutschen Juden aufgerückt, die noch ausserhalb von Konzentrationslagern, Gefängnissen und Verstecken lebten (vgl. Hartung-von Doetinchem/Winau, S. 225). So wurden Lustig und das Krankenhaus in den letzten zwei Kriegsjahren zu Instrumenten der nationalsozialistischen Judenpolitik. An der Auflösung und Schliessung des Krankenhauses bestand kein staatliches Interesse mehr.

Hildes Ehescheidung und Eröffnung einer Pension in Basel

Nach der seit August 1942 gerichtlich bewilligten Ehetrennung liess Hilde am 30. März 1943 die Scheidungsklage einreichen. Die Scheidung wurde am 25. Mai 1944 rechtskräftig. Hildes Familienname blieb Kindler, bis sie diesen Namen im Februar 1945 ablegte und sich fortan wieder so nannte wie vor der Heirat mit Ernst Kindler: Hilde Frank, geb. Feldberg.

Da der Kaffeehausbetrieb in Bettingen keinen befriedigenden Gewinn gebracht hatte, gab Hilde ihn auf und mietete stattdessen im Sommer 1943 Räume in Basel am Auberg 6 (das Haus existiert heute nicht mehr). Hier eröffnete sie im Juli oder August 1943 eine Pension für neun Pensionäre, die sich als rentabler erwies.

Anita an Hilde
Berlin, 29. Januar 1943

Geliebte tapfere Mutti!
5 Minuten Ruhepause, – zwischen Umzug, Irren und Geschrei! – Verzeih' mir, wenn ich Dich in letzter Zeit vielleicht durch mein allzu seltenes Schreiben unruhig machte, aber im neuen Jahr gab es für mich so viel Neues an Problemen, Entscheidungen und Laufereien, dass ich kaum auch nur eine Minute Zeit für mich privat fand. Neben allem läuft nun auch noch unser grosser Umzug, denn die eine Hälfte des Krankenhauses wird nun Lazarett. Wir haben so alle Hände voll zu schaffen! Auch privat werden der Junge und ich in ca 14 Tagen umziehen. Wahrscheinlich beide ins Heim, da gibt es auch noch eine Menge zu schaffen u. zu überlegen!
Martha war Anfang des Monats hier. Ich traue ihr wenig! Sie ist mir äusserst unsympathisch!! Reiny u. Annemarie ziehen im nächsten Monat wahrscheinlich zu Edith. Sonst sind wir gesund, haben auch gut zu essen und sind dankbar für Wärme und Ruhe. Mach' Dir nicht allzu viel Sorgen, wie es auch kommt, wir haben Mut!! Bleib gesund! Einen extra Kuss von Deiner Anita.

Der Irrendienst ist sehr schwer! Bin aber froh zu arbeiten …

Anita war jetzt fest entschlossen, das Jüdische Krankenhaus zu verlassen und zusammen mit Reinhard («Reiny u. Annemarie») unterzutauchen.

Gertrud Prochownik an Hilde [masch.]
Berlin-Charlottenburg, 29. Januar 1943

Meine liebe Hilde K.
... Von Anita hatte ich zu Anfang des Jahres ein paar Zeilen. Ein Glück, dass sie mit dem Jungen zusammen ist, und in ihrer Arbeit so beliebt. Ihr hohes Pflichtbewusstsein, ihr Fleiss und ihre liebevolle Hingebung an die Arbeit, haben doch beiden Kindern schon sehr geholfen und werden es hoffentlich auch weiterhin.
Von uns kann ich nicht viel berichten. ... Von meinen Geschwistern habe ich seit ihrer Abreise nichts mehr gehört. Es ist nur gut, dass die pausenlose Arbeit wenig Zeit zum Denken lässt. Und so schiebt man sich durch der Tage lange Kette, meist müde, weil so abgenutzt. Vom Kind habe ich ab und zu 25 liebe Worte, sie hat ja den gleichen Beruf wie Anita und schreibt von ihrer Arbeit sehr beglückt. Von Anna [Salomon] habe ich nichts mehr gehört. –
Schreiben Sie mir bald wieder – machen Sie nicht so lange Pausen!!
Herzlichste Grüsse Ihre Gertrud Pro.

Gertrud Prochowniks Geschwister wurden 1942 nach Auschwitz deportiert und dort ermordet. Das «Kind» war Prochowniks Tochter Marianne, die Deutschland 1938 verlassen hatte und als Krankenschwester in England arbeitete.

Anita an Hilde
Berlin, 9. Februar 1943

Geliebte gute Mutti!
... Ich freue mich schon auf unser Wiedersehen! Hab' Geduld.
Wir sind gesund und guten Mutes!
Ich habe mir soeben meinen ersten Eckzahn ziehen lassen

müssen, es eiterte unaufhörlich seit August!! Wenn Du an Annemarie schreibst, so sende nur noch an Bine, sie holt sich dann dort ihre Post. Bine war so seelig mit dem Päckchen! Sie hat unsägliche Freude dadurch gehabt!!!! Reiny zieht nächste Woche zu Edith! Regine und Familie geht zu Max K[oppel]. Ich habe noch Nachtdienst. Sü[nder] ist wie ein Vater! Ich habe viele liebe Menschen um mich! Bleib tapfer! Immer Deine An.

Regine Weiss wird zusammen mit ihrer Tochter Ellen untertauchen; Hilde soll deshalb Briefe an Anita nicht mehr an Familie Weiss, sondern an Anitas Freundin Sabine Klein senden. Reinhard wird bei Edith Koppel untertauchen.

Anita an Hilde
Berlin, 5. März 1943

Meine geliebte gute tapfere Mutti!
Von ganzem Herzen hoffe und wünsche ich, dass Du mein Gutes gesund bist, wenn Dich auch oft Deine Kräfte infolge all des Schweren zu verlassen drohen. Halte durch mein Gutes, sei vernünftig und vertraue in allem, was auch noch kommen mag auf Gott und das Schicksal! Wir Menschen können doch so viel Leid und Elend ertragen, und wenn wir meinen, wir müssten unter der Last des Ganzen zusammenbrechen, gerade dann wachsen uns die neuen Kräfte und wir können von Neuem mit dem Leben kämpfen und werden manche schöne, wenn auch kleine Siege davontragen. Allabendlich und bei jedem warmen Teller Essen danke ich Gott dafür, dass wir es hier noch so gut haben dürfen! Ich nehme diese Jahre für den Jungen und mich als Lehrjahre des Lebens, und ich glaube, es wird wohl selten wieder so glückliche und bewusst zufriedene Menschen geben wie uns. Meine grösste Freude z. Zt. ist so vielen Verzweifelten wirklich helfen zu können! (– Denn die Freude, die wir geben kehrt ins eigne Herz zurück! –) Meine gute Mutti, wenn Du vielleicht auch jetzt oft auf Nachricht von uns warten musst, so sei nicht besorgt! Wir sind gesund und vernünftig! Gott wird uns bestimmt beistehen! Der Junge und ich wohnen nun im Krankenhaus, wir sind froh darum! Regina mit Familie ist bei Edith.

Thomas und Emmy Grü[nbaum] sprechen morgen mit Rolf. Ich muss immer daran denken, wie er mich Katrin nannte, tja, – die Katrin wird Soldat – kennst Du das Buch?
L[eo] L[ewy] besuchte ich, er weint sehr um den Sohn! Seit letzter Woche habe ich irrsinnig anstrengenden Aussendienst, mehr Fürsorge- als Krankendienst. Unser Junge macht uns allen, bis zum Direktor nur Freude. Er ist so vernünftig und kommt auch in seiner Elektro-Ausbildung gut vorwärts. Er arbeitete sogar schon auf amtlicher Stelle mit seinem Meister und wurde auch dort ganz besonders gelobt! Er wächst sehr und hat stets grossen Hunger. G. s. D. bekomme ich ihn mit Hilfe von allen hier stets reichlich satt. … – Bine wird nun auch anfangen zu arbeiten. Schreib ihr doch! Sie kennt auch Annemarie und kann Dir von ihr Bescheid geben, denn ich weiss ihre Adresse nicht. … Hoffentlich hast Du nun ein wenig Ruhe im Spital! Nütze dort die Zeit und sammle Kräfte, denn Du wirst sie noch sehr gebrauchen! Sorge Dich nicht um uns, wir sind jung und gesund und hatten eine glückliche Jugend und haben bisher noch keine Not leiden müssen! Wir haben Kräfte und Reserven. Habe den Mut, das Herz und das Gottvertrauen, das jede Kriegermutter in dieser Zeit haben muss, denn auch Deine Kinder stehen im Kampf. Nimm für diesmal viele tausend innige Küsse, bleib gesund meine gute Mutti, hab Geduld. Gott ist auch bei Dir! Wenn Du event. wieder lange auf Nachricht von uns warten musst, so sei nicht verzagt, es sind nur Weg- und Postschwierigkeiten, wir sind gesund. Irma v. M. lässt Dich grüssen! Bleib tapfer.
Immer Dein Döchting!

Hier beginnt der Frühling mit Brausen! Wie schön!

Anitas Zeilen scheinen die Reaktion auf einen Brief der Mutter zu sein, in dem Hilde ihrer Verzweiflung nachgab; Anita bemüht sich eindringlich, sie aufzurichten.
Der 1931 im Elsass in der Zeitschrift ‹Menorah. Jüdisches Familienblatt für Wissenschaft, Kunst und Literatur› erschienene Überraschungs-Weltbestseller ‹Die Katrin wird Soldat› von Adrienne Thomas (Pseudonym von Herta Strauch, 1897–1980) schildert die Erfahrungen der jüdischen Rot-Kreuz-Schwester Katrin in einem Metzer Lazarett. Im Ersten

Weltkrieg freiwillig in den Dienst getreten, entwickelt sie sich nach dem Tod des Geliebten, der an der Front ums Leben kam, zur engagierten, kämpferischen Pazifistin. Ob Anita mit der Erwähnung des Buchs Rolfs Schicksal, ihr eigenes oder sie beide meinte, bleibt offen. Das Buch war in Deutschland nach 1933 verboten. Insofern belegt seine unverhüllte Erwähnung auch Anitas Verachtung der Briefzensoren, denen sie nicht zutraute, die von den Nazis verpönte Literatur zu kennen.
Wer Irma v. M. war, geht aus den Unterlagen nicht hervor.

‹Die Katrin wird Soldat›, Erstausgabe, 1930

Anita an Hilde
Berlin, 18. März 1943

Meine geliebte gute Mutti!
Habe gerade zwischen der Dienstzeit einige freie Minuten und will so Dir, wie stets, tausend liebe Grüsse senden. Der Junge und ich sind gesund. Wir haben unser Bettchen und satt zu essen, und das ist doch die Hauptsache. Der Junge ist nun schon wieder aus der Kinderunterkunft ausgezogen und wohnt nun im Krankenhaus mit unserem Koch in einem winzigen Stübchen. Doch wir sind dankbar darum, dass es so sein kann. Wir sind glücklich, denn draussen kommt nun der Frühling mit Macht, grüne Sträucher u. Wiesen, und vor allem Sonne. Ich selbst bin z. Zt. auch durch all die schweren Sorgen u. Aufregungen und durch die schwere Irrenstation recht fertig.
Wie geht es Dir, mein Gutes gesundheitlich? Halt Dich tapfer, wir wollen uns doch bald gesund wiedersehen, Gott möge es geben! L[eo] L[ewy] ist auch bei Rolf. Oft träume ich von Rolf u. habe Sehnsucht nach ihm. Ob ich ihn wohl je einmal wieder sehe? Ich muss schliessen! Nimm tausend innige Küsse von Deinem Döchting.

Edith lässt grüssen

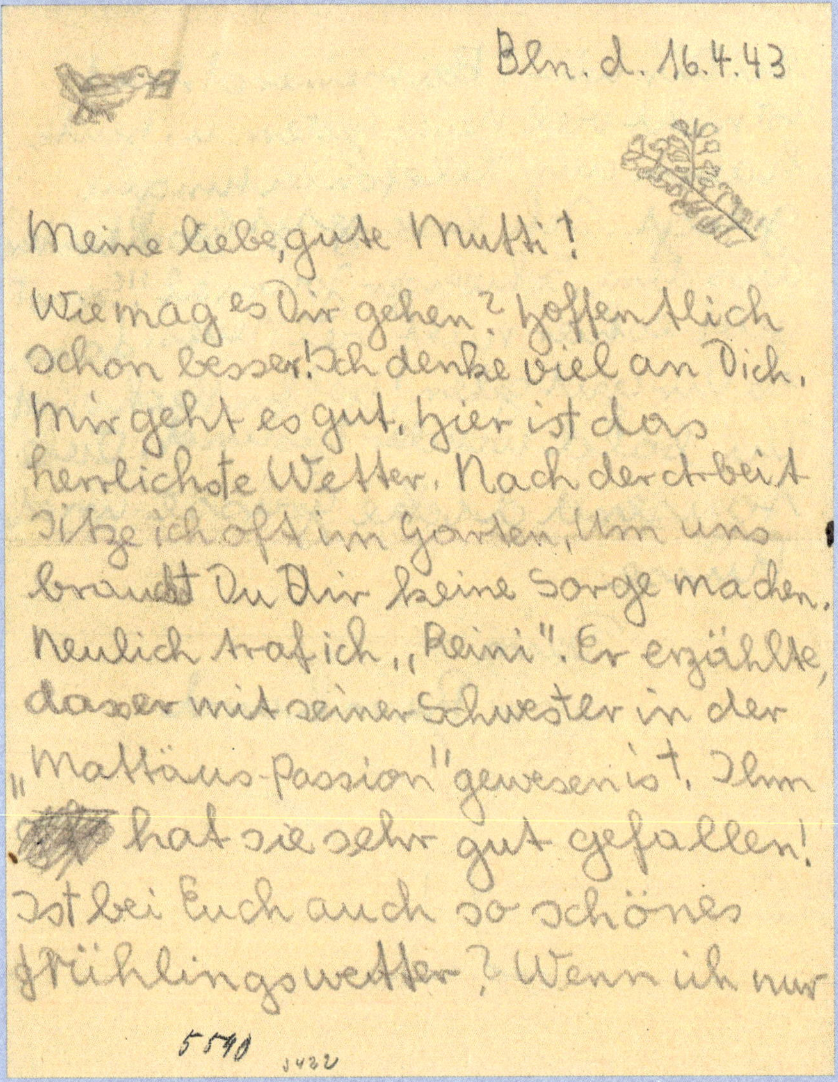

Bln. d. 16.4.43

Meine liebe, gute Mutti!

Wie mag es Dir gehen? Hoffentlich schon besser! Ich denke viel an Dich. Mir geht es gut. Hier ist das herrlichste Wetter. Nach der Arbeit sitze ich oft im Garten. Um uns brauchst Du Dir keine Sorge machen. Neulich traf ich „Reini". Er erzählte, dasser mit seiner Schwester in der „Mattäus-Passion" gewesen ist. Ihm hat sie sehr gut gefallen! Ist bei Euch auch so schönes Frühlingswetter? Wenn ich nur

5540 1432

Reinhards Brief an Hilde vom 16. April 1943 (siehe S. 167)

bei Dir wär! Bei meiner Arbeit ist nicht viel Neues. Gestern u. heute haben wir Telefonleitungen gelegt. Ich lese jetzt Geschichten aus dem „Schweizer Journal"! Sonst gibt es hier nicht viel Neues. dass es Dir gut gehen! Hoffentlich wirst Du bald wieder Gesund. Viele tausend dicke Grüsse und Küsse

Dein
Reinhard

Dies war Anitas erster Brief nach dem Versuch der Gestapo vom 10. März 1943, das Jüdische Krankenhaus zu schliessen, und der in den Tagen darauf erfolgten Deportation der Hälfte des Krankenhauspersonals («Krankenhaus-Aktion»).
Bezüglich Leo Lewy irrte Anita. Er wurde am 15. November 1943 nach Theresienstadt, nicht «zu Rolf» deportiert (siehe S. 215 f.).

Ende der Schutzgeldzahlungen

Im Mai 1943 kamen Hilde, Anita und Max Sünder überein, dass Martha Bachthaler nichts leistete. Sie beendeten die seit 1942 erfolgten Geldzahlungen.

Max Sünder an Hilde [masch.]
Berlin, 10. April 1943

Sehr geehrte gnädige Frau!
Ich komme zurück auf Ihren Brief vom 4. vor.Mts., aus dem ich leider ersah, dass es Ihnen gesundheitlich gar nicht gut geht. …
Sonst geht es uns allen gut, wir sind gesund und munter. Martha ist eine Niete und gibt nur an, und denkt man merkt es nicht.
Ihnen gute Besserung wünschend verbleibe ich
Ihr M. Sünder

Wie Sünder zu seiner negativen Beurteilung Martha Bachthalers gekommen ist, geht aus den Unterlagen nicht hervor. Möglicherweise täuschte er sich. Ebenso wenig lässt sich feststellen, ob das Ende der Schutzgeldzahlungen oder die ab Mai intensivierten Anstrengungen der Gestapo, Berlin «judenfrei» zu machen, der Grund dafür waren, dass Anita und Reinhard am 16. Juni 1943 deportiert wurden.

Anita an Hilde
Berlin, 15. April 1943

Meine liebe, liebe Mutti!
… Tonis Nichte u. Neffe hörten die Matthäuspassion! Himmlisch!
Nimm für heute tausend liebe Küsse von Deinem Döchting.

Anita und Reinhard waren die Nichte und der Neffe von Antonia Frank, verheiratete Plaut, der Schwester von Hermann Frank.

Reinhard an Hilde
Berlin, 16. April 1943

Meine liebe, gute Mutti!
… Neulich traf ich «Reini». Er erzählte, dass er mit seiner Schwester in der «Mattäus-Passion» gewesen ist. Ihm hat sie sehr gut gefallen! Ist bei Euch auch so schönes Frühlingswetter? Wenn ich nur bei Dir wär! … Viele tausend dicke Grüsse und Küsse Dein Reinhard

Über den Besuch der Matthäuspassion am Karfreitag 1941 hatte Anita noch offen berichtet. Damals hatte es sich um eine Veranstaltung des Jüdischen Kulturbundes gehandelt, deren Besuch legal war. Doch der Jüdische Kulturbund war im September 1941 durch das Regime aufgelöst worden. Die Matthäuspassion am Karfreitag 1943 konnten die Geschwister deshalb nur noch in einer für Juden verbotenen Aufführung anhören. Das war nur möglich, indem sie eine weitere Vorschrift verletzten, denn der Judenstern musste selbstverständlich verschwinden, sobald sie sich dem Ort des Konzerts näherten. In kindlicher Unbedachtsamkeit setzt Reinhard hier den ohnehin unsicheren Decknamen «Reini» in Anführungszeichen.

Aus dem illegalen Konzertbesuch spricht Anitas Hunger nach Musik, Kunst, Kultur, und zugleich zeigt sich ihr Mut, dem Regime zu trotzen in einer Zeit, in der fast täglich Menschen aus ihrem nächsten Umkreis deportiert wurden und Anita mehr denn je um ihr eigenes und Reinhards Leben fürchtete. Ihr Wagnis macht die jahrelange hermetische Ausgrenzung der Juden aus der nichtjüdischen Bevölkerungsmehrheit deutlich. Unter deutschen Nicht-Juden in Berlin waren sich die Geschwister Frank ihrer Anonymität inzwischen so sicher wie Touristen aus einem fernen Land.

Anita an Hilde
Berlin, 4. Mai 1943

Meine liebe gute Mutti!
Ich hoffe sehr, dass Dich diese Zeilen bei voller Gesundheit wieder antreffen. Verzeih, wenn wir letzte Woche nicht schrieben, aber es war so viel Arbeit, dass wir nicht zur Post kamen. Uns beiden geht es gut. Wir sind dankbar, wenn alles recht lange so für uns bliebe! Morgen habe ich G. s. D. wieder meinen freien Tag. Reinhard wohnt ab gestern allein, da sein Schlafkamerad zu Rolf zog. Ich selbst bewohne auch ein nettes Zweierzimmerchen. Letzte Woche war ich zwei Tage ganz allein auf der Station ohne Angestellte und Schwestern, es klappte aber sehr gut, u. machte mir viel Freude.
Wie ich von einem Kameraden vom Jungen hörte, ist er fast der Einzigste aus seiner Klasse, der hier ist. Unsere Einreise wurde verlängert. Hier herrscht der herrlichste Sonnenschein. Ein grosser Teil der Patienten wurde zu Edith Schulm[eister] entlassen. Was beginnst Du denn nun, mein Gutes? Nimm für heute tausend liebe Grüsse u. Küsse von Deinem Döchting

Anita schrieb den Brief am 4. Mai 1943. Da Reinhard «ab gestern allein» wohnte, war die Deportation («zu Rolf») seines Zimmergenossen am 3. Mai erfolgt. Auch dass Anita nun ein Zweierzimmer bewohne, scheint eine verschlüsselte Mitteilung zu enthalten. Wurde auch ihre bisherige Zimmergenossin deportiert? Zudem waren «letzte Woche» (also zwischen 24. April und 1. Mai 1943) offenbar alle anderen Stationsmitarbeitenden sowie ein grosser Teil der Patienten deportiert worden, denn Anita war «ganz allein» auf Station, und die Patienten wurden «zu Edith Schulm[eister] entlassen», das heisst nach Osten deportiert.
Möglicherweise blieb Anita vorläufig wegen ihres besonderen beruflichen Engagements verschont. Vielleicht war ihr Engagement aber nicht der einzige oder nicht der entscheidende Grund; es hätte auch nicht erklärt, dass auch Reinhard als «fast der Einzigste aus seiner Klasse» noch im Krankenhaus war. Die Verbundenheit der Geschwister mit ihrer Mutter in der Schweiz und die Schutzgeldzahlungen mögen hier eine Rolle gespielt haben.

Anita an Hilde
Berlin, 11. und 13. Mai 1943

Meine liebe gute Mutti!
... Rolf hatte in diesen Tagen Besuch von einigen Kolleginnen von mir. Trudel [Gertrud Prochownik] ist bei Edith, es geht ihr recht gut. Hildes Tochter bekommt leider keinen Urlaub vorläufig, schade! Hier herrscht ein herrlicher Frühling. Was arbeitest Du jetzt?

13. V. 43 abds.
... Ich habe jetzt tagsüber eine Scharlach-Polizeistation von 14 Männern ganz allein, – viel Arbeit u. viel Freude für mich, aber sehr verantwortungsvoll!
Nimm für heute tausend liebe Grüsse u. Küsse von Deinem Döchting!

Erneut wurden Krankenschwestern aus dem Jüdischen Krankenhaus «zu Rolf» deportiert. Gertrud Prochownik war nun ebenfalls untergetaucht; Edith Koppel hielt sich schon seit 1942 versteckt (dazu mehr auf S. 214). Mit der «Scharlach-Polizeistation» war die Scharlachabteilung der Polizeistation im Jüdischen Krankenhaus gemeint, in der erkrankte jüdische Polizeigefangene betreut wurden. Die Fenster waren vergittert und die Türen wie in einem Gefängnis von aussen verschlossen, sodass die dort beschäftigten Schwestern stets einen grossen Schlüsselbund mit sich führen mussten (vgl. Hartung-von Doetinchem/Winau, S. 164; Silver, S. 9).

Anita an Hilde
Berlin, 21. Mai 1943

Meine liebe gute Mutti!
Heute erhielten wir Deinen so lieben ausführlichen Brief, hab' tausend Dank dafür! ... Wie Edith wohnt, kann ich Dir nicht schreiben. Max wohnt anderweitig. Frau Kop[pel] gibt es nicht, kenne ich nicht. Sü[nder] will ich auch Bescheid geben. Wo Trudel [Gertrud Prochownik] ist, weiss ich nicht. Schreib immer an Bine, sie freut sich so über Deine Briefe. Sei für diesmal tausendmal gegrüsst u. geküsst von Deinem Döchting.

Anita bedeutete ihrer Mutter, den Namen Koppel nicht mehr zu erwähnen. Edith und Max Koppel waren an verschiedenen Orten untergetaucht. Auch nach Gertrud Prochownik sollte Hilde nicht mehr fragen. Dass Hilde ihre Briefe nicht mehr an Anita im Jüdischen Krankenhaus, sondern immer an die Privatadresse von Sabine Klein senden sollte, könnte heissen, dass Anita eine Kontrolle ihrer Krankenhauspost befürchtete.

Anita an Hilde
Berlin, 24. Mai 1943

Meine liebe gute Mutti!
Sitze auf Station an meinem Schreibtisch u. habe gerade einige Minuten Freizeit, da meine Trabanten spazieren geführt werden. Ich bin stets so dankbar wenn alle vollzählig wieder gesund oben sind! Es ist doch auf solch einer Station eine riesengrosse Verantwortung! … Ich bin dankbar, von früh bis spät so arbeiten zu müssen, so vergisst sich Vieles, selbst Rolf vergesse ich jetzt durch all die Aufregungen u. Sorgen fast ganz, denn zu solch ruhigen u. schönen Gedanken, wie wir sie hatten, fehlt einem jetzt vollständig die Zeit. Mögen wir noch recht lange Ruhe haben! Der Junge sieht gut u. gesund aus u. ist überall sehr gern gesehen. Da ich auf Scharlach arbeite, sehen wir uns ganz besonders vor jeder Infektion vor; man muss so aufpassen, sich nicht anzustecken! Mach's gut, meine kleine Musch! Tausend liebe Küsse von Deinem Döchting

Anitas «Trabanten» sind die jüdischen Polizeigefangenen. Die angesprochene Vorsicht «vor jeder Infektion» mag wörtlich gemeint sein oder bedeuten, dass Anita im Umgang mit den Gefangenen alles vermied, was ihre eigene Deportation auslösen konnte.

Max Sünder an Hilde [masch.]
Berlin, 26. Mai 1943

Sehr geehrte gnädige Frau!
… Martha habe ich abgestoppt; falls sie sich an Sie wendet, würde ich einfach nicht antworten. Anita hält sich wirklich gut

und gibt zu Sorgen keinen Anlass. Wir sprechen uns öfter. … Ihnen weiter baldige Besserung wünschend, verbleibe ich mit bestem Gruss Ihr M. Sünder

Hilde an Max Eichenberger [masch.]
Basel, 13. Juni 1943

Sehr geehrter Herr Dr. Eichenberger!
… Inzwischen sprach ich kurz, zu kurz, Herrn Dr. St[einer] in Zürich …. Er schien diesmal wesentlich positiver, jedenfalls hatte er Nachricht, dass Weiteres als bisher geschehen, bisher nicht zu erreichen war, dass tatsächlich so, wie vermutet, die Kinder umgangen worden waren. …
Von den Kindern höre ich, dass das Mädel z. Z. tagsüber eine Station von 18 scharlachkranken Polizisten hat (!!) und nachts Nachtdienst! Also pflegt sie arische Menschen. Es soll ganz ungewöhnlich sein, dass die Kinder überhaupt noch dort sind. Sie kommen scheinbar überhaupt nicht mehr aus dem Spital raus, das entnehme ich den Nachrichten des Jungen. …
Heute früh habe ich mich aufgerafft und bin durch die Wiesen zum nächsten Dorf zur Kirche gegangen, mir wieder etwas Trost, Halt und Distanz zu den menschlichen Unzulänglichkeiten zu holen. …
Wenn ich heim komme, langt die Kraft oft nichtmal zum Essen!
Ihre [Unterschrift handschriftl.]

Dr. Max Eichenberger war Rechtsanwalt in Bern. Er beriet Hilde wegen des Nachzugs der Kinder und vertrat sie gegenüber den eidgenössischen Behörden.
Der Zürcher Rechtsanwalt Dr. Steiner hatte Beziehungen nach Deutschland. Er hatte sich seit 1941 um Hildes Kinder gekümmert und war deswegen auch nach München und Berlin gereist. Seine Kontakte mit Max Sünder lassen vermuten, dass bei Steiners Rettungsbemühungen Geld im Spiel gewesen war. Sie blieben erfolglos.
Bezüglich der «scharlachkranken Polizisten» hatte Hilde ihre Tochter missverstanden. Gemeint war die Scharlachstation für polizeilich gefangene Juden.
Hilde war «heute früh», das heisst am Sonntagmorgen, den 13. Juni 1943,

«durch die Wiesen zum nächsten Dorf zur Kirche gegangen», um sich Trost zu holen. Das nächste Dorf war Riehen. Einer der beiden evangelischen Gemeindepfarrer in Riehen war Gottlob Wieser, der sich durch sein Engagement zugunsten jüdischer Geflüchteter aus Deutschland hervortat. Zu ihm hatte Hilde Vertrauen gefasst. Wieser unterstützte Hilde auch in administrativen Belangen.

Theresienstadt, Auschwitz, Bergen-Belsen

Transport I/96 vom 16. Juni 1943

Am 16. Juni 1943 wurden Anita und Reinhard mit dem Bahntransport I/96 nach Theresienstadt deportiert. Gemäss der Transportliste (siehe S. 174) kam ein grosser Teil der Deportierten aus dem Jüdischen Krankenhaus. Daher ist anzunehmen, dass Anita und Reinhard Opfer einer Grossrazzia wurden. Die Aktion scheint überfallartig erfolgt zu sein. Anitas unten wiedergegebene Postkarte vom 16. Juni 1943 trägt Züge grosser Anspannung und Hast.

In Hildes Nachlass fand sich ein Portefeuille aus dunkelrotem Kunstleder mit der Goldprägung «Gerling Konzern», offensichtlich ein Werbegeschenk dieser Firma aus früheren Jahren. Anita verwahrte darin ihre wichtigen persönlichen Dokumente: Impfscheine, ihr Krankenschwesterdiplom, die Einreisebewilligungen der Schweizerischen Botschaft einschliesslich der Bewilligungsverlängerungen, zwei kleine Porträtfotos von Reinhard und eine Ansichtskarte vom Hauptgebäude des Jüdischen Krankenhauses in der Iranischen Strasse (siehe S. 36). Dass Anita das Gerling-Portefeuille nicht nach Theresienstadt mitgenommen, sondern im Jüdischen Krankenhaus zurückgelassen und durch Sabine Klein nach Basel hat senden lassen, zeigt, dass sie noch immer auf eine spätere Einreise in die Schweiz hoffte. Diese Hoffnung sprach auch aus der Postkarte vom 16. Juni 1943, in der Anita ihre Mutter bat: «Lass die Einreise verlängern».

Anita muss das Ziel ihrer Deportation – Theresienstadt – schon in Berlin erfahren haben. Sonst hätte Sabine Klein, mit der Anita telefonieren konnte, Hilde nicht berichten können, dass Anita und Reinhard «ins Sudetenland» und «nicht zu Rolf» deportiert worden seien. «Sudetenland» war ein Codewort für Theresienstadt, wo es ein Überleben gab, «zu Rolf» für jene anderen Destinationen, die in den Tod führten (siehe den Kommentar zum Brief vom 7. Juli 1942, S. 127). Sabine war in Anitas Verschlüsselung eingeweiht.

erliner Transport I/96 1 7.6.1943.

3363 √	Senger Helga Sara	19.12.22 Jese[illegible]itz	Berlin N.65 Iranischestr.2	Th/4[illegible]7 /341/
3364 √	Block Emmi Sara	2.3.13 Bochum	dto.	Th/428 /342/
365 √	Hirsch Paula Sara	20.8.21 Berlin	dto.	Th/429 /343/
366 √	Fliess Werner Israel	26.7.00 Bernburg	dto.	Th/431 /344/
367 √	Fliess Hertha Sara	7.10.09	dto.	Th/426 /345/
368	Koranzky Dr. Alice Sara	9.8.93 Karlsruhe	dto.	Th/432 /346/
369 √	Sänger Georg Israel	8.3.02 Czarnikau	dto.	Th/434 /347/
370 √	Sänger Margarete Sara	7.11.07	dto.	Th/425 /348/
~~371~~ √	~~Fischer Dr.~~ Erich Israel	~~1.11.03~~	~~dto.~~ 1167 EK	~~Th/424 /349/~~
372 √	Fischer Hildegard Sara geb.Meienberg	4.4.08 Gütersloh	dto.	Th/435 /350/
373 √	Fleischer Willy Israel	3.6.90 Berlin	Berlin N-20, Stettinerstr.7	Th/408 /351/
374 √	Thal Hanna Ruth S. geb.Loschinsky	1.12.22 Berlin	Berlin NO.18, Barnimstr.52	Th/436/352/
375 √	Thal Bruno Israel	22.6.17 Nakel	dto.	Th/327 /353/
376 √	Krisch Friedrich Isr.	22.12.88 Tremessen	Berlin NO 55, Esmarschstr.2	Th/437 /354/
377 √	Krisch Charlotte S. geb.Lewinsky	15.7.94 Stettin	Berlin NO.55, Esmarrhstr.2	Th/438 /355/
378 √	Frank Anita Sara	9.7.24 Leipzig	Berlin N.65, Iranischestr.2	Th/439 /356/
~~79~~ √	~~Frank~~ 1168 EK Reinhard Hermann	~~16.9.28~~ Leipzig	~~xxxxxxx~~ ~~dto.~~	~~Th/440 /357/~~
80 √	James Gabriele Sara geb.Lesser	19.10.78 Leipzig	Berlin-Wilmdf. Güntzelstr.35	Th/249 /358/
~~81~~ √	~~Rowelski~~ gest. 26.2.44 Isidor	~~9.8.81~~ Marienwerder	~~Berlin W.15,~~ Düsseldorferstr.15	~~Th/448 /359/~~
82 √	Rowelski Jenny Sara	27.2.54	dto.	Th/449 /360/

Transportliste I/96 Berlin-Theresienstadt (Auszug), ausgefertigt in Theresienstadt am 17. Juni 1943; Anita und Reinhard stehen auf der fünft- und viertuntersten Zeile

Das Lager Theresienstadt (tschechisch Terezín) wurde als Ghetto bezeichnet, weil es über eine begrenzte jüdische Selbstverwaltung verfügte, die unter der Kontrolle der Gestapo stand. Die Insassen waren Gefangene. Wer versuchte zu fliehen, wurde erschossen oder erhängt.

Die Anlage war eine von Joseph II. von Habsburg um 1780 errichtete Festung nördlich von Prag, die ursprünglich dazu bestimmt war, 5000 Soldaten aufzunehmen. Ab 1941 wurden hier über 40 000 Gefangene zusammengepfercht.

Theresienstadt diente dem Regime zu Propagandazwecken als ein Musterbetrieb, mit dem der Bevölkerung im Altreich und Beobachtern im Ausland ein Lager vorgespiegelt wurde, in dem die dort Lebenden Betreuung genossen, arbeiten konnten und mit ihren Angehörigen in Kontakt standen (siehe auch Bild S. 181).

Zur Schaffung eines wirklichen Musterbetriebs in Theresienstadt reichten aber weder der Wille noch die Mittel aus. Die Lagerleitung und ihre Untergebenen waren indoktriniert und überzeugt, die «jüdische Rasse» müsse ausgerottet werden. Das Sterben der Gefangenen wurde von ihnen gefördert, nicht verhindert. Auch der vorhandene ärztliche Dienst und die Krankenbetreuung erfüllten propagandistische Zwecke. Unterernährung und gesundheitsgefährdende Schikanen, wie sie von Hedwig Ems beschrieben werden (siehe S. 180 ff.), sowie willkürliche Erschiessungen wegen wirklicher oder angeblicher Verstösse waren an der Tagesordnung. Erforderte der Zustrom neuer Gefangener die Verminderung der Zahl der Insassen, um eine Überbelegung des Lagers zu verhindern, so wurden Gefangene in ein Vernichtungslager (ab Oktober 1942 meist nach Auschwitz) überstellt. Für viele Lagerinsassen war Theresienstadt ein Zwischenhalt auf dem Weg in den Tod. Insgesamt sollen sich in der Spanne von 1941 bis 1945 etwa 140 000 Menschen für kürzere oder längere Zeit in Theresienstadt aufgehalten haben, was bedeutet, dass etwa 40 000 Menschen in Theresienstadt überlebt haben und 100 000 Menschen entweder in Theresienstadt umgekommen oder von Theresienstadt aus in den Tod gegangen sind.

Anita und Reinhard blieben fünfzehn Monate in Theresienstadt. Sie waren an getrennten Orten untergebracht, konnten einander aber hin und wieder sehen und sprechen.

Anita an Hilde
Berlin, 16. Juni 1943

Geliebte Gute!
Wir sind gesund! Bleib tapfer! Schreib' an Gu[mpert] u. Bine. Wir sind zuversichtlich u. werden es gut haben. Lass' die Einreise verlängern. Innige Küsse u. Grüsse!
Dein Döchting

Mit dieser in grosser Hast geschriebenen Postkarte teilte Anita mit, dass ihre und Reinhards Deportation unmittelbar bevorstand. «Schreib' an Gu. u. Bine» besagte, dass sie beide an ihrer bisherigen Adresse nicht mehr zu erreichen waren und Hilde weitere Informationen bei Hans Gumpert und Sabine Klein erfragen könne. Der Satz «Wir sind zuversichtlich u. werden es gut haben» verweist auf Theresienstadt als Ziel des Transports.

Sabine Klein an Hilde
Ahrenshoop, 25. Juni 1943

Meine liebe, gute Frau Kindler!
Heute wollte ich Ihnen einmal wieder besonders innige Grüsse zugehen lassen. Wenngleich mit schwerem Herzen, denn ich hatte in den letzten Tagen manche nicht erfreuliche Nachricht. Und doch ist ein sicheres Gefühl in mir stark in seiner Zuversicht auf eine gute Lösung in allem, was uns bedrückt und durch die schwere Zeit auf uns lastet. Ich lebe hier ein recht ruhiges Leben und die Abwechslung ist die Post, die mir von vielen alten und jungen Freunden zugeht. Um so schmerzlicher traf mich vor wenigen Tagen die Nachricht, dass meine liebe Dahlemer Freundin nun doch ihren Beruf wegen der zarten Gesundheit aufgeben musste und natürlich nicht weiss, wie sie sich nun weiter mit dem Kleinen durchbringt. Aber wie sie mir schrieb, hat sie so starkes Gottvertrauen und hofft, dass sie bald wieder arbeitsfähig ist. Zunächst hat ihr der Arzt eine Erholungsreise verordnet und ist sie mit dem Kleinen zusammen nach dem Sudetenland zu Bekannten gefahren. …

Seien Sie innig gegrüsst und halten Sie die Ohren steif, ich glaube fest, dass wir uns alle froh und gesund wiedersehen werden. Ihre Bine.

Anita ist ~~doch~~ nicht zu Rolf gefahren.

Sabine Klein hat hier den Bestimmungsort Theresienstadt als «Sudetenland» verschlüsselt und dies mit der Nachschrift «nicht zu Rolf» verdeutlicht. Das rechtfertigte auch die in dem Brief ausgedrückte Hoffnung auf ein Wiedersehen. Die Durchstreichung des «doch» lässt vermuten, dass zuvor eine Deportation «nach Osten» befürchtet worden war.

Sabine Klein an Hilde [masch.]
Ahrenshoop, 12. August 1943

Meine liebe Frau Kindler!
Verzeihen Sie, wenn meine Antwort auf Ihren lieben Brief erst so spät kommt. Aber bei mir reisst jetzt die Arbeit nicht ab, dazu kam eine kurze Reise vor drei Tagen nach Berlin, um noch wertvolle Sachen herzuholen, wobei sich auch die von der Hammerschen Fabrik und Ähnliches befanden. …
Mit dem herzlichsten Gruss
…

Die Strick- und Wirkwarenfabrik der «Gebrüder Frank» in Leipzig besass als wichtigstes gewerbliches Schutzrecht die Marke «Hammer». Sabine Klein war nach Anitas Deportation nach Berlin gefahren, um im Jüdischen Krankenhaus die zurückgelassenen persönlichen Gegenstände der Geschwister an sich zu nehmen. Sie sandte sie später nach Basel an Hilde, unter anderem Anitas Gerling-Portefeuille und Reinhards Zeugnismappe mit seinen Schulzeugnissen der Jahre 1935 bis 1942.

Der folgende Brief einer Bekannten von Hilde aus deren Berliner Zeit beleuchtet schlaglichtartig die Risiken einer Flucht in die Schweiz.

Genia Einzig an Hilde
La Rosiaz sur Lausanne, 29. August 1943

Liebe Frau Kindler,
... Ich bin am 5. Juli mit Frl. Elisabeth Goldschmidt, leider unter sehr tragischen Umständen, hier angekommen. Wir haben, ich u. mein Mann, nach dem qualvollen Leidensweg, seit dem 2. Februar bei einem ehemaligen Arbeiter meines Mannes versteckt gelebt u. bemühten uns hierher zu kommen. Es würde zu weit führen, wenn ich Ihnen Alles erzählen würde, wir haben es am 3. Juli geschafft u. haben gemeinsam mit Frl. Goldschmidt Berlin verlassen. Die Reise verlief glatt u. paar Minuten vor Singen, kurz vor der Errettung, geschah das Entsetzliche. Ich befand mich, wegen Platzmangel, in einem anderen Coupé und weiss nicht die Einzelheiten, ich weiss nur, dass mein Mann gefragt wurde, weswegen er nach Singen führe, worauf er sagte, um seinen Sohn im Lazarett zu besuchen, das war alles vorher verabredet, u. nachher sah ich meinen Mann in Begleitung eines S.S. und Gestapo-Mannes weggehen. Wir hatten Beide verschiedene Papiere u. ich bin so von Sinnen gewesen, dass ich mit mir alles geschehen liess, was meine Begleitung mit mir tat. Ich durfte die anderen nicht mit-gefährden – ausser Frl. Goldschmidt war noch die Dame mit, die uns zur Flucht verhalf. Im Stillen hoffte ich noch, er würde sich irgendwie herausreden, aber es ist scheinbar nicht geschehen, ich habe seit der Zeit nichts mehr von meinem Manne gehört. In dieser furchtbaren Verzweiflung, in dieser entsetzlichen Ungewissheit sitze ich nun 7 Wochen hier u. weiss nichts über das Schicksal dieses armen Kerls, der seelisch u. körperlich vollkommen herunter war u. die treibende Kraft für diesen Schritt war. Meine Errettung kommt mir wie eine Farce vor, u. wenn ich nicht die beiden Kinder hätte, wüsste ich was [ich] täte. Lohnt es sich für solch ein Leben, solch eine Welt, so zu kämpfen – so einen Aufwand zu machen? Meine beiden Kinder sind in England – es geht ihnen Gott sei Dank gut. Ich habe ihnen telegrafiert u. bekam gestern Antwort. Sie warten auf einen Brief u. sind glückstrahlend – was kann ich, was soll ich ihnen schreiben?! Ich kann ihnen doch unmöglich diese Mitteilung machen – u. ich warte doch noch auf ein Wunder!! In einer meiner qualvollsten Stunden versuchte ich

mir einmal selber Mut zu machen, indem ich an das Leid anderer dachte u. erzählte bei der Gelegenheit Frl. Goldschmidt von Ihrem Schicksal. Dabei erfuhr ich, dass sie so gute Nachrichten für Sie hat, u. erfuhr von Pfr. Freudenberg, welch prachtvoller Mensch er ist. Ich freue mich so für Sie, nun wissen Sie, dass Sie Ihre Kinder wiedersehen werden!! Ich selbst habe Anita nicht gesprochen, der Weg war zu weit u. fahren konnte man nicht, aber Frau Czarlinski aus Dahlem besuchte oft ihren Mann im Krankenhaus u. brachte mir immer Grüsse von Anita. In solchen Zeiten ist man glücklich, wenn man alte Bekannte trifft, Bekannte aus unserem wirklichen, noch nicht entwurzelten Leben. Anita soll ein ganz prächtiger Mensch geworden sein, man liebte u. bewunderte sie überall. In meinen guten, leider seltenen Stunden klammere ich mich an einen leisen Hoffnungsstrahl, dass mein Mann auch nach Theresienstadt gekommen ist – auf Grund seines Alters u. weil er Offizier war u. Auszeichnungen hatte. Wie sind Sie an Ihre Kinder herangekommen?!! …

Ach! Liebste Hilde Frank! Wann wird dieses Elend ein Ende nehmen? Man sieht doch noch gar keinen Anfang – u. wenn es zu lange dauert, wieviel Menschen werden noch zugrundegeh'n? – Ich mache mir entsetzliche Vorwürfe, dass ich meinen Mann nicht zurückhielt von dieser Reise, ich fuhr mit so schwerem Herzen weg, als ob ich es geahnt hätte – dieses furchtbare Unglück. Gewiss, das versteckte Leben war entsetzlich, aber bei nötiger Vorsicht hätten wir es durchgehalten. Manchmal fürchte ich, den Verstand zu verlieren – u. es ist so schwer alldas unter lauter fremden Menschen zu tragen. Was bedeutet heute ein Einzelschicksal? Für diesen Kummer, den ich habe, haben heute die wenigsten Menschen Verständnis, abgesehen davon, dass es schon immer so war, dass man nur vergnügte Menschen gerne um sich hat. – Wie leben Sie in Basel?! Haben Sie einen netten Kreis? Fühlen Sie sich wohl? – Ich würde mich sehr freuen von Ihnen zu hören! Wo ist Prof. Neuberg geblieben? u. die Mädels? u. was ist aus Ihrer entzückenden Häuslichkeit geworden? Haben Sie viel gerettet?

Ich grüsse Sie herzlich u. bitte um Antwort –

Ihre Genia Einzig

Mit den «guten Nachrichten für Sie» war gemeint, dass Anita und Reinhard nach Theresienstadt deportiert worden waren. Genia Einzig nahm irrtümlich an, Hilde habe dort bereits Kontakt mit Anita und Reinhard aufgenommen («Wie sind Sie an Ihre Kinder herangekommen?!!»).
Im Gedenkbuch des Bundesarchivs ist ein Bernhard Einzig vermerkt, bei dem es sich vermutlich um den deportierten Ehemann von Genia Einzig handelt: «geboren am 12. November 1874 in Eperjes/Ungarn, wohnhaft in Berlin (Charlottenburg), Deportation ab Berlin 4. August 1943 nach Theresienstadt. Todesdatum: 8. Dezember 1943. Todesort: Theresienstadt».

Hedwig Ems an Lotte Levy über die Zustände in Theresienstadt im Jahr 1943 (aus dem Bericht von 1947)

Ich schrieb am Anfang schon von Wanzen, dazu gesellten sich nun auch noch in Unmengen Läuse, und das war insofern ernster, als die Menschen, die Läuse hatten, zur Entlausung fortkamen und oft tagelang nicht zurückkamen. Im Anfang waren dabei entsetzliche Zustände, Frauen und Männer nackt in demselben Raum. Grüne Jungen von der SS rasierten die Frauen, wo sie nur ein Härchen entdecken konnten. Waren Kopfläuse vorhanden, dann wurden die Haare ratzekahl abgeschoren, und die armen Frauen sahen jammervoll, zum Erbarmen aus und waren natürlich auch sehr unglücklich. Um die Läuse zu töten, wurden Vergasungen vorgenommen, und wenn die Leute anscheinend auch gesund zurückkehrten, bald darauf fingen sie zu kränkeln an, und ich kenne nur wenige, die nicht hinterher noch gestorben sind. Erst als die Geliebte eines Vorgesetzten aus unserer Kaserne dabei war, die sich und noch manche andere beschwerten, wurde der Zustand der nackten Frauen und Männer etwas verbessert und sie wurden zur Hauptsache zu verschiedenen Zeiten behandelt. Es kam auch vor, dass einige Herren, die entlaust waren, in der folgenden Nacht auch an einer Gasvergiftung starben. Alle hatten vor der Entlausung eine grosse Angst. Ich habe sie nicht kennengelernt, weil ich das unbegreifliche Glück hatte, nie eine Laus zu bekommen, daran war aber nicht besondere Reinlichkeit die Ursache, sondern wirklich nur ein

Hauptstrasse in Theresienstadt (siehe auch S. 175)

ganz ausgesprochenes Glück, ein Zufall. Ich glaube nicht, dass viele ausser mir, die fast 3 Jahre in Th. waren, ganz «ohne» davon gekommen sind. In den späteren Jahren wurde es besser, da war es nicht als ein Wunder zu betrachten, wenn man keine Laus hatte. Das Ungeziefer hatte so überhand genommen, dass wir, trotzdem man jede Woche die Betten alle hinaustrug, dann die Holzbretter mit Lysol abwusch, dass man von Tausenden und Abertausenden von Wanzen sprechen konnte, die nachts über uns herstürzten. Es wurde so arg, dass es unmöglich war, in den Betten zu liegen, und wir bekamen im Oktober 1943 die Erlaubnis, unsere Betten auf den Hof zu tragen und die Nacht da zu verbringen. Das war natürlich auch kein idealer Zustand, denn die Erde war doch schon recht kalt und selbst die Matratzen, die wir unterlegten, konnten uns nicht vor Kälte schützen. Dann passierte es, dass mitten in der Nacht ein gewaltiger Platzregen losbrach und man patschnass war, bis man die Betten einigermassen gerettet hatte. Dazu kam noch, dass man im Sommer 1943 mitten auf unserem Hof eine Baracke gebaut hatte für Infektionskrankheiten, und die ganze Nacht über hörte man die Kranken, die z. T. auch die Fenster geöffnet hatten (die Baracke war zu ebener Erde) stöhnen, und heute noch habe ich es in den Ohren, wie ein Kranker immer wieder nach einer Schwester gerufen hatte, die sich aber nicht darum gekümmert hat. Wenn man nicht schlafen konnte, so ging man auf die Toilette, wo die grössten Unterhaltungen stattfanden. Überhaupt dienten die Toiletten immer als Konversationsräume, in denen getauscht, gehandelt aber auch «Kochrezepte» mitgeteilt wurden. Dabei war der Aufenthalt dort in jeder Beziehung nur als Strafe zu bezeichnen. …

Nach einigen Monaten, Ende 1943, wurde uns auch erlaubt, alle sechs Wochen eine Karte zu schreiben, aber nur an Verwandte. Wir waren sehr beglückt darüber, aber die Karten sind nur in den seltensten Fällen bei dem Empfänger angekommen. Was für eine Freude war es aber immer, wenn der Briefträger eine Nachricht von den Lieben brachte und womöglich gar noch eine Anweisung, dass man sich ein Paket abholen könnte. Dann waren alle miteinander aufgeregt, und ein jeder konnte es kaum erwarten, bis er sich das Paket holen konnte. Wir bekamen ja seit einiger Zeit Ghettogeld und mit dem, je nach der Grösse oder richtiger Schwere des Pakets musste man zahlen. Im Anfang waren es nur 5 oder 10 Kronen, aber später steigerte es sich sehr, und man musste 30, 40 oder 50 Kronen zahlen, und da wir im Durchschnitt nur 75 im Monat erhielten, so musste zuweilen ein Pump angelegt werden, um sich das Paket holen zu können. Wundervoll waren auch die Ölsardinendosen, die uns geschickt wurden, und ich bin Dir, liebste Lotte, heute noch dankbar, dass Du dafür gesorgt hast, dass auch ich solch schöne Dosen erhielt. Wenn ich nicht auch noch aus Leipzig und auch von Gumperts häufig Pakete erhalten hätte, so würde ich die Hungerzeit nicht überstanden haben. Wenn auch nicht allzuviel für mich übrig blieb, denn gar zu viele warteten schon auf die Verteilung, denn ein jeder war doch hungrig und erhielt womöglich kein eigenes Paket.

Eines Tages hiess es, die Zählung stimmte nicht. Wir wären mehr Leute im Lager, als angegeben wäre, und wir müssten uns am anderen Tage zu einer Zählung einfinden, die ausserhalb des Ghettos stattfinden sollte. Darüber herrschte grosse Aufregung, denn man glaubte allgemein, dass die SS die Gelegenheit benutzen würde, um uns zu erledigen. Die einen sprachen von Vergasen, die anderen von Bomben usw. Es herrschte eine sehr bedrückte Stimmung. Wir wurden zu Blocks von 100 Mann aufgerufen und mussten uns am frühen Morgen, ich glaube, gegen 6 Uhr, anstellen, um von da dann weitergeführt zu werden. Es war der 11. November 1943 und schon empfindlich kalt. Es ging dann im Schneckentempo voran, denn aus allen Strassen kamen immer neue Trupps hinzu, die das Weitergehen verhinderten. Inzwischen hörte man unausgesetzt Trommelfeuer, und es unterliegt wohl auch kein[em] Zweifel, dass an dem Morgen in der «kleinen Festung» viele erschossen worden sind. Endlich kam man auf einem ganz grossen Terrain an, das sicher früher für Paraden gedient haben mochte, es hiess «Bauschowitzer Kessel». Man wurde da in Blocks von je 100 aufgestellt, Männer und Frauen gemischt. Rings um den Platz war eine hügelige Erhöhung, eine Böschung, und auf der stand in geringer Entfernung Militär, Gewehr bei Fuss. Es dauerte natürlich stundenlang, bis alle Insassen des Lagers nach dort befördert worden waren. Im ganzen 38.000 Personen, Frauen mit kleinen Kindern, die noch im Wagen lagen und auch sonst ganz kleinen. Niemand durfte im Ghetto zurückbleiben, bis auf die Gehbehinderten oder Kranken, die in einem Raum den ganzen Tag über eingeschlossen waren. Als nun alle versammelt waren ging die SS, mit einer Reitpeitsche in der Hand, herum und zählte die einzelnen Blocks und Gnade Gott, wenn mal einer fehlte, weil vielleicht mal jemand austreten war, dann wurde der für den Block Verantwortliche verhauen. In meiner Nähe passierte es, dass es nicht stimmte. Da wurde einer gerufen, dass er den anderen verhauen sollte. Da sagte der SS-Mann: «Das nennen Sie eine Ohrfeige? ich werde zeigen, was eine Ohrfeige ist.» Und damit schlug er den Armen entsetzlich. In einem Block, mir gegenüber, waren mehrere ganz kleine Kinder, für die das Stillstehen natürlich eine Qual war, und es spielten einige irgendein Kreisspiel. Auf einmal kam ein SS-Mann dazu und tobte furchtbar, dass er die Kinder nicht geschlagen hat, war ein Wunder. So stand man Stunde um Stunde auf dem kalten Boden, ohne Essen und Trinken, natürlich hatte man sich von zuhause etwas zu Essen mitgenommen, aber es hatte doch keiner grössere Vorräte. Da auch keine Gelegenheit vorhanden war, um sich mal zurückzuziehen, so war einem zuletzt alles gleich, und einige Damen hielten ein Tuch vor, und man setzte sich, ganz gleich, ob Männer in der Nähe waren oder nicht. Nur die SS durfte nicht in der Nähe sein. Aber z. B. in meinem Block war ein Herr, der einen Bruch hatte, der durch das lange Stehen auf demselben Fleck austrat und dem Manne furchtbare Beschwerden verursachte. Da musste erst ein Arzt gesucht werden, und da ging es auch nicht, und dann ein Brett, auf das er gelegt werden konnte, damit er wieder in Ordnung kam. All das regte natürlich sehr auf. Ich hatte mir ein kleines Stühlchen mitgenommen, das aber auf dem ungleichen Boden gleich zusammengebrochen war. Das musste natürlich versteckt werden, wenn die SS vorbeimarschierte. Auf einmal war um 16 Uhr sämtliche SS verschwunden, und man wartete auf einen Befehl, um zurückzugehen. Aber nichts erfolgte, und wir standen ratlos da. Als nun nichts erfolgte, setzten sich die Massen von selbst zwischen 17–18 Uhr in Bewegung, und marschierten zurück, was aber nicht einfach auf dem unbekannten, holperigen Terrain war. Inzwischen hatte es angefangen zu regnen. Als wir nun an das Tor des Ghettos kamen, war das verschlossen und wurde auch nicht von dem wachhabenden Militär geöffnet, und immer im Regen. Unser Lagerältester, Eckstein, brachte es dann fertig, dass man ihn durchliess, und er hat dann volle zwei Stunden bei der Kommandantur verhandelt, bis er die Genehmigung erhielt, dass das Tor geöffnet werden durfte.

Es ist ein Ruhmesblatt in der Geschichte der Juden, dass keine Panik entstanden ist, kein Kind ist verletzt, kein Kinderwagen umgeworfen worden. Man muss sich doch vorstellen, dass es 38.000 Menschen waren, die ohne jegliche Führung sich allein in Bewegung gesetzt hatten und natürlich hungrig und geschwächt waren und immer im Regen gern weiter wollten. Ich stand ziemlich weit vorn, denn ich war gleich mit fortgegangen, als viele noch nicht den Mut dazu gefunden hatten. Es wurde allerdings immer wieder gerufen, mit der Bitte, es weiterzugeben: «Ruhe bewahren, es wird verhandelt, dass wir zurückkönnen.» Und es ist wirklich Ruhe bewahrt worden. Es ist wohl vorgekommen, dass es jemand schlecht wurde, aber da haben andere

geholfen. Endlich wurde das Tor geöffnet und man konnte zurück. Und so lächerlich es klingen mag, wir waren glücklich, wirklich glücklich, als wir uns alle gesund in unserem Raum wiedersahen, etwas, was kaum einer von uns zu hoffen gewagt hatte. Ich kam schon um 22 Uhr zurück, die letzten trafen dann erst nachts gegen 2 Uhr ein. Die SS hatte mit dem selbständigen Handeln der Juden nicht gerechnet und hatte die Absicht gehabt, uns einfach draussen zu lassen. Wie wenige das überstanden hätten, im November eine Nacht auf kaltem Erdboden ohne Ernährung usw., ist wohl klar. Zwei Tage später hiess es, die Zählung habe noch nicht gestimmt, und wir mussten uns wieder zu einer Zählung anstellen, bei der wir mit unserer Kennkarte an der SS auf der Kommandantur vorbeigehen mussten. Wir mussten uns, nach Buchstaben geordnet, auf einem Hof versammeln, am ersten Tag nur bis «E». Auf dem Hofe, auf dem wir uns versammelten, stand eine nett aussehende Dame, die mich fragte, ob ich sie führen würde, da sie nicht gut alleingehen könne, was mir auch recht war. Nachdem wir ein Stück gegangen waren, tippte mir ein Herr auf die Schulter, der mit seiner Frau hinter mir ging und sagte: «Wissen Sie auch, dass die Dame, welche Sie führen, über und über voller Läuse ist?» Meinen Schrecken, liebe Lotte, kannst Du Dir wohl vorstellen. Tatsächlich krabbelten Läuse in Mengen auf ihren Sachen herum. Ich rief nun die Ordnungswache, die dann die Dame ausrangierte, aber mich juckte es an allen möglichen Stellen, und ich war in der grössten Angst, dass ich etwas geerbt hätte. Es war aber glücklicherweise nicht der Fall. Vom frühen Morgen bis zum Nachmittag 17 Uhr hatte sich das Anstehen hingezogen, und es hatte mich noch mehr angestrengt als das im Bauschowitzer Kessel. Wahrscheinlich war ich noch davon geschwächt gewesen. Als man in der Kommandantur war, wurde die Kennkarte nachgesehen, und wenn sie in Ordnung war, war es erledigt. An den folgenden Tagen wurde es etwas geändert, sodass die Menschen nicht wieder den ganzen Tag anstehen mussten. Auf die Zählung hin ist offiziell nichts erfolgt, ob die späteren Transporte damit zusammenhängen, das weiss ich nicht.
Einmal wollten zwei Kinder, Bruder und Schwester, fliehen, 14 und 16 Jahre alt. Sie wurden aber gefasst und aufgehängt. Furchtbar, die armen Kinder!

Dieselbe «Volkszählung» findet sich beschrieben bei Adler, S. 159–161. Adler, der das Ereignis ebenfalls persönlich miterlebt hatte, berichtet von einer Panik bei der Rückkehr der Gefangenen. Auf der Internetseite ghetto-theresienstadt.de (Besuch vom 22.7.2024) ist von Müttern, die ihre Kinder vor dem Erdrücktwerden schützten, und von dreihundert Toten die Rede, während Hedwig Ems in ihrem Bericht von 1947 die Besonnenheit und Ruhe der Lagerinsassen hervorhebt.

Das Jahr 1944 brachte ein immer schnelleres Zurückweichen der Wehrmacht an allen Fronten. Das Vordringen der Russen im Osten veranlasste das deutsche Regime, im November vorsorglich die Gaskammern in Auschwitz zu sprengen, um die Spuren des Massenmords zu verwischen. Gefangene aus polnischen und tschechischen Lagern, so auch aus Theresienstadt, wurden beim Herannahen der russischen Armee nach Westen verschoben, insbesondere nach Bergen-Belsen.

Hildes Versuch, die Kinder aus Theresienstadt freizukaufen

Im Januar und März 1944 gab Hilde einem Mann in Zürich namens Johann Schluchin «Darlehen» von 2000 und 1200 Franken. In Wirklichkeit waren es Vorschüsse auf einen erhofften Freikauf der Kinder aus Theresienstadt. Hilde musste von solchen Freikäufen gehört haben (vgl. Bauer 1996). Schluchin war Hilde von dem oben erwähnten Zürcher Rechtsanwalt Dr. Steiner empfohlen worden – er sei ein Mann mit besonderen Beziehungen in Deutschland. Doch Schluchin erwies sich als Betrüger.

Monate später, Mitte Oktober, erhielt Hilde eine vom 2. September 1944 datierte Karte von Anita aus Theresienstadt. Danach blieb sie bis zu ihrem Tod am 1. August 1945 ohne weitere Nachricht von ihren Kindern. (Die Karte ist in Hildes Nachlass nicht mehr vorhanden; sie wird erwähnt in Hildes Brief an die Jüdische Flüchtlingshilfe St. Gallen vom 18. Februar 1945.)

Reinhards und Anitas getrennte Wege nach Auschwitz und nach Bergen-Belsen

Am 28. September 1944 wurde Reinhard, am 19. Oktober 1944 Anita von Theresienstadt weiterdeportiert. Die Deportationen gehörten zu der damals anlaufenden Räumung des Lagers vor den herannahenden Russen. Anitas Tante Hedwig Ems, die bis zum Kriegsende in Theresienstadt blieb, schilderte den Hergang in ihrem Bericht.

Hedwig Ems an Lotte Levy über die Transporte im Herbst 1944 (aus dem Bericht von 1947)

Aber vor allem diesem war im September 1944 zuerst mit dem Entfernen der Urnen … begonnen worden. Daran schloss sich das Vernichten sämtlicher Papiere [an]. Tag und Nacht brannte das Feuer, in dem alle Unterlagen verbrannt wurden usw.
Und dann begann die furchtbare Tragödie der unausgesetzten Transporte. Das war so entsetzlich, dass ich keine Worte finden kann, um diese Tragik zu schildern. Ein jeder ging angsterfüllt herum und tief traurig über all die Vielen, von denen es jetzt wieder Abschied zu nehmen hiess. (Es sollen annähernd 28 000 Personen mit diesen Transporten von Theresienstadt fortgekommen sein.) Zwischen Aufruf, der fast ausnahmslos mitten in der Nacht erfolgte und dem Einfinden an der Sammelstelle (auch einer grossen Kaserne) war nur eine ganz kleine Zeitspanne, sodass kaum jemand in der Lage war, Bekannten eine Benachrichtigung zukommen zu lassen. So erging es mir z. B. mit der Mutter von Ernst, die ich am Tage zuvor noch gesprochen hatte. Als ich am nächsten Nachmittag vorbeikam und nur mal sehen wollte, ob auch alles noch unverändert sei, da waren sie, Frieda Freundlich-Heyman und auch Cousine Mary fort. So ging es mit vielen. Herr und Frau Rubin, mit denen ich mich richtig angefreundet hatte, Emmy Schönwald-Anschel (ihr Mann war bereits in Th. gestorben, wie die meisten Männer, die alle verhungert sind). Ich könnte noch eine lange, lange Reihe von Namen aufzählen. Ich unterlasse es aber und bewahre ihnen nur in meinem Gedächtnis getreues Gedenken. Und dabei

ahnten wir nicht, dass alle die Armen dem Tode geweiht waren, denn es hiess, dass alle in ein anderes Ghetto «Birkenau» kämen, was aber mit Auschwitz identisch war, was aber niemand wusste. Wenn die Betroffenen den Aufruf erhalten hatten, mussten sie sich zu einer bestimmten Stunde in einer dafür bestimmten Kaserne mit ihren Sachen (es durfte aber nur soviel mitgenommen werden, wie ein jeder selbst tragen konnte) einfinden. In der Kaserne eingeschlossen blieben die Menschen dann Stunden aber oft noch mehrere Tage, je nachdem was für Beförderungsmöglichkeiten vorhanden waren. Sie wurden dann aus einem rückwärts gelegenen Tor hinaus gelassen, so dass wir sie nicht mehr zu sehen oder gar zu sprechen bekamen. Es war streng untersagt, dass man, wenn man nicht selbst mit zu den Unglücklichen gehörte, die Kaserne betreten durfte. Eines Tages war eine Dame dabei, von der ich mich gern noch verabschiedet und ihr auch noch etwas bringen wollte, sodass ich mich mit durchgeschlängelt hatte, als der SS-Mann mal gerade nicht hinsah. Als ich aber wieder aus der Kaserne hinaus wollte, war das nicht mehr möglich, sie war abgesperrt, und wer hinaus wollte, musste in ein Büro und sich einen Passierschein holen. Ich war fest davon überzeugt, dass man mich gleich mit dabehalten würde und wusste kaum, was ich schwindeln sollte, um meine unerlaubte Anwesenheit zu begründen. Aber unerklärlicherweise hat man mir geglaubt, und ich konnte wieder fortgehen. Immer und immer habe ich Glück gehabt, um zum Schluss dann doch noch das unsagbare Leid zu erfahren, dass Richard nicht wiedergekommen ist.

Als ob der Himmel sich auch noch gegen die Armen verschworen hätte, ging fast regelmässig ein Platzregen nieder, wenn sie sich auf dem Hofe aufstellen mussten, sodass sie schon patschnass in den Zug steigen mussten, wenn sie nach stundenlangem Herumstehen endlich verladen wurden. Ein Transport folgte dem anderen, es war ganz furchtbar. Wieviele Tausende damals fortkamen, weiss ich nicht genau, es wurde richtig leer im Ghetto, und eine gedrückte Stimmung herrschte, denn jeder betrauerte doch gute Freunde.

Adler schreibt auf S. 282 zu den Deportationen aus Theresienstadt: «Alles geschilderte Grauen wird von den Transporten nach dem Osten

übertroffen, in denen sich das Entsetzen des ‹Paradiesghettos› vollendete. Seit den ersten Deportationen im Januar 1942 wich dieser Schrecken bis zur Befreiung nicht vom Lager. Subjektiv wie objektiv wurde nicht jeder gleichmässig berührt ..., aber keinen hat die Transportangst verschont.»
«dass Richard nicht wiedergekommen ist»: Gemeint ist Hedwigs Sohn.

Die beiden Transporte vom 28. September und 19. Oktober 1944, mit denen Reinhard und Anita Theresienstadt verliessen, gingen nach Auschwitz. Von beiden Transporten wurden vier Fünftel der Gefangenen sofort in die Gaskammern getrieben. Ein Fünftel wurde zur Zwangsarbeit «selektioniert», darunter beide Geschwister Frank.

Reinhard wurde etwa vier Wochen nach seiner Ankunft in Auschwitz ins Aussenlager Gleiwitz III verlegt und als Zwangsarbeiter in einer Munitionsfabrik eingesetzt. Beim Vorrücken der Roten Armee in Polen konnte er im Januar 1945 fliehen.

Anita wurde von Auschwitz in ein Arbeitslager in der Nähe von Breslau weitertransportiert und von dort im Januar 1945, nach einem Aufenthalt im Konzentrationslager Gross-Rosen, westwärts in das Lager Bergen-Belsen bei Hannover überführt. In der dort wütenden Typhusepidemie ist sie umgekommen.

Anita an Hilde
Theresienstadt, 17. Oktober 1944

Geliebte Mutti!
Bin gesund, – hoffe Gleiches! Reinhard arbeitet im Beruf. – Was macht der Junge?! – Schrieb er!? – Bleib gesund und tapfer!
Denke bald Rolf zu sehen. – Sei innigst geküsst! –
Dein Döchting!

Absender: Eva Tauss, Theresienstadt/Protekt., Berggasse 56/21

Die Postkarte, eine mehrfach verschlüsselte Hiobsbotschaft, kam erst nach Hildes Tod in Basel an. Aus den verschiedenen Bezeichnungen und widersprüchlichen Aussagen hinsichtlich des Bruders kann am

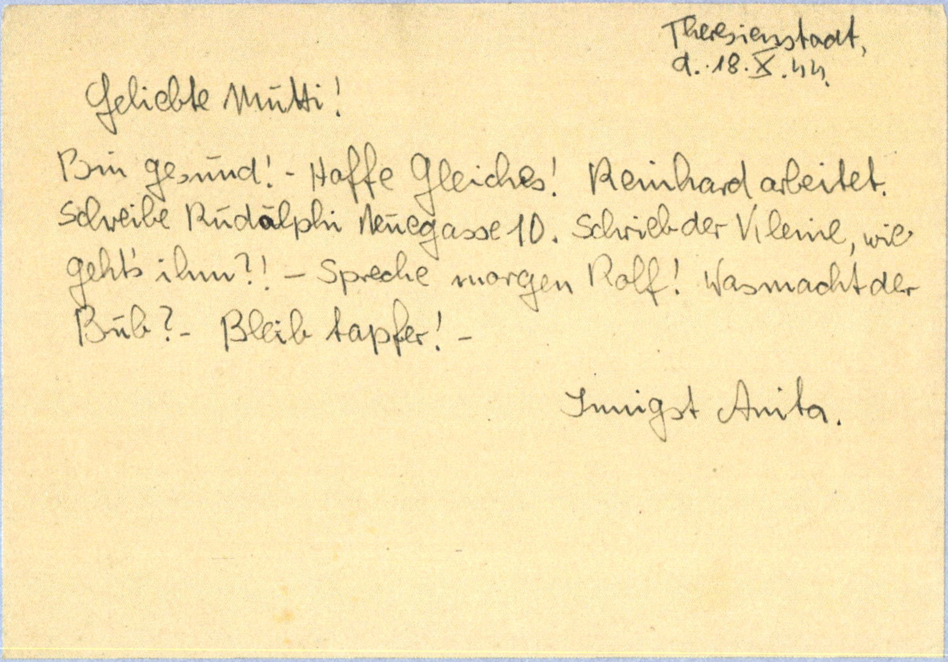

Theresienstadt,
d. 18. X. 44.

Geliebte Mutti!

Bin gesund! - Hoffe Gleiches! Reinhard arbeitet. Schreibe Rudölphi Neugasse 10. Schrieb der Vilenie, wie geht's ihm?! - Spreche morgen Rolf! Was macht der Bub? - Bleib tapfer! -

Innigst Anita.

Anitas letzte Postkarte aus Theresienstadt an Hilde vom 18. Oktober 1944 (siehe S. 192 und Abb. S. 1)

Eva Tauss
Theresienstadt/Protekt.
Berggasse 56/21

(11b)
(11e)

Rückantwort nur
auf Postkarten in deutscher Sprache
über den Ältestenrat der Juden in Prag V,
Philipp de Monte Gasse 18.

BERLIN W 62
14.12.44
c

215

POSTKARTE

15 DEUTSCHES REICH 15

Frau
Hilde Kindler
Basel-Schweiz
Auberg 6

ehesten entnommen werden, dass Anita Reinhard aus den Augen verloren hatte. Dabei könnte die Chiffre «Reinhard arbeitet im Beruf» von der Tarnbezeichnung «Arbeitseinsatztransporte» für die Transporte aus Theresienstadt inspiriert gewesen sein (vgl. Adler, S. 150). Die andere Botschaft war, dass Anita jetzt sicher davon ausging, dass sie zur Deportation bestimmt war und nur das genaue Datum noch nicht kannte: «Denke bald Rolf zu sehen».

Bei «Eva Tauss» im Absender könnte es sich um eine Lagergenossin Anitas gehandelt haben, die die Karte zur Poststelle brachte und sich zu diesem Zweck als Absenderin identifizieren musste.

Anita an Hilde
Theresienstadt, 18. Oktober 1944

Geliebte Mutti!
Bin gesund! – Hoffe Gleiches! Reinhard arbeitet. Schreibe Rudolphi Neuegasse 10. Schrieb der Kleine, wie geht's ihm?! – Spreche morgen Rolf! Was macht der Bub? – Bleib tapfer! – Innigst Anita.

Absender: Eva Tauss, Theresienstadt/Protekt., Berggasse 56/21

Auch diese Postkarte kam erst nach Hildes Tod in Basel an. Es waren die letzten Worte, die Anita an ihre Mutter richtete.

Der Hamburger Rechtsanwalt Dr. Walter Rudolphi, Berater und Testamentsvollstrecker von Hildes Mutter Clara Feldberg, war im Juli 1942, ein Jahr vor Anita und Reinhard, nach Theresienstadt deportiert und dort in der Neuegasse 10 untergebracht worden. Anita gab Hilde den Hinweis, dass sie bei ihm Näheres erfragen könne; sie wusste nicht, dass Rudolphi eine knappe Woche später, am 23. Oktober 1944, nach Auschwitz deportiert und dort am 30. Oktober 1944 ermordet werden würde.

Das Ende

Anitas letzte Lebensmonate und Tod

Das Konzentrationslager Bergen-Belsen, in dem Anita während der letzten Monate ihres Lebens festgehalten wurde, wurde von der Wehrmacht am 15. April 1945 kampflos an die einrückenden Engländer übergeben. Die im Lager vorhandenen Gefangenen wurden weder auf Todesmärsche getrieben noch massenweise ermordet, sondern in ihrem meist erbarmenswerten Zustand – viele von ihnen waren todkrank – im Lager ihrem Schicksal überlassen.

Das einzige authentische Zeugnis betreffend den Zeitpunkt von Anitas Tod ist das der Lagergenossin Hannelore Brüg, die 1947 im gerichtlichen Todeserklärungsverfahren eidesstattlich erklärte: «Anita Frank wurde dann sehr krank, sie hatte wunde Füsse und bekam Typhus und ist, nach Überführung in einen anderen Block, Mitte April 1945 dort verstorben.» – Gestützt auf diese Aussage hat das Amtsgericht Berlin-Wedding den Todestag auf den 30. April 1945 festgelegt, wohl unter Hinzurechnung einer Frist von zwei Wochen, da die Zeugin bei Anitas Tod nicht selbst zugegen war und das Datum lediglich geschätzt hatte.

Hildes letzte Lebensmonate und Tod

Im Jahr 1945 verschlechterte sich Hildes Gesundheitszustand. Nach zwei aufeinanderfolgenden Operationen wegen Darmverschlingungen starb sie nur 51-jährig am 1. August 1945 im Basler Bürgerspital.

Reinhards Weg in die Freiheit

Reinhard befand sich bis zum 19. Januar 1945 im Arbeitslager Gleiwitz III. An diesem Tag wurde das Lager wegen des Vorrückens der Russen geräumt. Die Gefangenen wurden in ihren Häftlingskleidern und Holzschuhen bei beissender Kälte auf einen Todesmarsch durch das winterlich verschneite Polen nach Westen getrieben. Am Abend des zweiten Tages, am 21. Januar 1945, erreichten sie das Konzentrationslager Blechhammer (Blachownia Slaska), das grösste der Auschwitzer Aussenlager etwa 30 Kilometer westlich von Gleiwitz, dessen Insassen kurz zuvor weggetrieben worden waren. Hier wurden die aus Gleiwitz Angekommenen über Nacht eingeschlossen. Einige völlig Erschöpfte – darunter auch Reinhard – blieben am folgenden Morgen dem Appell fern und versteckten sich. Die von Panik getriebenen Wachen verzichteten auf die Suche nach ihnen.

Als er aus seinem Versteck hervorkam, traf Reinhard auf Kameraden, die er von Gleiwitz her kannte. Unter der Führung eines besonders tatkräftigen jungen Mannes, Louis Lowy, bildete sich eine Schicksalsgemeinschaft von sieben jungen Juden, die alle in Theresienstadt und in Gleiwitz inhaftiert gewesen waren. Louis war mit 25 Jahren der älteste, Reinhard mit 17 der zweitjüngste der Gruppe. Gemeinsam suchten sie während der kommenden Monate ihren Weg in die Freiheit.

Reinhard schrieb seiner Mutter am 14. September 1945 einen Brief, worin er seine Erlebnisse seit der Befreiung mit erstaunlicher Genauigkeit darstellte und zugleich die Sehnsucht und Hoffnung ausdrückte, Mutter und Schwester nach fünfjähriger Trennung bald wiederzusehen. Das im Brief mehrfach erwähnte «Joint» war das American Jewish Joint Distribution Committee, eine Hilfsorganisation für verfolgte Juden. Das «D. P. Center von der UNRRA» war das Displaced Persons Center der United Nations Relief and Rehabilitation Administration. – Reinhard erhielt das Einreisevisum für die Schweiz erst im Frühjahr 1946. Er traf am 25. März 1946 in Basel ein.

Reinhard an Hilde
Unterammergau, 14. September 1945

Meine geliebte Mutti!
In der Hoffnung, dass Dich dieser Brief bald und bei bester Gesundheit erreichen möge, sende ich Dir, liebe Mutti, diese Grüsse.
Ich sandte schon ca. 8 Telegramme und Briefe an Dich, habe aber bis jetzt noch keine einzige Antwort von Dir erhalten. Ich warte so auf eine Nachricht von Dir!! Ich liess auch durch Bekannte an Dich schreiben. Hast Du schon Post von Anita erhalten? Soweit ich bis jetzt erfahren konnte, soll sie sich in Bergen-Belsen befinden. Leider konnte ich noch keine Verbin-

dung mit dort bekommen. Hoffentlich hast Du schon Nachricht von ihr erhalten. Schreibe es mir bitte.
Wie geht es Dir, liebe Mutti, gesundheitlich? Ich hoffe gut!!
Da ich nicht weiss, welche Briefe Du bis jetzt bekommen hast will ich Dir kurz nochmals meine Erlebnisse schreiben, welche ich mit meinen sechs Kameraden, mit welchen ich die ganze Zeit beisammen war, seit unserer Befreiung erlebt habe.
Nachdem wir uns fünf Tage zwischen den Fronten in einem Lager versteckt hatten, wurden wir am 23. Januar von den Russen befreit. Das Lager befand sich ca. 60 km westlich von Gleiwitz. Als Erstes beschlossen wir, uns erst mal richtig zu erholen. Wir bezogen dort ein kleines Häuschen und richteten es uns drinnen ein. Zu essen hatten wir aus den Magazinen, welche dort waren, genug. Ungefähr vier Wochen später nachdem wir uns einigermassen erholt hatten, sind wir, weil man in Polen nicht bleiben konnte, aufgebrochen. Wir beschlossen daraufhin in die Slowakei zu kommen. Nach dem Westen konnten wir ja nicht, weil dort noch überall Krieg war. Teils zu Fuss teils mit Güterwagen sind wir dann über Gleiwitz, Kattowitz, Krakau, Tarnow, u.s.w. allmählich nach Crebischow, einem Ort in der Slowakei gekommen. Dort befand sich ein Heim für ehemalige K. Z.ler. Dort blieben wir erstmal einige Zeit. Wir berieten uns dort und beschlossen weiter nach dem Süden zu fahren. Unser nächstes Ziel war Debrecen in Ungarn. Dort lernten wir eine sehr nette Familie kennen. Sie luden uns öfters zum Essen ein. Dort haben wir uns zum ersten Mal wieder etwas zu Hause gefühlt. In Debrecen gab man uns den Rat, nach Nagyvárad, auf deutsch Gross Vardein, einer Stadt an der Ungarisch-Rumänischen Grenze, zu fahren. Dort befand sich eine Hilfsorganisation für Leute die aus dem K. Z. kamen. In Nagyvárad verlebten wir unsere schönste Zeit. Wir lernten dort sehr liebe Menschen kennen, welche bei dieser Organisation beschäftigt waren, und uns in prima Weise halfen. Wir bekamen dort eine Wohnung zugewiesen und Essen bekamen wir in einem Clubrestaurant. Wir hatten dort alles was wir uns wünschten. Eine grosse Bibliothek u.s.w. In diesen Gegenden war ja überhaupt nichts vom Krieg zu merken. Es gab dort alles zu kaufen. Wir bekamen die Möglichkeit von dort aus auf 2 Wochen nach Bukarest zu fahren, wo sich der Joint und ausländische Konsulate befanden. Wir

hatten in einem Expresszug, der eigentlich nur für Diplomaten und hohe Offiziere bestimmt war, eine herrliche Fahrt über die Karpaten, welche wir gerade bei Sonnenaufgang überquerten. Die Fahrt dauerte 24 Stunden. In Bukarest wohnten wir bei sehr lieben Familien. Auch lernten wir dort viele liebe Bekannte kennen. Dort erhielten wir Kleidung und Geld vom Joint. Ich sandte Dir von dort über das Rote Kreuz einen Brief und ein Telegramm. Hast Du sie bekommen? In Bukarest verlebten wir herrliche Tage. Wir waren im Kino und in der Oper. Wir hörten das «Dreimäderlnhaus» meine erste Oper.

Bukarest ist eine ganz moderne Stadt mit Wolkenkratzern u.s.w. Nur sehr schmutzig!! Glücklicherweise spricht der eine Bursch von uns perfekt Französisch, Englisch und Tschechisch was dort unten sehr wichtig ist. Wir erlebten in Bukarest auch die Kapitulation Deutschlands. Dort hat sich damals was getan!!

Da wir erfahren hatten, dass Theresienstadt noch bewohnt war und ausserdem einige Burschen von uns ihre Angehörigen noch dort vermuteten beschlossen wir schnellstens nach Theresienstadt zu fahren. Wir verliessen deshalb Bukarest und fuhren am 10. Mai nach Nagyvárad zurück. Dort verlebten wir noch eine schöne Woche und fuhren dann nach Budapest ab. In Budapest blieben wir zwei Tage. Die Stadt ist arg zerstört. Besonders Ofen. Von den schönen Brücken besteht keine mehr. Es gibt dort kaum ein unbeschädigtes Haus. Die Burg ist ganz ausgebrannt. Nur das herrliche Parlamentsgebäude steht noch. Dort sahen wir den amerikanischen Film «Maria Antoanette». Es war der schönste Film, den ich bis jetzt gesehen habe. Von Budapest fuhren wir nach zwei Tagen nach Bratislava weiter. Von Bratislava fuhren wir gleich über Brünn, Prag nach Theresienstadt wo wir am 1. Juni ankamen. Du kannst Dir sicherlich vorstellen was das für ein Gefühl war als wir wieder durch die altbekannten Theresienstädter Strassen gingen. Drei von unseren Burschen haben dort ihre Mütter wiedergefunden. Von den Jungens mit welchen ich früher in Th. zusammen im Zimmer wohnte habe ich nur einen wiedergetroffen. Dort erfuhr ich auch von einem Mädel welches mit Anita zusammen war, dass sie gesund und in Bergen-Belsen sei. Von Theresienstadt aus sollte Ende Juni ein Transport in die Schweiz fahren. Leider wurde er in letzter Minute wieder abgesagt. Ich schickte damals

mit dem Dunan vom Roten Kreuz einen Brief mit. Hast Du ihn erhalten?
In Th. arbeitete ich jetzt eine zeitlang in der Proviantur.
Ende Juli fuhren wir, eine Gruppe von 750 Menschen, die emigrieren wollen, nach einem D. P. Center von der UNRRA nach Deggendorf in Bayern ungefähr 170 km von München entfernt. Wir wohnen dort in einer ehemaligen Unteroffiziersschule. Wir Jugendlichen haben jetzt auch jeden Nachmittag Unterricht, damit wir uns erst mal wieder eine Grundlage der wichtigsten Fächer wie Englisch, Mathematik, Literatur, Deutsch u.s.w. bilden können. Wir haben ja soviel wichtige Fächer in diesen drei Jahren ohne Schuld versäumt, so dass wir viel nachholen müssen. In Deggendorf haben wir auch ein prima Schwimmbassin. Wir gehen jeden Tag schwimmen. Vor 14 Tagen waren mein Freund und ich auf eine Woche in München. Die Stadt ist trostlos. Vollkommen zerstört. Wir hörten dort im Prinzregententheater ein herrliches Konzert unter Leitung von Hans Knappertsbusch. Es wurden die Ouvertüre zu «Tannhäuser», von Smetana «Die Moldau» und die fünfte Symphonie von Tschaikowsky gespielt. Es war eines der schönsten Konzerte, welches ich bis jetzt hörte. Von Deggendorf aus werden wir wahrscheinlich bald wegen besserer Unterbringung in die Gegend um Garmisch herum in Hotels übersiedeln. Augenblicklich bin ich mit meinem Freund zusammen auf drei Wochen nach Unterammergau zur Erholung gefahren. Unterammergau befindet sich ca zwanzig Kilometer von Garmisch entfernt in den Bergen gelegen. Hier ist es prima. Wir wohnen hier bei einer Familie. Es ist eine herrliche Gegend hier. Wir machen öfters kleine Radtouren. Die Gegend erinnert etwas an Arosa.
Am 15. Sept. werde ich viel an Dich, liebe Mutti, denken. Da sind es fünf Jahre her, dass wir uns nicht mehr gesehen haben. Fünf lange, schwere Jahre. Aber jetzt wo ich diese Zeit überstanden habe, bin ich froh dass ich sie mitgemacht habe. Denn ich sage mir, dass sie bestimmt eine gute Lehre fürs ganze Leben war. Und schlechter wie es uns gegangen ist kann es uns auch nie wieder gehen. Die Hauptsache ist nur, dass dieser Frieden endlich mal andauern soll und die Menschen endlich mal zur Ruhe kommen.

Ich hoffe nur recht bald wieder zu Dir zu kommen und etwas Vernünftiges zu lernen. Ich werde alles versuchen, um so schnell als möglich zu Dir zu kommen. Es ist aber von hier aus sehr schwierig.
Wie geht es Dir sonst? Hast Du noch die Pension. In Theresienstadt habe ich übrigens einen Herrn Cohn aus Leipzig getroffen. Er lässt Dich vielmals grüssen. Vor ungefähr einer Woche habe ich über Pilsen ein Telegramm an Dich geschickt. Wie gerne möchte ich schon bei Dir sein und mit Dir klönen aber ich glaube bestimmt, dass es nicht mehr lange dauern wird.
Hast Du Post von Peter und Michael? Was machen sie? Übrigens habe ich neulich in einem Verzeichnis der Juden, die noch in Leipzig sind, auch Onkel Richard gefunden. Er wohnt noch auf der alten Adresse. Wie gerne hätte ich schon von Anita Nachricht! …
Hier in Unterammergau erholen wir uns prima. Wir machen den ganzen Tag nichts anderes als lesen, sonnen, radfahren und essen. Ich habe Dir übrigens vergessen zu schreiben, dass ich mir in Ungarn wieder eine Uhr gekauft habe. Hast Du mein Fahrrad noch? Mich interessiert alles was Du machst und was bei Euch los ist. Drum schreibe mir recht ausführlich!! Vor allen Dingen versuche bitte alles um meine Einreise zu bekommen. Meinen Geburtstag werde ich dieses Jahr mit meinem Freund zusammen hier begehen. Es ist der erste Geburtstag bei dem ich ganz alleine bin. Den letzten war ich noch mit Anita zusammen in Theresienstadt. Aber den nächsten feiern wir bestimmt wieder zusammen. Ich will nun diesen Brief beenden und hoffe fest, dass er Dich bald erreichen möge. Sage auch allen Bekannten viele herzliche Grüsse von mir. Und nun liebe Mutti, sei in der Hoffnung auf ein baldiges Wiedersehen tausend mal innig gegrüsst und geküsst von Deinem Dich liebenden
Reinhard
…

«Dunan vom Roten Kreuz» bezieht sich auf den Delegierten des Internationalen Komitees vom Roten Kreuz (IKRK) Paul Dunant, der im Auftrag des Roten Kreuzes am 5. Mai 1945 die Leitung des Lagers Theresienstadt übernommen hatte (vgl. Adler, S. 212).
Mit «Peter und Michael» sind Peter und Michael Lasch gemeint, Reinhards Cousins, Söhne von Hildes Schwester Alice Lasch, geb. Feldberg, die nach Chile emigriert waren (siehe Stammbaum Feldberg, S. 224). «Onkel Richard» meint Richard Frank, 1870–1960, einen Cousin von Hermann Frank und Bruder von Hedwig Ems.

Reinhard Frank, ca. 1990

Nach den Schrecken der Konzentrationslager dürfte Reinhard die Strapazen der Irrfahrt durch Osteuropa als bedeutungslos, die neue Freiheit als ein grosses Glück empfunden haben.

Doch in Basel fand er nur noch das Grab der Mutter vor. Bald reiste er weiter nach England zu seinem Onkel Prof. Wilhelm Feldberg. Unter dessen Obhut bildete er sich zum Ingenieur aus. Seit seiner Deportation nach Theresienstadt staatenlos, nahm er die englische Staatsbürgerschaft an. Später liess er sich endgültig in Cambridge im US-Bundesstaat Massachusetts nieder. Er starb 2010 unverheiratet und kinderlos. Den Hauptteil seines Vermögens, das aufgrund erhaltener Wiedergutmachungsleistungen beträchtlich war, widmete er der von ihm gegründeten gemeinnützigen Reinhard Frank-Stiftung in Hamburg.

Grab- und Gedenkstätten

Hermann Frank wurde 1932 auf dem jüdischen Friedhof in Leipzig beigesetzt. Dort befindet sich sein Grab noch heute. Hilde wurde 1945 in Basel auf dem städtischen Wolfgottesacker begraben. Das Grab besteht nicht mehr. Anitas sterbliche Reste ruhen in einem Massengrab in Bergen-Belsen. Reinhard wurde 2010 auf dem Mount Auburn Cemetery in Cambridge/USA nach jüdischem Ritus beigesetzt. Anita und Reinhard sind in der Gedenkstätte Theresienstadt als ehemalige Gefangene aufgeführt,

Anita zudem im Buch des Gedenkens in Bergen-Belsen unmittelbar neben der Tagebuchautorin Anne Frank (zu der keine Verwandtschaftsbeziehung bekannt ist). Die Namen von Hilde, Anita und Reinhard sind auf dem Grabmonument der Familie Feldberg im jüdischen Friedhof Hamburg-Ohlsdorf nachgetragen worden.

Grabmonument der Familie Feldberg auf dem Jüdischen Friedhof Hamburg-Ohlsdorf

Anhang

Kurzbiografien

Brechbühl, Fritz
Fritz Brechbühl (1897–1963) unterstützte 1941 als baselstädtischer Regierungsrat und Polizeidirektor Hildes Bemühungen um Einreisevisa für Anita und Reinhard. Er empfing Hilde zu einem persönlichen Gespräch. Nach Erhalt der Visa dankte Hilde ihm im Brief vom 3. November 1941. Die schweizerische Einreisebewilligung kam allerdings zu spät.

Fritz Brechbühl war Richter am Zivilgericht, Mitglied des städtischen Parlaments und von 1935 bis zu seinem Tod 1963 Mitglied der Basler Regierung. Als Vorsteher des Polizeidepartements trat er für eine humane und judenfreundliche Flüchtlingspolitik ein und setzte sich zum Teil über Weisungen von Bundesbern hinweg.

Eber, Lore
Siehe Feldberg, Eleonore

Ems, Hedwig
Hedwig Ems, geb. Frank (10.1.1869–5.6.1958), war eine wichtige Bezugsperson für Anita. Sie war die Schwester von Richard Frank, dem Mitinhaber der Strick- und Wirkwarenfabrik «Gebr. Frank» in Leipzig. Mit ihrem Ehemann Otto Ems hatte sie die Kinder Richard und Gerhard Ems. Der Sohn Richard wurde kurz vor Kriegsende im Konzentrationslager Buchenwald ermordet.

1942 wurde Hedwig Ems als 73-Jährige nach Theresienstadt deportiert. Nach ihrer Befreiung bei Kriegsende wurde sie von der Familie des Rechtsanwalts Dr. Hans Gumpert in Berlin aufgenommen; dort wohnte sie bis zu ihrem Lebensende. 1947 brachte sie auf Bitten ihrer Nichte Charlotte (Lotte) Frank ihre «Erinnerungen an die Nazizeit» zu Papier. Auszüge daraus sind oben wiedergegeben (siehe S. 135, 180 und 187).

Feldberg, Alexander

Alexander Max Feldberg (1899–1978) war ein Cousin von Hilde. Während der gemeinsamen Jugendzeit in Hamburg standen die beiden in familiärem Kontakt. Ab 1927 kamen sie auch geschäftlich miteinander in Berührung, als er Geschäftsführer sowohl bei der «Grundstücksgesellschaft S. u. D. Feldberg Erben GbR» als auch bei der Firma «Gebrüder Feldberg Damenkonfektion» in Hamburg war. Nach dem Zwangsverkauf des Geschäftsvermögens und der Liquidation der Firma «Gebrüder Feldberg» emigrierte er im Oktober 1938 zusammen mit seiner zweiten Ehefrau Margaretha Feldberg, geb. Lissner, und dem gemeinsamen zweijährigen Sohn nach Montevideo in Uruguay. 1939 liess er sich in Buenos Aires nieder. Dort ist er 1978 verstorben.

Feldberg, Alice

Alice Lasch, geb. Feldberg (12.12.1901–1993), war Hildes jüngere Schwester. Sie heiratete 1924 den Kaufmann Herbert Lasch, der von 1912 bis 1914 bei der Deutsch-Südamerikanischen Bank in Buenos Aires gearbeitet hatte. Im Februar 1939 emigrierte das Paar mit den beiden Söhnen Peter und Michael nach Chile.

Feldberg, Carl

Carl Feldberg (28.8.1893–2.5.1936) war Hildes älterer Bruder, promovierter Jurist und zeitweilig Geschäftsführer der Firma «Gebrüder Feldberg Damenkonfektion» in Hamburg. Er war verheiratet mit der nichtjüdischen Dorothea (Thea) Kunow, mit der er die Tochter Brigitte hatte. Ab 1933 bemühte er sich um die Emigration seiner und Hildes Familie nach Palästina. Dort wurde er im Zuge des Arabischen Aufstands am 2. Mai 1936 umgebracht. Seine Witwe und die Tochter blieben in Palästina bzw. in Israel.

Feldberg, Clara

Clara Feldberg, geb. Löwenstein (4.9.1870–25.10.1941), war die Ehefrau von Seelig (Sally) Feldberg, die Mutter der drei Kinder Carl, Hilde und Alice und die Grossmutter von Anita und Reinhard Frank. Sie war 1870 in Witten an der Ruhr als eines von sieben Kindern des Kaufmanns und Synagogendieners Ascher Löwenstein und seiner Frau Mathilde Löwenstein, geb. Kohlberg, zur Welt gekommen.

Clara und Sally Feldberg lebten mit ihren Kindern in Hamburg, ab 1896 im Stadtteil Rotherbaum, ab 1898 in Harvestehude, ab 1910 dort im eigenen Haus Frauenthal 11. Als Sally 1920 starb, blieb Clara weiter in dem Haus. 1923 trat die 19-jährige nichtjüdische Erna Juhnke als Hausangestellte in ihren Dienst; sie wurde in der Folge auch Claras Gesellschafterin. Im Oktober 1936 zog Clara in eine geräumige Mietwohnung am Rondeel 41 im Stadtteil Winterhude. Dort wohnte sie bis zu ihrem Suizid im Oktober 1941 zusammen mit Erna Juhnke.

Feldberg, Eleonore

Eleonore Feldberg (4.5.1895–27.9.1966), später Lore Eber, war eine Cousine von Hilde. Sie wuchs mit ihren Geschwistern Alexander und Wilhelm Feldberg in Hamburg auf und wurde eine in Deutschland bekannte spätimpressionistische Malerin. 1921 heiratete sie den Kaufmann Moritz Eber und nannte sich fortan Feldberg-Eber. Ende 1938 wanderte das Paar nach England aus. Eleonore Feldberg musste ihr künstlerisches Werk in Deutschland zurücklassen; es wurde zum Teil vernichtet. In England wurde der Ehemann drei Jahre lang interniert. Lore verdiente den Lebensunterhalt mit Deutschstunden. Nach dem Krieg begann sie wieder zu malen, fand aber in England nicht die Anerkennung, die sie früher in Deutschland erfahren hatte. Sie starb 1966 in London.

Feldberg, Emil Daniel (genannt Daniel)

Daniel Feldberg (29.4.1859–13.2.1914) war der jüngere Bruder von Seelig (Sally) Feldberg und damit Hildes Onkel. Er heiratete Amalie Lazarus, mit der er drei Kinder hatte: Eleonore (Lore), Alexander und Wilhelm. Zur gemeinsamen unternehmerischen Tätigkeit der Brüder Daniel und Seelig Feldberg siehe Feldberg, Seelig.

Feldberg, Hilde

Hilde Feldberg (11.10.1894–1.8.1945) wuchs bei ihren Eltern Seelig (Sally) und Clara Feldberg in Hamburg auf. 1920 heiratete sie Hermann Frank aus Leipzig und bekam die Kinder Anita und Reinhard. Die Familie wohnte in Leipzig, wo Hermann hälftiger Teilhaber der Firma «Gebr. Frank» war. Nach seinem Tod zog

Hilde 1933 nach Berlin-Dahlem. Dort wohnten sie und die Kinder bis etwa September 1938 in der Villa des jüdischen Biochemikers Prof. Carl Neuberg, mit dem Hilde eine Liebesbeziehung hatte (siehe Neuberg, Carl).

Als Miterbin an dem bedeutenden Nachlass ihres Vaters und Alleinerbin ihres begüterten Ehemanns verfügte Hilde über erhebliche Einkünfte aus dem geerbten Vermögen. Ab 1933 verschlechterte sich ihre Lage wegen der judenfeindlichen Massnahmen des nationalsozialistischen Staates. Als Carl Neuberg seine Villa an nichtjüdische Eigentümer verkaufte und das Haus Ende September 1938 räumen musste, zog Hilde mit Anita und Reinhard in eine Mietwohnung an der Auguste-Viktoria-Strasse 33 in Berlin-Grunewald. Am 20. Juli 1939 heiratete sie den Schweizer Ernst Kindler, um das Schweizer Bürgerrecht zu erwerben und in die Schweiz auswandern zu können. Ihre Hoffnung war, die Kinder später in die Schweiz nachholen zu können. Nach dem Scheitern der Versendung ihrer Kinder nach England blieb sie noch ein Jahr lang in Berlin.

Am 15. September 1940 reiste sie zu ihrem zweiten Ehemann in die Schweiz. Dort lebte Hilde mit Kindler zunächst in Armut, da der Transfer von Hildes deutschem Vermögen nur schleppend möglich war. Sie erwarb das Wirtepatent und führte ab April 1941 ein alkoholfreies Restaurant im Dorf Bettingen bei Basel. Da der Betrieb keinen befriedigenden Gewinn abwarf, mietete sie Räume in der Basler Innenstadt und führte ab Juni 1943 eine Pension mit neun Gästezimmern. Die Ehe mit Kindler war von Konflikten geprägt. Im August 1942 erlangte Hilde die gerichtliche Ehetrennung, Ende 1943 folgte die Scheidung.

Auf Hildes Leben in Basel lastete neben Ehekonflikten vor allem das ungewisse Schicksal ihrer Kinder, die wegen der Abwehrhaltung der Schweiz und der sich zuspitzenden Lage in Deutschland nicht zur Mutter ziehen konnten. Von Berlin wurden sie im Juni 1943 nach Theresienstadt und im September und Oktober 1944 weiter deportiert. Hilde verlor die Kinder im September 1944 aus den Augen und starb ohne Kenntnis ihres Verbleibs am 1. August 1945 im Basler Bürgerspital an den Folgen einer Operation.

Feldberg, Seelig

Seelig (Sally) Feldberg (15.4.1857–2.2.1920) war Hildes Vater und der Bruder von Daniel Feldberg. Er war verheiratet mit Clara Feldberg, geb. Löwenstein, mit der er neben Hilde noch zwei Kinder hatte: Hildes älteren Bruder Carl und ihre jüngere Schwester Alice.

Beide Brüder, Seelig und Daniel Feldberg, waren Schneidermeister. 1888 übersiedelten sie von Stettin nach Hamburg und gründeten das Damenkonfektionsgeschäft «Gebrüder Feldberg». Gemeinsam erwarben sie Grundbesitz in der Hamburger Innenstadt, so das Grundstück an der Mönckebergstrasse 15, 17, 19.

Unter dem Druck der nationalsozialistischen Gesetzgebung musste die Firma ihr Geschäft 1938 an die «arische» Firma «Eichmeyer & Co.» verkaufen. Im gleichen Jahr wurde die Firma aufgelöst. Der Grundbesitz wurde 1939 zwangsverkauft und nach dem Krieg an die Familie zurückübertragen.

Feldberg, Wilhelm

Wilhelm Feldberg (19.11.1900–23.10.1993) war ein Cousin von Hilde und der Onkel ihrer Kinder Reinhard und Anita. Nach dem Krieg (1946–1954) durchlief Reinhard unter seiner Obhut in England die Mittelschule und eine technische Fachhochschule.

Wilhelm Feldberg war mit seinen Geschwistern Eleonore und Alexander in Hamburg aufgewachsen. Er studierte in Heidelberg und München Medizin und promovierte in Berlin. Sein wissenschaftlicher Schwerpunkt wurde die Neurophysiologie. Er verhalf der Theorie von der chemischen Natur der neuronalen Informationsübertragung durch Synapsen zu allgemeiner Anerkennung.

1925 heiratete er Katherine (Käthe) Scheffler. Sie bekamen einen Sohn und eine Tochter. Ab 1927 arbeitete er am Physiologischen Institut in Berlin. 1933 entlassen, wanderte er mit seiner Familie zuerst nach England und 1935 nach Australien aus. Ab 1938 arbeitete er als Forscher und bis zu seiner Pensionierung 1965 auch als Universitätsprofessor erneut in England. Nach dem Tod seiner ersten Ehefrau im Jahr 1976 heiratete er 1977 in zweiter Ehe Kim O'Rourke, damals wissenschaftliche Mitarbeiterin.

Wilhelm Feldberg genoss ebenso wie Carl Neuberg als Forscher höchstes internationales Ansehen. Seine letzten Lebensjah-

Neuerscheinungen

cmv
Christoph Merian Verlag

Architektur, Kunst und Fotografie
Kultur und Gesellschaft
Basel und Geschichte

Christoph Merian Verlag
St. Alban-Vorstadt 12
4052 Basel
Schweiz
+41 61 226 33 25
info@merianverlag.ch
merianverlag.ch

Einen Gesamtüberblick über alle unsere Titel erhalten Sie immer aktuell auf unserer Website.

Unsere Publikationen sind überall im Buchhandel, auf merianverlag.ch und in unserem Shop an der St. Alban-Vorstadt 12 in Basel erhältlich.

Möchten Sie unseren Newsletter abonnieren?
Hier geht's zur Anmeldung:

Für die CHF-Preise gilt: unverbindliche Preisempfehlung;
Irrtümer und Änderungen vorbehalten.
Stand August 2024

Coverabbildung: aus *Foto Jeck Basel*, Foto: Rolf Jeck

re wurden durch den Vorwurf überschattet, er habe unzulässige Tierversuche durchgeführt.

Frank, Alfred

Alfred Frank (29.7.1874–12.1.1949) war der Bruder von Hildes erstem Ehemann Hermann Frank und damit Anitas und Reinhards Onkel. Er wuchs in Leipzig auf, wurde Arzt und arbeitete bis 1939 in Berlin. Er nahm als Freiwilliger am Balkankrieg von 1913 und als Offizier in der kaiserlichen Reichswehr am Ersten Weltkrieg teil. In Anerkennung seiner soldatischen Tapferkeit erhielt er das Ritterkreuz und zwei Eiserne Kreuze.

Er war zweimal verheiratet. 1906 heiratete er Matilda (Tilly) Hanau aus Johannesburg. Aus dieser Ehe ging die Tochter Dorothea hervor. Deren 1931 geborener Sohn Klaus Berliner wurde im Januar 1943 deportiert und kam in Auschwitz um. Die zweite Ehefrau, die er 1921 heiratete, war Else Richter. Sie brachte den 20-jährigen Sohn Peter mit in die Ehe.

Alfred Frank verliess Deutschland 1939 und ging mit seiner Familie nach England. Seit 1940 lebte die Familie im Exil in Rio de Janeiro, wo er 1949 starb.

Auszüge aus seinen zwischen 1939 und 1945 verfassten, bisher unveröffentlichten Lebenserinnerungen sind oben wiedergegeben.

Frank, Anita

Anita Frank (geb. 9.7.1921 in Leipzig, gest. im Konzentrationslager Belsen-Bergen vermutlich Mitte April 1945; gerichtlich festgesetztes Todesdatum: 30.4.1945) war das erste Kind von Hermann Frank und Hilde Frank, geb. Feldberg. Bis zum Frühjahr 1933 wuchs sie in Leipzig auf. Nach dem Tod ihres Vaters zog sie im Frühjahr 1933 mit ihrer Mutter und dem Bruder Reinhard ins Haus von Prof. Carl Neuberg an der Hittorfstrasse 18 in Berlin-Dahlem und, fünf Jahre später nach dem Verkauf von Neubergs Villa, im Oktober 1938 mit Mutter und Bruder in eine Mietwohnung an der Auguste-Viktoria-Strasse 33 in Berlin-Grunewald.

Ihre Schule schloss sie vermutlich im Frühjahr 1940 mit dem Abitur ab. Ab Mai 1940 bildete sie sich im Jüdischen Krankenhaus Berlin zur «Jüdischen Krankenschwester» aus. Nach ihrer Diplomierung im September 1941 arbeitete sie dort als Krankenschwester bis zu ihrer Deportation. Wegen der für Juden schwierigen Umstände wohnte sie an wechselnden Adressen, ab Mai 1940 bei den Pflegeeltern Regina und Fritz Weiss an der Zingster Str. 9, während deren Aufenthalt in einer Deportationssammelstelle vom 14. bis 21. November 1941 im Schwesternheim des Jüdischen Krankenhauses, dann wieder bei den Pflegeeltern, von Juli 1941 bis August 1942 im Schwesternheim, dann wieder bei den Pflegeeltern an deren neuer Adresse an der Dircksenstrasse 45 und schliesslich, ab März 1943, ununterbrochen im Krankenhaus.

Nach der Übersiedlung der Mutter Hilde in die Schweiz trat Anita mit der Mutter in einen regen Briefwechsel. Anitas Briefe an die Mutter bilden den Kern des vorliegenden Buchs. Anita reifte heran zur seelischen Stütze und Mentorin ihrer Mutter, die in der Schweiz oft krank war, ein hartes Leben zu führen und viel zu erdulden hatte.

Am 15. Juni 1943 wurde Anita bei einer Massenverhaftung von Krankenhausangehörigen zusammen mit Reinhard nach Theresienstadt deportiert. Dort wurde sie anderthalb Jahre lang als Krankenpflegerin eingesetzt. Am 19. Oktober 1944, drei Wochen später als Reinhard, wurde sie nach Auschwitz und von dort nach Bergen-Belsen weiterdeportiert, wo sie kurz vor Kriegsende in der dort wütenden Typhusepidemie umgekommen ist.

Seit 1940 war sie befreundet mit Rolf Schulmeister (siehe Schulmeister, Rolf). Die Beziehung dauerte bis zu Rolfs Deportation im Juli 1942. Anita blieb mit Rolf in Gedanken bis zu ihrem Lebensende verbunden.

Frank, Antonia

Antonia (Toni) Frank (25.5.1877–1954) war die Schwester von Hildes erstem Ehemann Hermann Frank. Sie heiratete Gustav Plaut, mit dem sie die Töchter Liselotte (Lilo) und Ilse (Ille) hatte. Die Familie wohnte in Eschwege, wo Anita sie in den Schulferien der Mädchen manchmal besuchte. Während der Verfolgungszeit emigrierte Toni Plaut mit ihrem Mann und den Töchtern nach Palästina.

Frank, Emma

Emma (Emmy) Frank (26.6.1884–3.4.1961) (Anitas und Reinhards «Tante Emmy») war die jüngste Schwester von Hildes erstem Ehemann Hermann Frank. 1907 heiratete sie Ernst Rubensohn. Die Ehe blieb kinderlos. Emmy und Ernst Rubensohn lebten bis 1938 in Kassel. Dort war Ernst Rubensohn Direktor und Mitinhaber einer Jutespinnerei. Emmy Rubensohn-Frank hatte ab Mitte der 1920er-Jahre Anteil am städtischen Musikleben als Mäzenin von Musikveranstaltungen und von Künstlern. Nach dem Zwangsverkauf der Jutespinnerei lebten Ernst und Emmy Rubensohn von 1938 bis 1940 in Berlin. Am 28. Oktober 1940 verliessen sie Berlin mit dem Ziel Shanghai, wo sie Mitte November ankamen (vgl. Henke, S. 264–266). 1949 zogen die Rubensohns nach New York. Ernst Rubensohn starb Ende Mai 1951, Emmy Rubensohn Anfang März 1961. Ab 1956 trat Reinhard Frank in engeren Kontakt zu Emmy und wohnte ein Vierteljahr bei ihr (vgl. Henke, S. 342).

Frank, Hermann

Hermann Frank (9.8.1875–30.9.1932) war der erste Ehemann von Hilde und Vater von Anita und Reinhard Frank. Seine Geschwister waren Alfred, Toni (Antonia) und Emmy. Zusammen mit seinem Cousin Richard Frank war er Inhaber der Firma «Gebr. Frank» in Leipzig. Beide hatten Anteil an dem Aufschwung der Firma, deren Geschäfte ab 1933 allerdings zurückgingen. 1939 wurde die Fabrik unter behördlichem Zwang zu einem geringen Preis in «arischen» Besitz überführt.

Als Soldat oder Offizier der kaiserlichen Reichswehr hatte Hermann Frank am Ersten Weltkrieg teilgenommen. Am 20. Februar 1919 verlobte er sich mit Hilde und heiratete sie am 10. Juni 1920. Er starb 57-jährig an den Spätfolgen einer Kriegsverletzung. Testamentarisch setzte er Hilde als seine Alleinerbin ein, jedoch mit der Auflage, dass drei Viertel des väterlichen Erbes den Kindern Anita und Reinhard zufallen sollten, wenn Hilde sich ein zweites Mal verlobte.

Frank, Hilde

Siehe Feldberg, Hilde

Frank, Reinhard

Reinhard Frank (geb. 16.9.1928 in Leipzig, gest. 12.12.2010 in Cambridge, Massachusetts/USA) war das zweite Kind von Hermann Frank und Hilde Frank, geb. Feldberg. Bis zum Frühjahr 1933 wuchs er in Leipzig auf. Nach dem Tod seines Vaters zog er im Frühjahr 1933 mit seiner Mutter und der Schwester Anita ins Haus von Prof. Carl Neuberg an der Hittorfstrasse 18 in Berlin-Dahlem und, fünf Jahre später nach dem Verkauf von Neubergs Villa, im Oktober 1938 mit Mutter und Schwester in eine Mietwohnung an der Auguste-Viktoria-Strasse 33 in Berlin-Grunewald. Nach dem Scheitern der Versendung nach England wohnte er ab Oktober 1939 bei den Pflegeeltern Edith und Max Koppel an der Badenschen Strasse 6 in Berlin, nach deren Untertauchen ab März 1942 bei den Pflegeeltern Edith und Julius Schulmeister, Hohenstaufenstrasse 54, nach deren Deportation im Juli 1942 dann bei Anitas früheren Pflegeeltern Regina und Fritz Weiss an der Dircksenstrasse 45 und ab März 1943 im Jüdischen Krankenhaus Berlin.

Mit der Aufhebung aller jüdischen Schulen in Deutschland endete Reinhards Schulbesuch im Juni 1942 vorzeitig. Reinhard begann im Jüdischen Krankenhaus eine Lehre als Schlosser. Anita, die am gleichen Ort wohnte, betreute ihn mütterlich.

Am 15. Juni 1943 wurde Reinhard nach einer Massenverhaftung von Krankenhausangehörigen zusammen mit Anita nach Theresienstadt deportiert. Über seinen Aufenthalt in Theresienstadt hat er später keine Angaben gemacht. Am 28. September 1944 wurde er nach Auschwitz und von dort als Zwangsarbeiter ins Aussenlager Gleiwitz III weiterdeportiert.

Beim Herannahen der russischen Armee wurden die Häftlinge von Gleiwitz III auf einen Todesmarsch nach Westen getrieben. Am 25. Januar 1945 konnte Reinhard der Kontrolle der Bewacher entkommen. Auf Umwegen gelangte er am 25. März 1946, sieben Monate nach dem Tod der Mutter, nach Basel, wo er das Erbe der Mutter antrat.

Unter der Obhut von Wilhelm Feldberg, einem Cousin der Mutter (siehe Feldberg, Wilhelm), durchlief Reinhard von 1946 bis 1954 in England die Mittelschule (Leys School, Cambridge) und eine technische Fachhochschule (Loughborough College of Technology in Leicestershire). Von 1954 bis 1958 arbeitete er als Entwicklungs- und Projektingenieur in der X-Ray-Division der Mullard Radio Valve Co. Ltd., einer Tochtergesellschaft von Philips. 1959 wanderte er in die USA aus, wo er als Ingenieur in Palo Alto, Kalifornien, arbeitete. 1961 siedelte er über nach Cambridge, Massachusetts/USA. 1962 absolvierte er ein Programm für Management Development an der Harvard Universität. Anschliessend war er bis zu seinem Tod als Verwalter seines Vermögens und philanthropisch tätig. Aufgrund einer berufsbegleitenden Ausbildung am Massachusetts Institute of Technology (MIT) erwarb er 1974 den Titel eines Master of Science (SM). 2001 gründete er die Reinhard Frank-Stiftung, Hamburg, der er den Hauptteil seines Vermögens vermachte. 2009 verlieh ihm die Technion-Universität in Haifa, Israel, die Würde eines Ehrendoktors. Er ist nach langer und schwerer Krankheit am 10. Dezember 2010 in Cambridge/Mass. gestorben.

Grünbaum, Emma

Emma (Emmy) Grünbaum (1898–1943) änderte für Anita Kleider. Seit der Einführung der Kleiderrationierung im Oktober 1939 und noch mehr ab 6. Februar 1940, als Juden vom Bezug der «Reichskleiderkarte» gesetzlich ausgeschlossen wurden, war das Nähen und Ändern von Kleidern ein wiederkehrendes Thema in Anitas Briefen. – Über Emmy Grünbaums Deportation nach «Polen» berichtet Anita in Briefen von 1943 mehrfach, zuletzt am 5. März.

Im Bundesarchiv-Gedenkbuch ist Emmy Grünbaum wie folgt vermerkt: «Grünbaum, Emma, geboren am 2. Dezember 1898 in Berlin/Stadt Berlin, wohnhaft in Berlin, Deportation ab Berlin 4. März 1943, Auschwitz, Konzentrations- und Vernichtungslager».

Gumpert, Hans

Der Berliner Rechtsanwalt Dr. Hans Gumpert (10.7.1890–2.7.1962) gehörte neben Max Sünder in Berlin und dem Rechtsanwalt Dr. Walter Rudolphi in Hamburg zu Hildes geschäftlichen Vertrauenspersonen in Deutschland. Hilde beauftragte Gumpert im Mai 1940, sie gegenüber dem Treuhänder Zimmermann in Leipzig und Anitas Vormund Heucke in Stettin anwaltlich zu vertreten. Als Jude konnte Gumpert seit September 1938 nicht mehr als Rechtsanwalt arbeiten, sondern durfte nur noch den Titel «Konsulent» führen und ausschliesslich jüdische Klienten vertreten. Gumpert blieb auch nach Hildes Umzug in die Schweiz ihr deutscher Anwalt. Er und seine Frau kümmerten sich in Berlin liebevoll um Anita und Reinhard, solange diese noch auf freiem Fuss waren. Nach dem Krieg nahmen sie die aus Theresienstadt zurückgekehrte Hedwig Ems in ihre Familie auf.

Hans Gumpert, der mit der Nicht-Jüdin Kitty Gumpert verheiratet war, wurde nicht deportiert. Von seinen beiden Söhnen emigrierte einer nach Uruguay. Der andere kam auf einem Todesmarsch ab dem Konzentrationslager Buchenwald ums Leben. Dass Hans Gumpert als «Volljude» nicht deportiert wurde, wohl aber einer seiner «halbjüdischen» Söhne, macht deutlich, wie willkürlich die Nürnberger Gesetze angewendet wurden.

Kindler, Ernst

Ernst Kindler (16.9.1877–29.8.1945) war Hildes zweiter Ehemann. Die Ehe wurde am 20. Juli 1939 in Berlin-Schmargendorf geschlossen und Ende 1943 auf Begehren Hildes in Basel geschieden. Vor Hilde hatte Ernst Kindler bereits drei andere Ehefrauen.

Am 4.3.1902 heiratete er Ida Gammeter, geb. am 21.4.1871. Die Ehe wurde nach neun Monaten am 20.12.1902 geschieden. Vom 9.4.1904 an war er in zweiter Ehe mit der zwölf Jahre älteren Emilie Bertha von Arx verheiratet. Sie starb am 24. Oktober 1904, nur sechs Monate nach der Trauung. Aus dieser Ehe hatte Kindler gemäss seinem Familienschein zwei legitimierte Kinder, das heisst, die Ehefrau hatte sie in die Ehe mit ihm mitgebracht. Am 31.1.1905 heiratete Kindler Maria Adelheid Diez, eine Deutsche, geb. am 24.4.1866. Mit ihr blieb er 26 Jahre lang zusammen, bis zu ihrem Tod am 26. Februar 1931. Mit Maria Adelheid hatte Ernst Kindler ein eigenes Kind, Hedwig Klara, geb. am 11.2.1906. Sie war das Kind, das ihn 1941 nach damaligem schweizerischem Adoptionsrecht (Art. 264 ZGB in der bis 1966 geltenden Fassung) daran hinderte, Hildes Kinder Anita und Reinhard zu adoptieren und ihnen damit das Schweizer Bürgerrecht zu verschaffen und die Einwanderung in die Schweiz zu ermöglichen. Nach dem

Tod von Maria Adelheid führte Kindler gemeinsam mit Frieda Jehle-von Au, mit der er nicht verheiratet war, ein kleines Hotel im Tessin, das nach acht Jahren in Konkurs ging. Er zog nun nach Basel, wo er weiterhin mit Frieda Jehle-von Au zusammenwohnte.

Am 20. Juli 1939 heiratete er in vierter Ehe Hilde Frank. Die Ehe wurde nicht aus romantischen Motiven geschlossen, vielmehr waren auf beiden Seiten Interessen im Spiel. Damit erwarb Hilde das Schweizer Bürgerrecht, was ihr ermöglichte, in die Schweiz einzuwandern. Sie hoffte, von der Schweiz aus auch ihre Kinder retten zu können. Kindler wollte sich durch die Heirat mit einer reichen Jüdin einen bequemen Lebensabend sichern. Die Ehe war für beide Teile eine Enttäuschung. Hilde hatte zu akzeptieren, dass Frieda Jehle-von Au auf Kindlers Wunsch als Haushälterin im ehelichen Domizil verblieb. Auch erwies sich Kindler als jähzornig und gewaltbereit. Die erhaltenen Dokumente lassen immerhin vermuten, dass er sich für den Nachzug von Hildes Kindern in die Schweiz einsetzte und bereit gewesen wäre, sie zu diesem Zweck zu adoptieren, wenn das Gesetz es erlaubt hätte. Hilde liess ihn durch eine gerichtliche Verfügung im August 1942 aus der ehelichen Wohnung ausweisen und die Ehe mit Urteil vom 31. Dezember 1943 scheiden. Das Urteil wurde am 25. Mai 1944 rechtskräftig.

Kindler, Hilde
Siehe Feldberg, Hilde

Klein, Sabine

Sabine (Bine) Klein (1921–2014) war seit 1933 die engste Freundin Anitas und von 1933 bis 1935 ihre Klassenkameradin. Die Freundschaft hatte auch Bestand, als Anita 1935 in eine jüdische Schule wechseln musste.

Sabine Klein hatte einen jüdischen Vater und eine christliche Mutter. Nachdem der Vater sein Vermögen, um es zu retten, auf die Mutter übertragen und sich von ihr hatte scheiden lassen, emigrierte er 1939 in die USA. Die Mutter starb im gleichen Jahr in Deutschland. Sabine blieb während des ganzen Kriegs in Deutschland. Den Kontakt zu Anita erhielt sie bis zu Anitas Deportation nach Theresienstadt aufrecht. In den Tagen darauf liess sie sich im Jüdischen Krankenhaus die dort von Anita und Reinhard zurückgelassenen persönlichen Gegenstände aushändigen und schickte sie an Hilde in Basel.

1947 übersiedelte Sabine Klein zu ihrem Vater in die USA und nahm die amerikanische Staatsbürgerschaft an. 1955 kehrten die beiden nach Deutschland zurück. Nachdem sie sich in den USA der Anthroposophie Rudolf Steiners zugewandt hatte, absolvierte Sabine in Deutschland eine Ausbildung in anthroposophischer Pädagogik und unterrichtete anschliessend an einer Waldorfschule das Fach Handarbeit.

Im Alter nahm sie ihren Wohnsitz im südfranzösischen Dorf St. André-Sorède. Nach dem Tod Reinhard Franks hat ihr der Herausgeber alle von ihr geschriebenen oder sie betreffenden Briefe im Nachlass in Abschrift übermittelt, sie am 25. Juli 2011 in Südfrankreich besucht und zu ihren Erinnerungen an Anita und Reinhard Frank befragt. Sie starb 2014.

Koppel, Edith und Max

Das Ehepaar Edith (1900–1943) und Max Koppel (Lebensdaten unbekannt) waren von Oktober 1939 bis März 1942 Reinhards Pflegeeltern in Berlin-Schöneberg. Reinhards Aufenthalt bei der Familie Koppel endete, als die Pflegeeltern 1942 vorübergehend verhaftet wurden und sich nach ihrer Freilassung an verschiedenen Orten versteckt hielten. Max Koppel wird in den späteren Briefen nicht mehr erwähnt. Mit Edith Koppel hingegen hatte Anita auch nach deren Untertauchen bis 1943 Kontakte an vereinbarten Treffpunkten, wohl ohne ihren Aufenthaltsort zu kennen. Die letzte Erwähnung findet Edith Koppel in Anitas verschlüsseltem Schreiben an Hilde vom 21. Mai 1943: «Max wohnt anderweitig. Frau Kop. gibt es nicht, kenne ich nicht».

Laut einer Mitteilung von Edith Koppels Schwiegertochter Rita Unger vom 14. Juli 2011 an den Herausgeber hat Max Koppel die Verfolgungszeit überlebt, während Edith deportiert wurde und umkam. Die Angaben im Bundesarchiv-Gedenkbuch lauten: «Koppel, Edith – geb. Böhm gesch. Unger, geboren am 15. Dezember 1900 in Berlin/Stadt Berlin, wohnhaft in Berlin (Schöneberg), Deportation ab Berlin 4. August 1943, Auschwitz, Konzentrations- und Vernichtungslager».

Lasch, Alice
Siehe Feldberg, Alice

Lasch, Herbert
Siehe Feldberg, Alice

Levy, Berthold
Berthold Levy (1899–1939) war von 1932 bis zum Zwangsverkauf im Jahr 1939 Hildes Geschäftspartner als Mitinhaber und vollhaftender Gesellschafter der Firma «Gebr. Frank» in Leipzig. Er war der Ehemann von Charlotte (Lotte) Frank.

Über die Umstände seines Todes wurde anlässlich einer Stolperstein-Begehung in Leipzig vom 9. Juni 2011 Folgendes ausgeführt: «Während der Novemberpogrome 1938 wurde Berthold Levy vor dem Tor der Strick- und Wirkwarenfabrik in der Berliner Strasse 65 in Leipzig verhaftet und in ein Leipziger Polizeigefängnis eingesperrt. Am 23. April 1939 starb Berthold Levy an seiner Krankheit und den Folgen der Misshandlungen während der Haft. Er wurde im Familiengrab auf dem Alten Israelitischen Friedhof zwischen der Berliner Strasse und der Theresienstrasse in Leipzig begraben.»

Lewy, Leo
Leo Lewy (1.8.1882–15.5.1944), wohnhaft in Berlin-Schöneberg, war ein Komponist, Pianist und Musikschriftsteller, der laut akg-images.com (Besuch vom 16.2.2022) im Jüdischen Kulturbund mitwirkte und private Kammermusikkonzerte veranstaltete, bei denen er auch eigene Kompositionen spielte. Anita und Reinhard besuchten viele seiner Hauskonzerte. Lewy hat auch Gedichte von Rolf Schulmeister vertont und aufgeführt. In Anitas Briefen erscheint er als «L. L.».

Leo Lewy wurde wiederholt zur Deportation einbestellt, blieb aber zunächst verschont. So glaubt Anita schon im März 1943 irrtümlich, er sei nach Osten deportiert worden, denn am 18. März 1943 schreibt sie: «L. L. ist auch bei Rolf». Später taucht Leo Lewy in den Briefen wieder auf. Anita erwähnt ihn zuletzt am 7. April 1943, bevor sie selbst am 16. Juni 1943 nach Theresienstadt deportiert wird. Die Stelle lautet: «L. L. lässt Dich ebenfalls grüssen, er weint um Thomas.» Dies stimmt mit dem

Todesdatum von Thomas Lewy im Bundesarchiv-Gedenkbuch überein. Der 1923 geborene Sohn wurde am 3. März 1943 nach Auschwitz deportiert, der Vater Leo Lewy erst im November 1943 nach Theresienstadt.

Die Einträge für Vater und Sohn Lewy im Bundesarchiv-Gedenkbuch lauten: «Lewy, Leo, geboren am 01. August 1882 in Berlin/Stadt Berlin, wohnhaft in Berlin (Schöneberg), Deportation ab Berlin 15. November 1943, Theresienstadt, Ghetto, 15. Mai 1944, Auschwitz, Konzentrations- und Vernichtungslager»; «Lewy, Thomas, geboren am 09. Dezember 1923 in Berlin/Stadt Berlin, wohnhaft in Berlin (Schöneberg), Deportation ab Berlin 03.03.1943, Auschwitz, Konzentrations- und Vernichtungslager».

Marcuse, Berthold und Regina

Berthold Marcuse (1890–1943) und seine Ehefrau Regina (1892–1943) waren Berliner Juden. Nach Hildes Auswanderung in die Schweiz standen sie im Briefverkehr mit Hilde, weil Hilde den Kontakt der Eltern Marcuse mit ihrem Sohn Peter Marcuse in Frankreich vermittelte. Peter war ab etwa 1939 in einem französischen Lager für jüdische Flüchtlingskinder untergebracht und dort weitgehend in Sicherheit. Als Dank für Hildes Vermittlerdienste kümmerten sich Berthold und Regina Marcuse in Berlin um Hildes Kinder Anita und Reinhard, während Hilde in der Schweiz im Exil lebte.

Die Einträge im Bundesarchiv-Gedenkbuch lauten: «Marcuse, Berthold, geboren am 24. Mai 1890, in Schönfliess Nm., Bad/Königsberg Nm./Brandenburg, wohnhaft in Berlin (Steglitz), Deportation, ab Berlin, 12. Januar 1943, Auschwitz, Konzentrations- und Vernichtungslager, Todesort, Auschwitz, Vernichtungslager»; «Regina Marcuse geborene Rothgiesser, geboren am 8. Dezember 1892 in Berlin, wohnhaft in Berlin; Deportationsziel: ab Berlin, 12. Januar 1943, Auschwitz, Konzentrations- und Vernichtungslager, Todesort, Auschwitz, Vernichtungslager».

Marcuse, Peter

Peter Marcuse (geb. ca. 1928) war der Sohn von Berthold und Regina Marcuse. Während seines Aufenthalts in einem französischen Heim für geflüchtete jüdische Kinder vermittelte Hilde von der Schweiz aus den Nachrichtenaustausch zwischen ihm und seinen Eltern.

Neuberg, Carl

Carl Neuberg (29.7.1877–30.5.1956) war vom Frühjahr 1933 bis zum September 1938 der Hausherr von Hildes Familie in Berlin-Dahlem. Sein Leben und Werk wurde erforscht und dargestellt in Conrads/Lohff 2006. Die nachstehenden biografischen Angaben stützen sich auf dieses Buch.

Neuberg kam in der Nähe von Hannover als Kind jüdischer Eltern zur Welt. Er studierte Chemie und forschte und lehrte anschliessend zehn Jahre lang am Pathologischen Institut der Charité in Berlin. Dann übernahm er die Leitung der Chemischen Abteilung am Tierphysiologischen Institut der Königlichen Landwirtschaftlichen Hochschule Berlin. Sein wissenschaftlicher Schwerpunkt war die Biochemie. 1906 gründete er die bei Julius Springer erscheinende «Biochemische Zeitschrift», die er als sein eigentliches Lebenswerk betrachtete.

Von 1907 bis 1929 war er mit Helene Lewinski verheiratet; sie starb, erst 45-jährig, 1929. Aus der Ehe gingen zwei Töchter hervor. 1913 wurde Neuberg Leiter der Chemischen Abteilung des Kaiser-Wilhelm-Instituts (KWI) für Experimentelle Therapie. Die Landwirtschaftliche Hochschule Berlin beförderte ihn 1919 zum ordentlichen Professor; an der Universität Berlin erhielt er eine unbesoldete Honorarprofessur, beides zusätzlich zu seiner Tätigkeit am KWI. 1925 wurde seine Abteilung beim KWI als Institut selbstständig und in «KWI für Biochemie» umbenannt. Neuberg wurde dessen Direktor.

Aufgrund der nationalsozialistischen Gesetzgebung verlor er im März 1934 seine Professuren an den beiden staatlichen Hochschulen, im September dann auch die Leitungsstelle am KWI. Da das KWI von einem privaten Verein getragen wurde, durfte Neuberg dort seine Tätigkeit als kommissarischer Institutsleiter bis zur Findung eines Nachfolgers am 30. September 1936 weiterführen. Danach widmete er sich gemeinsam mit dem nichtjüdischen Pharmakologen Theodor Sabalitschka in privatem Rahmen Laborforschungen. Wo sich das Labor befand und was dort geforscht wurde, ist unbekannt. Etwa im August 1935 kündigte der Springer-Verlag Neubergs Herausgeberschaft der

«Biochemischen Zeitschrift» und entzog ihm damit sein in drei Jahrzehnten aufgebautes Lebenswerk.

Trotz des Verlusts seiner akademischen Wirkmöglichkeiten blieb Neuberg noch fast drei Jahre in Berlin. Die Gründe dürften in Neubergs privaten Verhältnissen gelegen haben. Als alleinstehender Witwer hatte er im Frühjahr 1933 die Witwe Hilde Frank und deren Kinder in seine Villa an der Hittorfstrasse 18 aufgenommen, die er 1915 für sich und seine Familie gebaut hatte. Dazu hatte er Erd- und Obergeschoss des herrschaftlichen zweigeschossigen Wohnhauses zu zwei voll eingerichteten Wohnungen ausbauen lassen. Carl und Hilde begannen eine Liebesbeziehung, die Hildes Kindern gegenüber nicht offengelegt wurde.

Neuberg hoffte vermutlich, sich durch hochrangige Protektion und kraft seiner überragenden wissenschaftlichen Fähigkeiten und deren Bedeutung für die deutsche Kriegswirtschaft mit dem Regime arrangieren und in Deutschland beruflich aktiv bleiben zu können. Spätestens Ende 1936 müssen sich diese Hoffnungen jedoch zerschlagen haben. Zu diesem Zeitpunkt hätte er zwar noch eine Anstellung im Ausland finden und emigrieren können. Um aber Hilde und ihre Kinder mitzunehmen, hätten die beiden verheiratet sein müssen.

Aus Neubergs Briefen geht hervor, dass bereits 1933 über eine Heirat gesprochen worden war, Hilde dies aber abgelehnt hatte. Eines ihrer Motive mag Hermann Franks testamentarische Anordnung gewesen sein, dass Hilde bei einer neuerlichen Verlobung drei Viertel ihres Leipziger Erbes den Kindern hätte herausgeben müssen. Bei einer Heirat mit Neuberg hätte dies zur absehbaren Folge gehabt, dass den Kindern parteitreue Funktionäre als Rechtsbeistände zur Seite gestellt worden wären, die sich früher oder später in die Geschäfte der Firma «Gebr. Frank» in Leipzig eingemischt hätten. Einer gemeinsamen Flucht mit Neuberg nach den Novemberpogromen stand Hilde möglicherweise skeptisch gegenüber, denn sie hätte den Verlust ihres gesamten deutschen Vermögens bedeutet. Aus damaliger Sicht konnte sie hoffen, durch den Erwerb des Schweizer Bürgerrechts das Leben der Familie *und* ihr Vermögen zu retten. Ein Tagebucheintrag des Schwagers Alfred Frank vom 15. September 1945 enthält die Andeutung, Hilde habe aus wirtschaftlichen Motiven verhängnisvolle Fehler begangen.

Infolge des Verkaufs der Stadtvilla, den Neuberg unter dem Druck der Umstände veranlasst hatte, mussten er und Hilde das Haus Ende September 1938 räumen, womit sich ihre Wege trennten. Neuberg verliess Deutschland im August 1939 und gelangte über Holland und Palästina in die USA. Von März bis September 1940 weilte er in Jerusalem, wo er an der Hebrew University arbeitete und bei Liselotte Katz, geb. Plaut, einer Nichte von Hermann Frank, wohnte. Ab März 1941 lebte und arbeitete er in New York. Dort nahm er den Briefwechsel mit Hilde wieder auf. Alltagsbriefe, in denen er ihr von seinen Angelegenheiten erzählte und sich nach Hildes Familie erkundigte, richtete er an Ernst und Hilde Kindler in Bettingen, Liebesbriefe an Hildes Postfachadresse in Basel. Der Briefwechsel dauerte bis Ende 1942. Ab 1943 beantwortete Neuberg die Briefe Hildes nicht mehr. Bereits 1940 hatte er in Palästina eine andere Frau, Hilde Unger, kennengelernt. Er hatte sie nach seiner Weiterreise als seine Bevollmächtigte in Palästina eingesetzt, die ihm Post nachsandte, und hatte sie später in die USA nachkommen lassen. Dort führte sie zeitweilig seinen Haushalt. 1950 heirateten die beiden. 1953 trennte Neuberg sich wieder von ihr, liess sich aber nicht scheiden.

Die Stadt Hannover ehrte Neuberg postum, indem sie die Strasse, an der die Medizinische Hochschule Hannover ihren Sitz hat, in Carl-Neuberg-Strasse umbenannte.

Prochownik, Gertrud

Gertrud Prochownik, geb. Borgzinner (1884–1982), von Hilde und Anita meist als «Frau Pro», von Carl Neuberg als «Trudel» verschlüsselt, tritt in den von Hilde nachgelassenen Unterlagen erstmals am 9. Oktober 1939 und zuletzt am 20. Januar 1943 in Erscheinung. In ihren Briefen drücken sich eine starke Persönlichkeit, klares Denken, Empathie und Hilfsbereitschaft aus. Nach Hildes Übersiedlung in die Schweiz war sie für Anita in Berlin eine seelische Stütze.

Aus verschiedenen Quellen im Internet lässt sich folgende Biografie rekonstruieren: Gertrud Borgzinner wurde 1884 geboren. 1909 heiratete sie den Kunstmaler und Illustrator Leo Prochownik (1875–1936). Da der Ehemann mit seiner künstlerischen Tätigkeit wenig Geld verdiente, wurde Gertrud die Ernährerin der Familie. Ab 1917 arbeitete sie bei der Arbeitsgemeinschaft jüdischer Arbeitsnachweise in Berlin. 1919 kam die Tochter Marianne zur Welt. 1920 wechselte Gertrud Prochownik zu einem staatlichen Arbeitsamt. 1925 übernahm sie die Leitung der Jüdischen Arbeitsvermittlungsstelle.

Der Ehemann Leo Prochownik starb nach längerer Krankheit im Jahr 1936. Seine Werke wurden nach dem Krieg im Keller des Jüdischen Krankenhauses gefunden.

Im Jahr 1939 war die mittlerweile 55-jährige Gertrud Prochownik zunächst als Sozialarbeiterin, dann als Sekretärin bei der Jüdischen Gemeinde in Berlin tätig. Nach den Pogromen vom 9./10. November 1938 schickte sie ihre Tochter Marianne nach England. 1942 wurden ihre Schwester und der Schwager nach Auschwitz deportiert. Im April 1943 erhielt auch sie einen Deportationsbefehl. Dank ihrer beruflichen Tätigkeit verfügte sie über ein ausgedehntes Beziehungsnetz, was es ihr erlaubte, rasch unterzutauchen. Sie nahm Kontakt mit Lothar Kreyssig auf, einem Mitglied der Bekennenden Kirche, der Beziehungen zu Regimegegnern hatte. Er schickte sie auf einen Bauernhof, wo sie unter falschem Namen Landarbeit verrichtete, sich aber weiterhin gefährdet fühlte und stets eine Blausäurekapsel bei sich trug. Abermals bat sie Kreyssig um Hilfe. Ende 1944 holte er sie auf seinen eigenen Gutshof bei Hohenferchesar, wo sie bis Kriegsende versteckt blieb. Lothar und Johanna Kreyssig nahmen sie in ihre Familie auf, teilten ihre Lebensmittelrationen mit ihr und behandelten sie herzlich und entgegenkommend.

Nach dem Krieg lebte sie erst in Australien, danach in England bei der Familie der Tochter Marianne. Sie starb 1982 mit 97 Jahren.

Das christliche Ehepaar Kreyssig, bei dem sie in den letzten Kriegsmonaten Zuflucht vor der Gestapo gefunden hatte, wurde von Yad Vashem 2018 postum als «Gerechte unter den Völkern» ausgezeichnet.

Schulmeister, Edith und Julius

Edith Schulmeister (1890–1942) und Julius Schulmeister (1882–1942) waren Reinhards Pflegeeltern in der Zeit vom 15. März bis 10. August 1942 und die Eltern von Rolf Schulmeister, dem Geliebten von Anita. Eltern und Sohn wurden Ende August 1942 deportiert.

Die Einträge im Bundesarchiv-Gedenkbuch lauten: «Schulmeister, Edith, geb. Rosenau, geboren am 8. Dezember 1890, in Berlin/Stadt Berlin, wohnhaft in Berlin (Schöneberg), Deportation, ab Berlin, 5. September 1942, Riga, Todesdatum, 8. September 1942, Todesort, Riga»; «Schulmeister Julius, geboren am 20. Juni 1882, in Berlin/Stadt Berlin, wohnhaft in Berlin (Schöneberg), Deportation, ab Berlin, 5. September 1942, Riga, Todesdatum, 8. September 1942, Todesort, Riga».

Von Riga wurde der junge und arbeitsfähige Rolf Schulmeister ins Konzentrationslager Stutthof bei Danzig weitertransportiert, während die Eltern in Riga ermordet wurden.

Schulmeister, Rolf

Rolf Schulmeister (1919–1945) war der Sohn des Ehepaares Edith und Julius Schulmeister und seit 1940 Anitas Geliebter. Zu seiner Ausbildung geben die vorliegenden Dokumente keine Hinweise. Ersichtlich ist, dass er Gedichte schrieb, die von Leo Lewy vertont und bei häuslichen Liederabenden vorgetragen wurden.

Ab dem 16. November 1940 leistete Rolf in Berlin Zwangsarbeit. Offenbar war man zufrieden mit seiner Arbeit, denn am 18. August 1941 meldet Anita, Rolf habe dort eine Leitungsfunktion erhalten und verdiene nun «fast das Doppelte». Ende Oktober 1941 wandte sich Rolf einer anderen Frau zu, einer Krankenschwester namens Gabriele, die eine Vorgesetzte von Anita im Jüdischen Krankenhaus gewesen war oder später wurde. Mit ihr wollte er sich im Frühjahr 1942 verloben, wurde aber kurz zuvor, im März 1942, verhaftet. Im Gefängnis Spandau blieb er vier Monate in Haft, bevor er ins Gefängnis Tegel verlegt und im Juli 1942 nach Osten deportiert wurde. Die Angaben im Bundesarchiv-Gedenkbuch lauten: «Schulmeister, Rolf – geboren am 2. September 1919 in Berlin/Stadt Berlin, wohnhaft in Berlin (Schöneberg). Deportation ab Berlin 5. September 1942, Riga; 1. Oktober 1944, Stutthof, Konzentrationslager. Todesdatum 5. Januar 1945, Todesort Stutthof, Konzentrationslager».

Stutthof war 1942 noch kein Vernichtungslager, sondern ein Arbeitslager für die deutsche Kriegswirtschaft. Es wurde erst im Juli 1944 als Vernichtungslager eingerichtet. Die Räumung des Lagers begann angesichts der herannahenden russischen Armee im Januar 1945. Etwa 11 600 Häftlinge wurden damals auf Todesmärsche nach Westen getrieben. 34 000 Häftlinge blieben zurück. Das Lager wurde am 9. Mai 1945, einen Tag nach der bedingungslosen Kapitulation Deutschlands, befreit. Ob Rolf Schulmeister, dessen Todestag im Bundesarchiv mit dem 5. Januar 1945 angegeben wird, auf einem Todesmarsch oder auf andere Weise umgekommen ist, geht aus den verfügbaren Quellen nicht hervor.

Sünder, Max

Max Sünder (Lebensdaten unbekannt) war Hildes nichtjüdischer Bankier und Vermögensverwalter und eine der drei geschäftlichen Vertrauenspersonen Hildes in Deutschland; die anderen beiden waren die jüdischen Rechtsanwälte Dr. Hans Gumpert in Berlin und Dr. Walter Rudolphi in Hamburg. Sünder hatte eine hohe Position bei der als nazifreundlich bekannten Bank «Merck, Finck & Co.» in Berlin inne. Er beriet Hilde auch während ihrer Zeit in Basel und unterstützte sie und Anita in Berlin, so gut es ihm möglich war. Seine hohe Stellung in einer «Nazi-Bank» dürfte es ihm erleichtert haben, Juden – nicht nur Hilde – im Stillen zu helfen, ohne Verdacht auf sich zu ziehen. Reinhard erinnerte sich, Max Sünder anfangs für einen Spitzel der Gestapo gehalten und ihm misstraut zu haben. Erst im Nachhinein erkannte er, dass Sünder unbedingt vertrauenswürdig war und wohl zu den «Gerechten unter den Völkern» hätte gezählt werden können, wäre sein Wirken zugunsten verfolgter Juden in vollem Umfang bekannt geworden.

Weiss, Regine und Fritz

Regine und Fritz Weiss (Lebensdaten unbekannt) waren von Oktober 1940 bis Februar 1943 Anitas Pflegeeltern. Reinhard wohnte vom 21. August 1942 bis Februar 1943 ebenfalls bei der Familie Weiss.

Regine und Fritz Weiss verbrachten im November 1941 eine Woche vermutlich auf einer Deportationssammelstelle, bevor sie wieder zurückgeschickt wurden. Während der Abwesenheit der Pflegeeltern wohnte Anita im Schwesternheim des Jüdischen Krankenhauses; in derselben Zeit wurde die Wohnung der Familie Weiss ausgeraubt.

Fritz Weiss ist wahrscheinlich Ende 1942 untergetaucht. Von «Weissens» in der Mehrzahl ist in den Unterlagen zuletzt im Oktober 1942 die Rede. Möglicherweise fühlte Fritz Weiss sich besonders gefährdet, nachdem sein Bruder im Gefängnis Spandau ermordet worden war (siehe Anitas verschlüsselte Mitteilung vom 24. November 1942, S. 154). Regine Weiss tauchte zusammen mit der kleinen Tochter Ellen im Februar 1943 unter.

Eltern und Tochter Weiss haben den Krieg vermutlich überlebt. Im Bundesarchiv-Gedenkbuch der Holocaust-Opfer sind sie nicht erwähnt.

Wieser, Gottlob

Gottlob Wieser (1888–1973) war von 1937 bis 1954 einer der beiden Gemeindepfarrer der evangelisch-reformierten Kirchgemeinde Riehen-Bettingen bei Basel. Er betreute Hilde als Seelsorger und setzte sich in administrativen Belangen aktiv für sie ein.

Er soll ein geistig überaus lebendiger Mann gewesen sein und war weit über den Raum seiner Gemeinde hinaus eine profilierte Gestalt in der schweizerischen Pfarrerschaft. Von 1936 bis 1970 war er Chefredakteur des «Kirchenblatts für die reformierte Schweiz». In dem Blatt nahm er 1942 auch Stellung gegen die restriktive Flüchtlingspolitik der Schweiz und informierte breit über die Verfolgung und Deportation jüdischer Menschen. Womöglich hat ihn Hildes Schicksal, an dem er persönlichen Anteil nahm, in besonderer Weise zu diesen Artikeln angespornt. In Anerkennung seiner Leistungen verlieh ihm die Theologische Fakultät der Universität Basel 1958 zu seinem 70. Geburtstag den Ehrendoktor.

Stammbäume der Familien Feldberg und Frank

Die Stammbäume zeigen lediglich die Verwandtschaftsverhältnisse von Personen, die im vorliegenden Buch erwähnt sind. Sie sind genealogisch unvollständig. Lebensdaten sind angegeben, soweit sie dem Herausgeber bekannt sind.

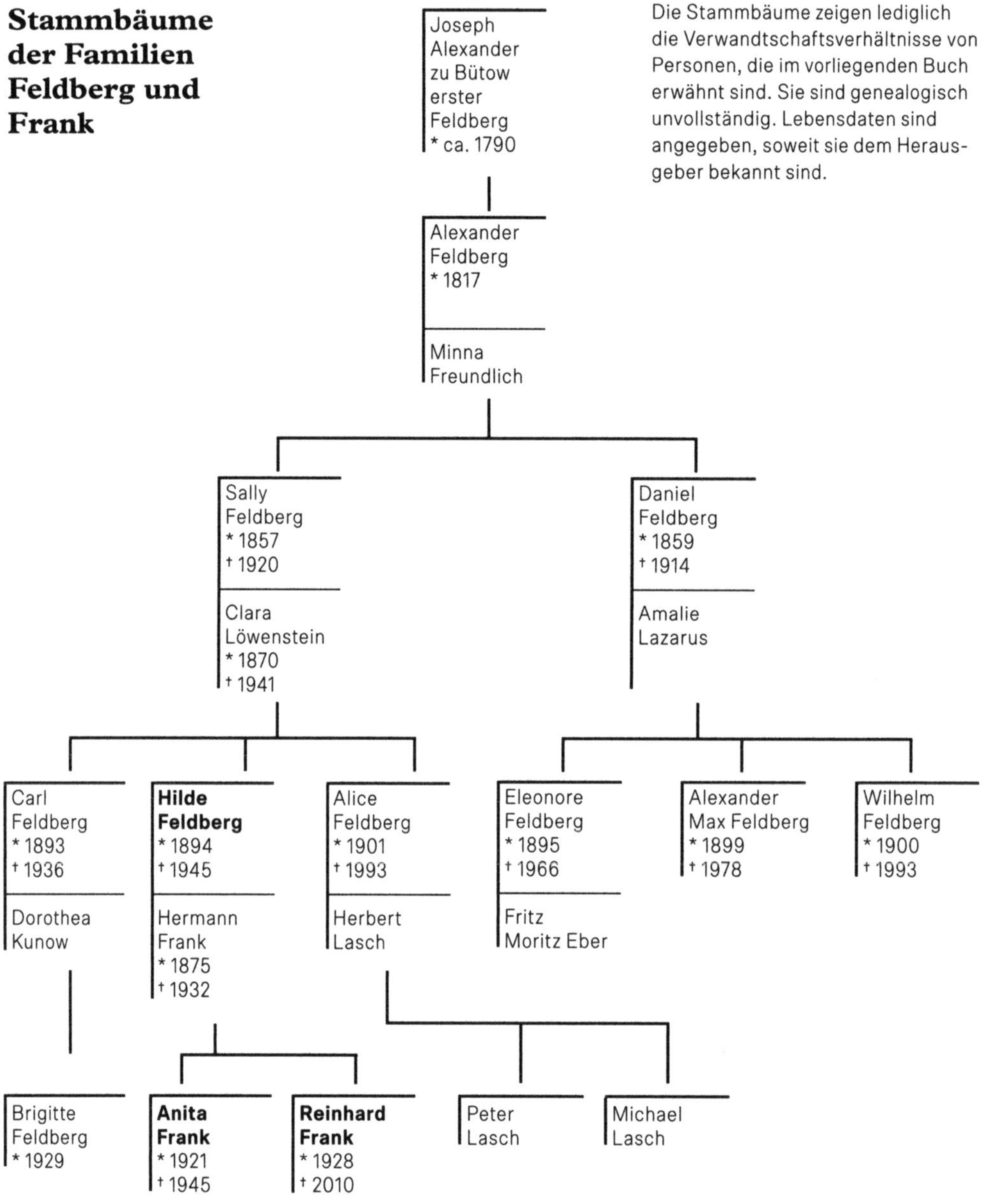

Stammbaum der Familie Feldberg

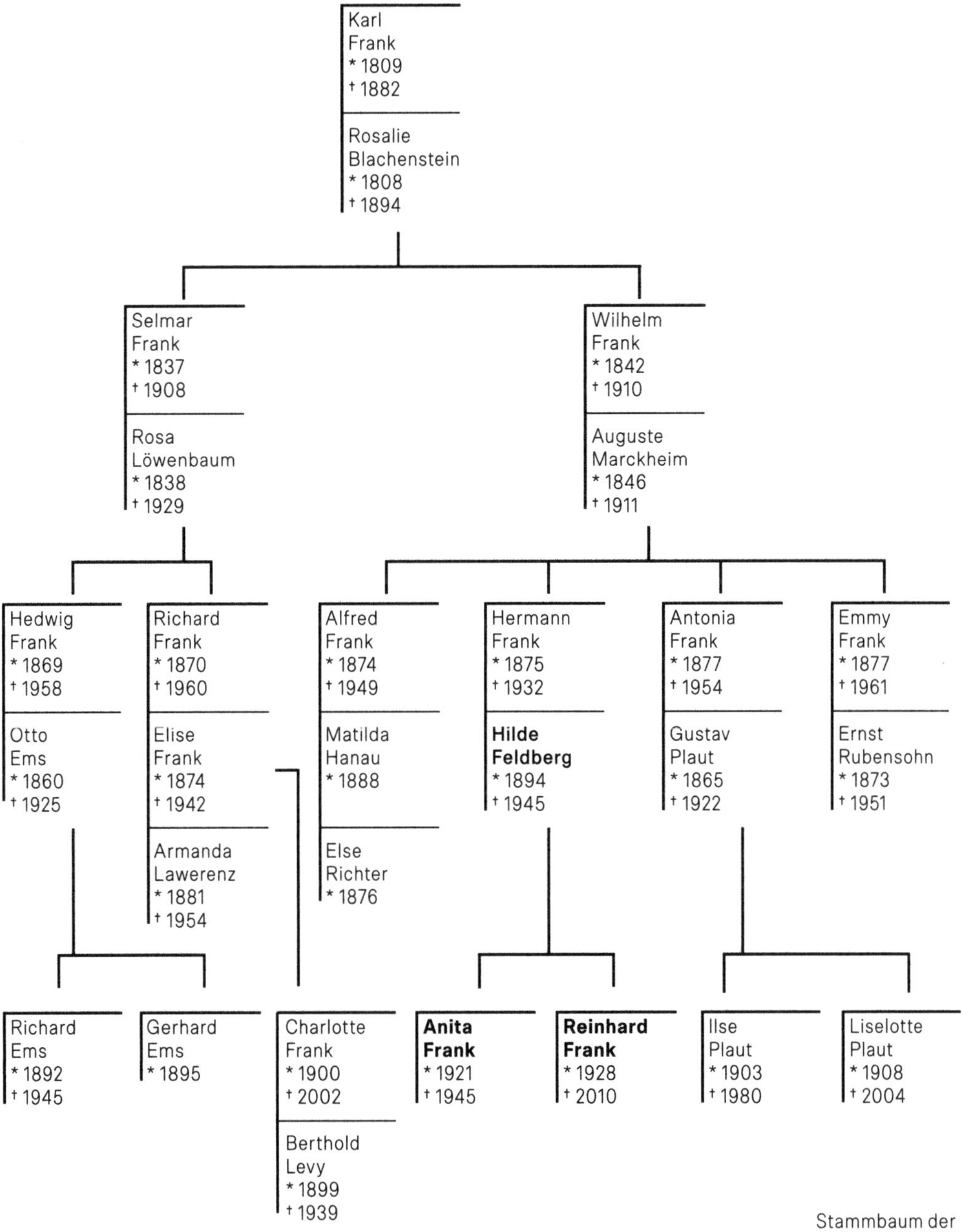

Stammbaum der Familie Frank

Verzeichnis der zitierten Literatur

Abschrift Hedwig Ems, abrufbar unter: stolpersteine-berlin.de/sites/default/files/stolpersteine/dateien/abschrift_hedwig_ems.pdf

H. G. Adler, Theresienstadt 1941–1945. Das Antlitz einer Zwangsgemeinschaft, Nachdruck der 2. Auflage (1960), Göttingen 2012.

Yehuda Bauer, «Freikauf von Juden». Verhandlungen zwischen dem nationalsozialistischen Deutschland und jüdischen Repräsentanten von 1933 bis 1945, Frankfurt a. M. 1996.

Ellen Bertram, Leipziger Opfer der Shoah – Ein Gedenkbuch, Leipzig 2015.

Biografie Clara Feldberg von Björn Eggert, 2012, abrufbar unter: Stolpersteine-Hamburg.de

Hinderk Conrads/Brigitte Lohff, Carl Neuberg. Biochemie, Politik, Geschichte – Lebenswege und Werk eines fast verdrängten Forschers, Stuttgart 2006.

Rivka Elkin, Das Jüdische Krankenhaus in Berlin zwischen 1938 und 1945, deutsche Übersetzung aus dem Hebräischen von Andrea Schatz, Berlin 1993.

Saul Friedländer/Orna Kenan, Das Dritte Reich und die Juden 1933–1945, gekürzte Ausgabe, München 2010.

Gedenkbuch. Opfer der Verfolgung der Juden unter der nationalsozialistischen Gewaltherrschaft 1933–1945, bearbeitet und herausgegeben vom Bundesarchiv, zweite, wesentlich erweiterte Auflage, Verlag des Bundesarchivs, Koblenz 2006.

Dagmar Hartung-von Doetinchem/Rolf Winau (Hg.), Zerstörte Fortschritte. Das Jüdische Krankenhaus in Berlin 1756–1861–1914 –1989, Berlin 1989.

Matthias Henke, Vorhang auf! – Emmy Rubensohn, Musikmäzenin aus Leipzig, Leipzig 2021.

Simone Ladwig-Winters, Anwalt ohne Recht. Das Schicksal jüdischer Staatsanwälte in Berlin nach 1933, Berlin 1998.

Maria Gräfin von Maltzan, Schlage die Trommel und fürchte dich nicht, Frankfurt a. M./Berlin 1988.

Ahlrich Meyer, Das Wissen um Auschwitz, Paderborn 2010.

Sibylle Niemoeller-Von Sell, «Furchtbar einfach, wird gemacht!», Berlin 1994.
Daniel B. Silver, Refuge in Hell – How Berlin's Jewish Hospital Outlasted the Nazis, Boston/New York 2003.

Bildnachweis

Ch. Brückner, Basel, Nachlass Reinhard Frank: S. 1, 9, 10, 13, 14, 21 unten, 25, 26, 29, 32, 35, 36, 40, 46–47, 58–59, 80–81, 84, 86–87, 88, 95, 96, 108–109, 116–117, 122–123, 150–151, 164–165, 190–191, 199, 200

S. 21 oben: LBI Archives, Hermann L. Berlak Collection, AR 3517, F 2824
S. 61, S. 115: Landesarchiv Berlin, B Rep. 068, Nr. 972
S. 64: stolpersteine-hamburg.de, Biografie Walter Rudolphi von Björn Eggert, Foto Privatbesitz
S. 65: Jüdisches Museum Berlin, Inv.-Nr. FOT 88/500/267/002, Ankauf aus Mitteln der Stiftung Deutsche Klassenlotterie Berlin
S. 73: zVg
S. 104: Jüdisches Museum Berlin, Inv.-Nr. FOT 88/500/270/018, Ankauf aus Mitteln der Stiftung Deutsche Klassenlotterie Berlin
S. 131: United States Holocaust Memorial Museum, courtesy of Lida Jablonski
S. 135: stolpersteine-berlin.de, Eintrag Richard Ems, Foto Privatbesitz
S. 163: zVg
S. 174, 181: Yad Vashem Photo Archive, Jerusalem. I.96 (O.64) Theresienstadt Collection, 4613/518

Editorische Notiz

Die Orthografie der zitierten Briefe und Dokumente wird originalgetreu wiedergegeben, nur offensichtliche Flüchtigkeitsfehler wurden stillschweigend korrigiert. Auslassungen werden mit drei Punkten markiert: ..., Auslassungszeichen, die sich bereits in den Briefen befinden, mit drei gesperrten Punkten: . . . Abgekürzte Namen werden bei der ersten Nennung im Briefkommentar erklärt, bei weiteren Nennungen in eckigen Klammern ergänzt (unter Wegfall des Abkürzungspunktes). Maschinenschriftliche Briefe sind mit dem Zusatz «[masch.]» gekennzeichnet.

Über den Herausgeber

Christian Brückner wurde 1942 in Basel geboren und ist dort aufgewachsen. Nach seiner Ausbildung zum Klavier- und Orgellehrer studierte er in Basel und an der Harvard Law School Rechtswissenschaft. Neben seiner Haupttätigkeit als Rechtsanwalt und Notar in Basel war er von 1981 bis 2017 an der Universität Basel als Dozent tätig, ab 1991 als ausserordentlicher Professor für Privatrecht. Von 1985 bis 1996 war er Mitglied der Zentralen Ethischen Kommission der Schweizerischen Akademie der Medizinischen Wissenschaften, später deren Ehrenmitglied und Delegierter für Wissenschaftliche Integrität. Seine Publikationen umfassen Bücher und Aufsätze zu juristischen und anderen Themen. Er ist verheiratet und Vater dreier Kinder.

Dank

Für ihre Unterstützung bei der Erarbeitung des vorliegenden Buchs dankt der Herausgeber
Susanne Bennewitz, Universität Trier
Peter Boss, Interlaken
Brunhilde Brückner, Basel
Thomas Brückner, Basel
Jacqueline Burckhardt Bertossa, Basel
Matthias Henke, Universität Siegen
Roland Laager, Bettingen
Ralph Lewin, Basel
Anja Schümann, Kilchberg/ZH
Bettina Steinberg, Bern
Marianne Wintgen, Berlin

Impressum

Diese Publikation wurde ermöglicht durch Beiträge von:

Irène Bollag-Herzheimer-Stiftung
Patricia Kahane
SIG Memorial-Stiftung
Jakob und Werner Wyler-Stiftung

Gedruckt mit Unterstützung der Berta Hess-Cohn Stiftung, Basel.

Bibliografische Information der Deutschen Nationalbibliothek: Die Deutsche Nationalbibliothek verzeichnet diese Publikation in der Deutschen Nationalbibliografie; detaillierte bibliografische Daten sind im Internet über dnb.dnb.de abrufbar.

Abbildung auf dem Cover
Anita Frank als Krankenschwester, 1941

Projektleitung Christoph Merian Verlag Iris Becher
Lektorat und Korrektorat Sylvia Zirden, Annette Wunschel, Berlin
Gestaltung, Satz und Lithos Bureau Dillier, Basel
Druck Offsetdruckerei Grammlich, Pliezhausen
Bindung Buchbinderei Spinner, Ottersweier
Schrift Plantin MT Pro/Scto Grotesk B
Papier 115gm^2 Munken Print Cream (Inhalt), Dubletta (Überzug), 115 g/m^2 Surbalin Seda (Vor- und Nachsatz)

ISBN 978-3-03969-039-8
1. Auflage 2025

FSC
www.fsc.org
MIX
Papier
FSC® C011712

Druckprodukt mit finanziellem Klimabeitrag
ClimatePartner.com/53367-2501-1005

Auch als E-Book (PDF) erhältlich:
eISBN 978-3-03969-047-3

Christoph Merian Verlag
St. Alban-Vorstadt 12
4052 Basel / Schweiz
info@merianverlag.ch

Verantwortliche Person gemäss EU-Verordnung 2023/988 (GPSR):
GVA Gemeinsame Verlagsauslieferung Göttingen GmbH & Co. KG
Postfach 2021
37010 Göttingen / Deutschland
info@gva-verlage.de